हिन्दी साहित्य का विकास : ऐतिहासिक दृष्टिकोण
(प्रयाग 1900-1950)

हिन्दी साहित्य का विकास ऐतिहासिक दृष्टिकोण

(प्रयाग 1900-1950)

डॉ. देवेन्द्र कुमार शर्मा

वाणी प्रकाशन

वाणी प्रकाशन
4695, 21-ए, दरियागंज, नयी दिल्ली 110 002
शाखा
अशोक राजपथ, पटना 800 004
फ़ोन: +91 11 23273167 फ़ैक्स: +91 11 23275710
www.vaniprakashan.in
vaniprakashan@gmail.com
HINDI SAHITYA KA VIKAS : AITIHASIK DRISHTIKON
(PRAYAG 1900-1950)
by Dr. Devendra Kumar Sharma
ISBN : 978-93-5072-719-5
History

प्रथम संस्करण 2014
मूल्य : ₹ 450

हर्ष प्रिंटर्स, दिल्ली-110 093 में मुद्रित
वाणी प्रकाशन का लोगो मक़बूल फ़िदा हुसेन की कूची से

समर्पित

प्रो. सी. पी. झा, इतिहास विभाग, इ. वि. वि.

एवं

प्रो. एस. सी. द्विवेदी, अंग्रेजी विभाग, इ. वि. वि.

अनुक्रम

रवीन्द्र सिंह, आई.ए.एस.
सचिव
Ravindra Singh, IAS
Secretary

सत्यमेव जयते

भारत सरकार
संस्कृति मंत्रालय
नई दिल्ली-110001
GOVERNMENT OF INDIA
MINISTRY OF CULTURE
NEW DELHI-110 001

फा0 सं0 15–1/2014 आर0 एम0

21 FEB 2014

प्रिय डा. शर्मा,

हिन्दी साहित्य के विकास को ऐतिहासिक दृष्टिकोण से देखने पर यह विदित होता है कि शताब्दी के पूर्वार्द्ध का यह आधा भाग अत्यधिक सम्मुनत है। जहां एक ओर इसी अवधि में भारत ने अनेक राष्ट्रीय आन्दोलनों को एवं आजादी को देखा तो दूसरी और साहित्य के परिदृश्य पर निराला, पंत, महादेवी, प्रेमचंद, बच्चन तथा अन्य उच्च कोटि के साहित्यकारों को देखा। पुस्तक में हिन्दी साहित्य के विकास के प्रत्येक पहलू पर प्रकाश डालने का प्रयास किया गया है। निराला पंत, महादेवी, डा0 रामकुमार वर्मा, हरिवंश राय बच्चन, रामनरेश त्रिपाठी, उपेन्द्र नाथ अश्क, इलाचंद्र जोशी, नरेश मेहता, जगदीश गुप्त, विजय देव नारायण साही, धर्मवीर भारती जैसे मूर्धन्य साहित्यकारों और उनके साहित्य को ऐतिहासिक दृष्टिकोण से ऐतिहासिक तथ्यों के आधार पर विवेचन करने का प्रयास किया गया है।

इसके साथ ही विकास के दो अन्य स्तम्भों पत्र–पत्रिकाओं जैसे सरस्वती, स्त्रीदर्पणी, मर्यादा, चांद, सम्मेलन पत्रिका, हिन्दुस्तानी इत्यादि के साथ–साथ विभिन्न साहित्यिक सस्थाओं, जैसे हिन्दी साहित्य सम्मेलन, हिन्दुस्तानी एकेडमी, सुकवि समाज, हिन्दी लेखक संघ, भारतीय हिन्दी परिषद, परिमल, साहित्यकार संसद इत्यादि का भी संक्षिप्त विवेचन किया है। डा0 देवेन्द्र कुमार शर्मा ने इस काल खण्ड के साहित्य को इतिहास की कसौटी पर रखा है ओर सम्भवतः यह प्रयास अपनी तरह का पहला और अनूठा है। इस कार्य के लिए मैं डा0 शर्मा को बधाई एवं शुभकामनाएं देता हूं।

शुभ कामनाओं सहित,

(रवीन्द्र सिंह)

डा0 देवेन्द्र कुमार शर्मा
राष्ट्रीय अभिलेखागार,
जनपथ, नई दिल्ली

सूचना का अधिकार

Shastri Bhawan Dr. Rajendra Prashad Road New Delhi-110 001
Phone.: - 23386995(O) (Fax) 23384093, E-mail : secy-culture@nic.in

भूमिका

20वीं शताब्दी के पूर्वार्द्ध में जो साहित्यिक क्रांति हुई उसके लिए देश, काल एवं परिस्थितियाँ बनना लगभग 50 वर्ष पूर्व अर्थात 19वीं शताब्दी के उत्तरार्द्ध में प्रारम्भ हो चुका था। 1857 का वर्ष भारतीय इतिहास के प्रत्येक पहलू को प्रभावित करता है। राजनीतिक उथल-पुथल साहित्य, समाज एवं संस्कृति को प्रभावित करती हैं।

सन् 1857 की सशस्त्र क्रांति में भारत पराभूत हुआ। अन्तरात्मा में आदर्श की पवित्रता भी संस्थित हो तो उच्चादर्श की प्राप्ति के लिए शस्त्र से पूरा होता है। सन् 1857 के पराभव के बाद लोकमानस स्तब्धता और ग्लानि से भर उठा पर तत्काल ही निराशा ने आशा को जन्म दिया। विप्लव के बाद का समय आशा की चेतना से दीप्त था और आस्था की भाषा से मुखर। यह युग वैज्ञानिक दृष्टि से भले ही समुन्नत न रहा हो लेकिन पुनरुत्थान के लिए प्रत्येक वर्ग और प्रत्येक क्षेत्र का व्यक्ति चाहे वह प्रगतिशील हो रूढ़िवादी अथवा समयोपयोगितावादी हो अपने ढंग से लगा था। सबका ध्येय जनकल्याण और लोक मंगल का अधिष्ठान तथा दैहिक, दैविक और भौतिक बन्धन से मुक्ति का था। गजब का समा सभी क्षेत्रों में था। जनता की भाषा के शिल्पी भी रचना के क्षेत्र में उतने ही आगे थे जितना किसी देश के साहित्यकारों को होना चाहिए।

समय बदलता है, अंग्रेजी शिक्षा नये विचारों को उपस्थित करती है, नये भावों को जगाती है। देश में एक नयी जागृति होती है। पुरानी कृतियों की याद, जापान के आश्चर्यजनक विजयों की कथा, यूरोप के आंतरिक कलह, हिन्दुस्तान के क्षितिज पर आशाओं के असीम दृश्यों की झलक से हमारे हृदयों को उमंगों से परिपूर्ण कर देते हैं। जाति की प्रतिष्ठा के, उसके अधिकारों के और उसके व्यक्तित्व को स्थिर करने के विचार लोगों के मस्तिष्क में घूमते हैं और स्वभावतः लोगों के दिल भाषा और साहित्य की उन्नति की ओर आकर्षित होते हैं।

19वीं शताब्दी के उत्तरार्द्ध में साहित्यकार साहित्य सृजन की ओर अग्रसर हुए। विद्वानों ने हिन्दी साहित्य के लिए इसे पुनर्जागरण काल, भारतेन्दु काल आदि नामों से अभिहित किया। इस युग में साहित्य मनुष्य के बृहत्तर सुःख-दुख के साथ पहली

बार जुड़ा क्योंकि इस युग में जो साहित्यकार हुए वे देश की दशा और समाज की स्थिति से पूर्णतः परिचित थे। यह प्रक्रिया गद्य के माध्यम से शुरू हुई। आधुनिक जीवन चेतना की चिनगारियाँ जैसी गद्य में दिखाई पड़ी वैसी पद्य में नहीं।

भारतेन्दु हरिश्चन्द्र, बदरीनारायण चौधरी 'प्रेमघन', अम्बिका दत्त व्यास, राधा कृष्ण दास, जगमोहन सिंह, श्रीधर पाठक, बालमुकुन्द गुप्त, आदि कवि एवं साहित्यकार उभरकर सामने आये। जिन्होंने गद्य एवं पद्य दोनों में अपनी लेखनी चलाई। युगीन कवियों का काव्य फलक अत्यन्त विस्तृत है। एक ओर तो वह रीतिकालीन एवं भक्तिकालीन भावना से प्रेरित हैं तो दूसरी ओर उनमें समकालीन चेतना कूट-कूट कर भरी हुई है। राष्ट्रीयता और सामाजिक चेतना कवियों के प्रमुख विषय रहे हैं। अंग्रेजों की शोषण नीति का प्रत्यक्ष उल्लेख इस भावना की चरम परिणिति है–

"भीतर-भीतर सब रस चूसैं, हँसि हँसि के तन मन धन मूसैं।
जाहिर बातन में अति तेज, क्यों सखि सज्जन नहीं अंग्रेज।।"

पत्र-पत्रिकाओं के उत्थान की दृष्टि से भी इस युग का अत्यधिक महत्त्व है। देश के कोने-कोने से साहित्यिक पत्र-पत्रिकाओं का प्रकाशन आरम्भ हुआ। कवि वचन सुधा, जगत समाचार, साप्ताहिक आगरा, साप्ताहिक बनारस, हरिश्चन्द्र मैग्जीन, बाल बोधिनी, मासिक इलाहाबाद, साप्ताहिक कलकत्ता, विद्याविनोद आदि अनेक पत्रिकाओं का प्रकाशन आरम्भ हुआ।

साहित्य के संवर्धन और प्रवर्धन के लिए अनेक छोटी-मोटी स्थानीय संस्थाएँ गठित हुईं और काल के प्रवाह में विलीन हो गयीं। इस क्षेत्र में सबसे बड़ा प्रयत्न सन् 1894 में हुआ और वह प्रयत्न काशी में नागरी प्रचारिणी सभा की स्थापना का था।

देश के धार्मिक और सामाजिक आन्दोलन में जो महत्त्व आर्य समाज का है, राजनीतिक क्षेत्र में जो महत्त्व कांग्रेस का है वह महत्त्व हिन्दी जगत में नागरी प्रचारिणी सभा का है।

सभी क्षेत्रों में 19वीं शताब्दी में प्रगति की बात अंगीकार कर ली गयी थी। साहित्य चेतना का जो युग आरम्भ हुआ था उसे 20वीं शताब्दी में और प्रखर बनाया जाये इस बात के प्रयत्न आरम्भ हो गये। इस समय देश के साहित्यिक क्षितिज पर नाथूराम शर्मा 'शंकर', श्रीधर पाठक, महावीर प्रसाद द्विवेदी, अयोध्यासिंह उपाध्याय 'हरिऔध', राय देवीप्रसाद पूर्ण, रामचरित उपाध्याय, गया प्रसाद शुक्ल 'सनेही', मैथिलीशरण गुप्ता, रामनरेश त्रिपाठी, बालमुकुन्द गुप्त, अमीर अली मीर, कामता प्रसाद गुरु, गिरिधर शर्मा, गोपाल शरण सिंह, मुकुटधर पाण्डेय जैसे कवियों का आविर्भाव हुआ।

यहाँ उल्लेखनीय तथ्य यह है कि देश के इस साहित्यिक आन्दोलन का प्रतिनिधित्व किया उत्तर प्रदेश ने, और साहित्यकारों की गतिविधियों का केन्द्र बना इलाहाबाद।

केन्द्र बनने का श्रीगणेश हुआ पं. बालकृष्ण के हिन्दी प्रदीप से। 1877 में उन्होंने हिन्दी प्रदीप निकाला। उस समय भारतेन्दु एवं उनके कुछ सहयोगी ही पत्र के लेखक थे किन्तु साहित्य सृजन की प्रक्रिया तो आरम्भ हो ही चुकी थी।

1900 ई. में सरस्वती का प्रकाशन आरम्भ हुआ। शीघ्र ही स्त्री दर्पणी (1903) मर्यादा, सम्मेलन पत्रिका, चाँद, आदि पत्रिकाओं का प्रकाशन होने लगा। इन पत्रिकाओं ने ऐसे वातावरण का सृजन किया जिसके चलते यहाँ कई साहित्यिक संस्थाएँ स्थापित हुईं जिन्होंने साहित्य के उन्नयन के लिए महत्त्वपूर्ण कार्य किया। हिन्दी साहित्य सम्मेलन, हिन्दुस्तानी एकेडमी, भारतीय हिन्दी परिषद्, सुकवि समाज, आनन्द मण्डल, साहित्यकार संसद आदि।

इस साहित्यिक वातावरण ने अनेक साहित्यकारों को प्रयाग की ओर आकर्षित किया। महावीर प्रसाद द्विवेदी ने सुमित्रानन्दन पन्त की रचनाओं को सरस्वती में खूब छापा परिणाम यह हुआ कि वह आये तो थे म्योर कालेज में पढ़ने के लिए प्रयाग के वासी हो गये। सूर्यकान्त त्रिपाठी निराला महिषादल की नौकरी छोड़कर प्रयाग आ गये और इसे अपनी कार्यस्थली बनाया। महादेवी जी की तो जन्म स्थली एवं कर्म स्थली दोनों प्रयाग ही रही।

डॉ. रामकुमार वर्मा अध्ययन के लिए प्रयाग आये और फिर यहीं के हो गये। हरिवंश राय बच्चन का जन्म भी इलाहाबाद में ही हुआ और कार्य क्षेत्र भी इलाहाबाद को बनाया।

साहित्य में प्रगतिवादी आन्दोलन को प्रयाग ने देखा और जिसके विरोध में परिमल जैसी साहित्यिक संस्थाओं का उदय हुआ। इसके माध्यम से बिशन नारायण कपूर, गिरिधर गोपाल, सर्वेश्वर दयाल सक्सेना, विजयदेव नारायण साही, केशव चन्द्र वर्मा, लक्ष्मीकान्त वर्मा, धर्मवीर भारतीय, रघुवंश, जगदीश गुप्त आदि दो पीढ़ियों के रचनाकार सामने आये।

1900 से 1950 की इस आधी शताब्दी में इलाहाबाद ने सम्पूर्ण विश्व का ध्यान अपनी ओर आकृष्ट किया। इस समय यहाँ जो साहित्य रचा गया उसे विश्व के किसी भी समय के श्रेष्ठ साहित्य के समकक्ष रखा जा सकता है।

यही कारण है हिन्दी साहित्य के विकास की इस कृति को प्रयाग के विशेष सन्दर्भ में लिखा गया है।

इस कृति को साकार रूप प्रदान करने में अनेक लोगों का सहयोग एवं आशीर्वाद प्राप्त हुआ। पूज्य गुरु प्रोफेसर सी.पी. झा एवं प्रोफेसर एस.सी. द्विवेदी की कृपा के बिना यह कार्य सम्भव नहीं था उन्हीं की कृपा से यह कार्य पूर्ण हो सका, कृति भी उन्हीं को समर्पित है। प्रोफेसर अजब सिंह पूर्व विभागाध्यक्ष हिन्दी विभाग अलीगढ़

मुस्लिम विश्वविद्यालय का स्नेह एवं मार्गदर्शन समय-समय पर मिलता रहा उनका हृदय से आभारी हूँ। वयोवृद्ध गुरु श्री ढालाराम खत्री जिनकी कृपा एवं आशीर्वाद सदैव प्राप्त हुआ उनको धन्यवाद देने के लिए मेरे पास शब्द नहीं तथा उन्हें धन्यवाद ज्ञापित कर उनकी महत्ता भी कम नहीं करना चाहूँगा।

अपने पिता श्री रामसेवक शर्मा लवानिया का मैं हृदय से कृतज्ञ हूँ जिनकी तपस्या एवं त्याग से ही यह कार्य सम्पन्न हो सका। किसी भी महत्त्वपूर्ण कार्य में मित्रों का सहयोग सदैव प्राप्त होता है इस कार्य में भी मेरे मित्रों का सहयोग एवं उपयोगी सुझाव प्राप्त हुए। श्री धीरज चौधरी प्रवक्ता इतिहास ईश्वर शरण डिग्री कॉलेज इ.वि.वि., श्री हरिनारायण चारी मिश्रा भा.पु.से., श्री अजीत सिंह राज्य प्रशासनिक सेवा बिहार, श्री अरुण कुमार सिंह, उ.प्र. अग्निशमन सेवा श्री जितेन्द्र गौड़ निदेशक प्रो लीफिक टूल्स प्रा. लि., श्री एन.बी.एस. राजपूत भा.प्र.से. का हृदय से आभारी हूँ जिनके समय-समय पर उपयोगी सुझाव प्राप्त हुए।

श्री रवीन्द्र सिंह, आई.ए.एस. सचिव संस्कृति मंत्रालय भारत सरकार का हृदय से आभारी हूँ, जिन्होंने कृति को अग्रेषित करने के लिए अपना अमूल्य समय निकाला।

श्री वी. श्रीनिवास, संयुक्त सचिव एवं महानिदेशक, संस्कृति मंत्रालय भारत सरकार एवं डॉ. संजय गर्ग उपनिदेशक दक्षेस सांस्कृतिक परिषद, कोलम्बो को हृदय से धन्यवाद ज्ञापित करता हूँ जिनका प्रोत्साहन सदैव प्राप्त हुआ। विभाग के अन्य वरिष्ठ सहयोगियों डॉ. एम.ए. हक़, श्री टी. हुसैन, श्री सैयद फरीद अहमद, डॉ. अरुण कुमार श्रीवास्तव का भी हृदय से आभारी हूँ जिनका मार्गदर्शन सदैव प्राप्त हुआ।

अन्त में, मैं वाणी प्रकाशन के प्रबन्ध निदेशक अरुण माहेश्वरी को हृदय से धन्यवाद ज्ञापित करता हूँ जिन्होंने न केवल पुस्तक को प्रकाशित करना स्वीकार किया बल्कि उपयोगी सुझाव भी दिए।

28 फरवरी 2014

–देवेन्द्र कुमार शर्मा

सूर्यकान्त त्रिपाठी 'निराला'

हिन्दी के साहित्यकारों और कवियों में निराला का श्रेष्ठतम स्थान है। उनके व्यक्तित्व में पौरुष का हुंकार था, वाणी का ओज था, जीवन की मस्ती थी, विचारों की अक्खड़ता थी और सबसे बढ़कर उनका स्वाभिमान था। वे यथा नाम तथा गुण की उक्ति को चरितार्थ करने वाले पुरुष थे।[1] बहुत कम कवि और लेखक ऐसे होते हैं जिनकी कृतियो को पढ़कर उनका जो रूप सामने आता है वैसा ही या उससे भव्य सवल उनका वास्तविक जीवन हो। निराला जी इसी प्रकार के व्यक्ति थे। उनके हृदय व्यक्तित्व और कृतियों में सदा ही जो रूप दिखलाई पड़ते थे और वे थे उनकी भव्यता, विशालता, ओज और स्वाभिमान। प्रयाग में रहते हुए निराला जी अपने साहित्य में तीर्थराज थे, क्योंकि कविता की गंगा, कथा साहित्य की जमुना और निबन्ध की 'सरस्वती' तीनों का संगम उनकी कृतियों को त्रिवेणी का महत्त्व प्रदान करने वाला है।[2]

निराला का जीवन अनेक अभावों एवं विपत्तियों से पीड़ित रहा, किन्तु इन्होंने किसी विपत्ति के सामने झुकना नहीं सीखा। अभावों की एवं मर्मान्तक व्यथा को झेलते हुए भी साहित्य साधना में तल्लीन रहे।[3]

निराला का जन्म राम सहाय तिवारी के घर 21 फरवरी 1899 को हुआ।[4] राम सहाय वैसवाड़ा क्षेत्र के गढ़कौला ग्राम के निवासी थे किन्तु इस समय वह महिषादल' में आकर बस गये थे।[5] निराला का बचपन का नाम सुर्ज कुमार था किन्तु आगे चलकर 1920 में जब उनका कवि जीवन आरम्भ हुआ उन्होंने अपना नाम सूर्यकान्त त्रिपाठी रख लिया।[6] निराला का जीवन कष्टों एवं अभावों में बीता बचपन में माँ का देहान्त और जब 1919 में देश में अकाल पड़ा इसमें उनके अनेक स्वजनों का देहानसान हो गया। पिता, पत्नी, चाचा सभी उनको छोड़कर चले गये किन्तु निराला का दार्शनिक हृदय इसे बर्दाश्त कर गया।[7]

सन् 1920 में वह महिषादल से घर चले आए किन्तु बंगाल छोड़कर हिन्दी प्रान्त में आए पर उनका स्वागत नहीं हुआ बल्कि उन्हें यहाँ भी दुर्निवार संघर्ष से भिड़ना पड़ा।[8]

निराला की पहली कविता 1916 में रची गई थी।[9] 1916 से 1920 का समय निराला के लिए काव्य में भी संघर्ष का समय था। इस समय प्रायः उनकी रचनाएँ पत्रिकाओं से वापस लौट आती थीं। उनकी रंगभूमि कविता कानपुर से प्रकाशित होने वाली मासिक पत्रिका 'प्रभा' में छपी।[10] उनकी प्रथम और चर्चित कविता 'जुही की कली' आदर्श मासिक में छपी।[11]

निराला की काव्य प्रतिभा को सबसे पहले कलकत्ता से प्रकाशित होने वाले मतवाला के सम्पादक बाबू महादेव जी सेठ ने पहचाना। उन्होंने निराला की न केवल रचनाओं को प्रकाशित किया बल्कि उन्हें मतवाला के सम्पादक मण्डल में रखा।

बंगाल के मिदनापुर जिले में महिषादल नाम का देशी राज्य था। यहाँ राजा रामनाथ राज्य करते थे। जब इनका देहान्त हुआ तब इनकी रानी सती हो गई। रानी ने सती हाने से पूर्व लक्ष्मण प्रसाद नामक एक ब्राह्मण को सिंहासन सौंप दिया। इस समय लक्ष्मण प्रसाद के पुत्र ईश्वर प्रसाद यहाँ शासन कर रहे थे।

निराला ने स्वयं इस तथ्य को स्वीकार किया और अपनी कालजयी कृति अनामिका उन्हें समर्पित की। उन्होंने लिखा, "वे मेरी रचनाओं के पहले प्रशंसक है तब मेरी कृतियाँ पत्र-पत्रिकाओं से प्रायः वापस लौट आती थी।"[12]

1923 से निराला की रचनाएं कलकत्ता से प्रकाशित होने वाले मतवाला, समन्वय, आदर्श, लखनऊ से प्रकाशित होने वाली माधुरी पत्रिका में नियमित रूप से प्रकाशित होने लगी। माधुरी में सबसे पहले उनकी कविता 'अधिवास प्रकाशित' हुई।[13] अगस्त के मतवाला अंक जिसमें निराला की रक्षाबन्धन कविता प्रकाशित हुई, इसके बाद तो निराला और 'मतवाला' एक-दूसरे के पूरक बन गये। निराला उपनाम भी मतवाला के अनुप्रास पर आया। स्वयं इस तथ्य को स्वीकार करते है।[14]

काव्य

अनामिका प्रथम (1923) – अनामिका को नवजादिक लाल श्रीवास्तव ने 23 शंकरघोष लेन कलकत्ता से प्रकाशित किया था। कृति पर प्रकाशन वर्ष का उल्लेख नहीं हैं किन्तु इसमें पं. चन्द्रशेखर शास्त्री की जो सम्मति दी गई है उनके नीचे 23 जुलाई 1923 की तिथि दी हुई हैं यह जुलाई अगस्त 1923 में छपी होगी।[15]

इस कृति में निराला की नौ रचनाएँ संकलित है। अध्यात्म पुरुष, जुही की कली, माया, तुम और मैं, पंचवटी प्रसंग, सच्चिता, जलद के प्रति श्रेष्ठ कविताएँ हैं। यह कविताएँ अनामिका में संकलित होने से पूर्व आदर्श, समन्वय आदि पत्रों में प्रकाशित हो चुकीं थी। जुही की कली आदर्श के नवम्बर, दिसम्बर 1922 के अंक में प्रकाशित हो चुकी थी।[16] 'तुम और मैं' शीर्षक कविता भी 'माधुरी पत्रिका' में प्रकाशित हो चुकी थी।[17]

अनामिका पूरी तरह स्वच्छन्दता वादी रचना है। इसी में तो पंचवटी प्रसंग है। कोमलांगी सर्वांग सुन्दरी सीता और वीर पुरुष राम का संग, सीता और लक्ष्मण की विनोद वार्ता, शूर्पणखा का प्रवेश : एक रोमांटिक परिदृश्य लक्ष्मण का भावात्मक आदर्श, राम का दार्शनिक दृष्टिकोण ये सब मिलाकर गीतिनाट्य की परिपूर्णता के तत्व हैं। कही भी स्वछन्दतावाद में विक्षेप नहीं साहित्य में स्वच्छन्दतावाद की प्रतिनिधि रचना अनामिका को माना जा सकता है।[18]

परिमल (1929-30) – निराला की यह कृति गंगा पुस्तक माला लखनऊ से प्रकाशित हुई। इसके प्रथम संस्करण में प्रकाशन वर्ष संवत 1986 विक्रम दिया हुआ है।[19] अक्टूबर की सुधा में भी इसका प्रकाशन काल सितम्बर 1929 बतलाया गया है।

परिमल में निराला ने अपनी प्रथम कृति अनामिका की नौ रचनाओं में से सात को इसमें सम्मिलित कर लिया। 'अध्यात्म पुरुष', जुही के कली, माया, तुम और मैं, आदि शीर्षक कविताएँ इसमें सम्मिलित की गयीं। 20 अन्य कविताओं में 'नग्न' जो कि संकलित होने से पूर्व मतवाला में प्रकाशित हो चुकी थी–

> मदभरे ये नलिन-नयन मलीन हैं :
> अल्प जल में या विकल लघु मीन है?
> या प्रतीक्षा में किसी की शर्वरी :
> बीत जाने पर हुए ये दीन हैं?[21]

नमन 'उसकी स्मृति में' पहिचाना उस पर, 'भिक्षुक' संध्या सुन्दरी, शखपूर्णिमा की विदाई, अंजली, आह्वान आदि कविताएँ, उल्लेखनीय हैं।

वास्तव में परिमल निराला की नई भूमि का प्रतिनिधित्व करता है। अनामिका की प्रशांत और प्रसन्न भाव धारा में 'परिमल' ने ओज प्रवेग और प्रखरता का समायोजन कर दिया है। इस दृष्टि से परिमल में नूतन दिशा संकेत है। जागो फिर एक बार, 'महाराज शिवाजी का पत्र' बादल राग, में एक नयी दिशा नया मोड़ दी है। छायावाद और स्वच्छन्दतावाद की नयी भूमियों पर परिमल का काव्य अपनी समृद्धि की अभिव्यक्ति कर रहा है। इन समस्त रचनाओं मे प्रयत्न का प्रयास कहीं दिखाई नहीं देता। इनमें निराला का यौवन की आस्थाओं का परिवेश प्रतिबिम्बित है।[22]

गीतिका (1936) – निराला की यह रचना सम्वत् 1993 वि. अर्थात् 1936 में भारती भण्डार इलाहाबाद से प्रकाशित हुई।[23] निराला ने अपनी इस कृति को अपनी पत्नी मनोहरा देवी को समर्पित किया है।[24]

गीतिका के गीतों की तीन आधार भूमियाँ हैं : स्वछन्द भावभूमि, ऋतुचित्र और नारी सौन्दर्य की अनाविल भूमि पर शृंगार की प्रतिष्ठा इस कृति की विशेषता है। पं. रामचन्द्र शुक्ल इसके गीतों में वास्तविक स्वच्छन्दतावाद देखते हैं।[25]

मैं बहुत दूर का थका हुआ
चल दुःख कर श्रम पथ, रुका हुआ
आश्रय दो आश्रम वासिनी
मेरी हो तुम्ही सहारा
वह खुला न द्वार दिवस बीता,
हो गई निरर्थ सकल गीता।[26]

अनामिका द्वितीय (**1937**) – निराला की यह कालजयी कृति भारती भण्डार इलाहाबाद से प्रकाशित हुई। इस अनामिका का प्रथम अनामिका से कोई सम्बन्ध नहीं है। निराला ने बाबू महादेव प्रसाद को समर्पित करने के उद्देश्य से इसका नाम अनामिका रखा। उन्होंने लिखा है "अनामिका नाम की पुस्तिका मेरी रचनाओं का पहला संग्रह हैं। आदरणीय मित्र स्व. बाबू महादेव प्रसाद जी सेठ ने प्रकाशित की थी ...अस्तु उस अनामिका की कृतियाँ परिमल नाम के संग्रह में आ गयी थी, अधूरी निकाल दी गई थी, इस अनामिका में उसका कोई चिह्न अवशिष्ट नहीं। यह नामकरण मैंने इसलिए किया कि उन्ही की स्मृति में समर्पित करुँ।"[27]

निराला की इस कृति में एक से बढ़कर एक रचनाएँ संकलित है– प्रेयसी, मित्र के प्रति, दान, प्रलाप, खंडहर के प्रति, प्रेम के प्रति, वीणा वादिनी, प्रगल्भ प्रेकम, प्रिया से, सच है, चुम्बन, अनुताप, तट पर, ज्येष्ठ, रेखा, विनय, उत्साह, वनवेला, नाचे उस पार श्याम, सरोज स्मृति, मरण दृश्य, खुला आसमान, अपराजिता, राम की शक्ति पूजा, नर्गिश आदि श्रेष्ठ कविताएँ इसमें संकलित हैं।

इस कृति में निराला ने सामाजिक विद्रोह को बडी तीव्रता से उभारा है। अधिकांश रचनाएँ जीवन आस्था से सम्बन्धित है जिनमें अवरोधों के पराजय के प्रति एक प्रगल्भता फूट निकली है। निराला का स्वच्छन्दतावाद सशक्तता से आविर्भूत हुआ है आक्रोश और आत्मग्लानि की अभिव्यक्ति है। वनवेला भी इसी में है जिसमें सामाजिक विषमता पर केवल आक्रोश ही नहीं अन्तर्व्याप्त करुणा का प्रस्फुटन भी है। राजनीतिक प्रवंचनाओं और विकृतियों के संकेत स्वर भी इसमें बड़े मुखर है।[28]

निराला का जीवन संघर्ष का जीवन है और अनामिका की कविताएँ उसकी अभिव्यक्ति। सरोज स्मृति के अन्त में लिखा है– दुःख ही जीवन की कथा रही। जिस तरह उत्तर राम चरित में राम ने स्वयं स्वीकार किया है कि दुःख का अनुभव करने के लिए ही उन्हें चेतना मिली है–दुःख संवेदनामैव रामे चैतन्यामाहितम, उसी तरह निराला ने भी मानो स्वीकार किया है कि केवल दुःख भोगने के लिए उन्हें जीवन मिला था। किन्तु जीवन संघर्ष की इस चोट को उन्होंने हिन्दी का स्नेहोपहार समझकर किया है–

सोचा है नत तो बार बार,
यह हिन्दी का स्नेहोपहार,
यह नहीं हार मेरी, यास्वर
यह रत्नहार–लोकोत्तर वर।[29]

तुलसीदास (1938) – निराला की यह कृति सन् 1938 में भारती भण्डार इलाहाबाद से प्रकाशित हुई। निराला ने इसको अपने परम स्नेही श्री नारायण चतुर्वेदी को समर्पित किया है।[30]

तुलसीदास का जब प्रकाशन हुआ उस समय छायावाद अपने शिखर पर पहुँच चुका था। इसलिए प्रबन्धात्मक शिल्प विधान में रचित रहने पर भी तुलसीदास का भावबोध दर्शन बोध और सौन्दर्य विधान छायावादी काव्यशैली के नितान्त अनुकूल है–

प्रेयसी के अलक नील व्योमः
दृगपल कलंक मुख मंजु सोमः
निःसृत प्रकाश जो तरूण क्षोभ प्रियतन पर
पुलिकित प्रतिपल मानस चकोर
देखना भूल दिक उसी ओरः
कुल इच्छाओं का वहीं छोर जीवन भर।[31]

तुलसीदास का प्रारम्भ भारतीय संस्कृति की संध्या से होता है–

भारत के नभ का प्रभापूर्ण
शीतलच्छाय सांस्कृतिक सूर्य
अस्तमित आजरे-तमस्तूर्य दिङमंगल।[32]

और इसका अन्त भारतीय संस्कृति के पुनर्जागरण की आकांक्षा के नवीन अरुणोदय रो होता है इसलिए इस काव्य कृति में तुलसीदास का चित्रण भारतीय सांस्कृतिक पुनर्जागरण के सारस्वत नेता के रूप में किया गया है।

कुकुरमुत्ता (1942) – कुकुरमुत्ता का प्रथम संस्करण युग मन्दिर उन्नाव से प्रकाशित हुआ। पुस्तक में प्रकाशन का वर्ष नहीं है, भूमिका के नीचे 4 जून 1942 अंकित है।[33]

निराला जी ने अपनी इस कृति को कुंवर सुरेश सिंह को समर्पित किया है। इस संग्रह में कुमुरमुत्ता के अलावा सात और कविताएँ है– गर्म पकौड़ी, प्रेम संगीत, रानी और कानी, खजोहरा, मास्को डायलाग्ज, स्फटिक शिला, और खेल।

एक थे नवाब,
फारस से मंगाए थे गुलाब।
बड़ी बाड़ी में उगाए

रखे माली, कई नौकर
गजनवी का बाग मनहर
लग रहा था।
एक सपना जग रहा था
साँस पर तरजीब की,
गोद पर तरतीब की।
क्यारियाँ सुन्दर बनी
चमक में फैली घनी।
फूलों के पौधे वहाँ
लग रहे थे खुशनुमा।
बेला, गुलशब्बो, चमेली, कामिनी,
जूही, नरगिस, रातरानी, कमलिनी,
चम्पा, गुलमेंहदी गुलखैरू, गुलअब्बास,
गेंदा, गुलदाऊदी, निवाइ, गन्धाराज,
और किरने फूल, फव्वारे कई,
रंग अनेकों-सुर्ख, धनी, चम्पई,
आसमानी, सब्ज, फिरोज सफेद,
जर्द, बादामी, बसन्त, सभी भेद।
फलों के भी पेड़ थे,
आम, लीची, सन्तरे और फालसे।
चटकती कलियाँ, निकलती मृदुल गन्ध,
लगे लगकर हवा चलती मन्द-मन्द,
चहकती बुलबुल, मचलती टहनियाँ,
बाग चिड़ियों का बना था आशियाँ।
साफ राह, सरा दानों ओर,
दूर तक फैले हुए कुल छोर,
बीच में आरामगाह
दे रही थी बड़प्पन की थाह।
कहीं झरने,
कहीं छोटी-सी पहाड़ी
कहीं सुथरा चमन, नकली कहीं झाड़ी।
आया मौसम, खिला फारस का गुलाब,

बाग पर पड़ा था रोब-ओ-दाब;
वही गन्दे में उगा देता हुआ बुत्ता
पहाड़ी से उठे-सर ऐंठकर बोला कुकुरमुत्ता—
अब, सुन बे, गुलाब,
भूल मत जो पायी खुशबू, रंग-ओ-आब,
'खून चूसा खाद का तूने अशिष्ट,
डाल पर इतरा रहा है केपीटलिस्ट!
कितनों को तूने बनाया है गुलाम,
माली कर रक्खा, सहाया जाड़ा-घाम,
हाथ जिसके तू लगा,
पैर सर रखकर वो पीछे को भागा
औरत की जानिब मैदान यह छोड़कर,
तबेले को टट्टू जैसे तोड़कर,
शाहों, राजों, अमीरों का रहा प्यारा
तभी साधारणों से तू रहा न्यारा।
वरना क्या तेरी हस्ती हैं, पोच तू
कांटों ही से भरा है यह सोच तू
कली जो चटकी अभी
सूखकर कांटा हुई होती कभी।
रोज पड़ता रहा पानी,
तू हरामीं खानदानी—
चाहिए तुझको—
सदा मेहरून्निसा
तू निकाले इत्र, रू, ऐसी दिशा
बहाकर ले चले लोगों को, नहीं कोई किनारा
जहाँ अपना नहीं कोई भी सहारा
ख्वाब में डूबा चमकता हो सितारा
पेट में डंड पेले हों चूहे, जबां पर लफ्ज प्यारा।
देख मुझको, मैं बढ़ा
डेढ़ बालिश्त और ऊंचे पर चढ़ा
और अपने से उगा मैं
बिना दाने का चुगा मैं

कलम मेरा नहीं लगता
मेरा जीवन आप जगता
तू है नकली, मै हूँ मौलिक
तू है बकरा, मै हूँ कौलिक
तू रंगा और मैं धुला
पानी मैं, तू बुलबुला
तूने रोटी छीन ली जनखा बनाकर
एक की दी तीन मैंने गुन सुनाकर।
काम मुझ ही सधा है
शेर भी मुझसे गधा है
चीन में मेरी नकल, छाता बना
छत्र भारत का वही, कैसा तना
सब जगह तू देख ले
आज का फिर रूप पैराशूट ले।
विष्णु का मैं ही सुदर्शनचक्र हूँ।
काम दुनिया से पड़ा ज्यों, वक्र हूँ।
उलट दे, मैं ही जसोदा की मथानी
और लम्बी कहानी–
सामने लाकर मुझे बेंडा
देख कैंसा
तीर से खींचा धनुष मैं राम का।
काम का–
पड़ा कन्धे पर हूँ हल बलराम का।
सुबह का सूरज हूँ मैं ही
चाँद मैं ही शाम का।
कलजुगी मैं ढाल
नाव का मैं तला नीचे और ऊपर पाल।
मैं ही डांडी से लगा पल्ला
सारी दुनिया तोलती गल्ला
मुझसे मूछें, मुझसे कल्ला
मेरे उल्लू, मेरे लल्ला
ककहे रुपया या अधन्ना

हो बनारस या न्यवन्ना
रूप मेरा, मैं चमकता
गोला मेरा ही बमकता।
लगाता हूँ पार मैं ही
डुबाता मझधार मैं ही।
डब्बे का मैं ही नमूना
पान मैं ही, मैं ही चूना
मै कुकुरमुत्ता हूँ
पर बेन्जाइन (Bengoin) वैसे
बने दर्शनशास्त्र जैसे।
ओमफलस (Omphalos) और ब्रह्मावर्त
वैसे ही दुनिया के गोले और पर्त
जैसे सिकुड़न और साड़ी,
ज्यों सफाई और माड़ी।
कास्मोपालिटन और मेट्रोपालिटन
जैसे फ्रायड और लीटन।
फेलसी और फलसफा
जरूरत और हो रफा।
सरसता में फ्राड
केपिटल में जैसे लिनिनग्राड।

सच समझ जैसे रकीब
लेखकों में लण्ठ जैसे खुशनसीब
मैं डबल जब, बना डमरू
इकबगल, तब बना वीणा।
मन्द्र होकर कभी निकला
कभी बनकर ध्वनि छीणा।
मैं पुरुष और मैं ही अबला।
मैं मृदंग और मैं ही तबला।
चुन्ने खां के हाथ का मैं ही सितार
दिगम्बर का तानपूरा, हसीना का सुरबहार।
मैं ही लायर, लिरिक मुझसे ही बने

संस्कृत, फारसी, अरबी, ग्रीक, लैटिन के जने
मन्त्र, गजलें, गीत, मुझसे ही हुए शैदा
जीते हैं फिर मरते हैं, फिर होते हैं पैदा।
वायलिन मुझसे बजा
बेन्जो मुझसे सजा।
घण्टा, घण्टी, ढोल, डफ, घड़ियाल,
शंख, तुरही, मजीरे, करताल,
करनेट, क्लेरीअनेट, ड्रम, फ्लूट, गीटर,
बजानेवाले हसन खां, बुद्धू, पीटर,
मानते हैं सब मुझे ये बायें से,
जानते हैं दायें से।
ताताधिन्ना चलती है जितनी तरह
देख, सब में लगी है मेरी गिरह
नाच में यह मेरा ही जीवन खुला
पैरों से मैं ही तुला।
× × ×
कुकुरमुत्ते की कहानी
सुनी उससे जीभ में बहार की आया पानी।
पूछा "क्या इसका कबाब
होगा ऐसा भी लजीज?
जितनी भाजियाँ दुनिया में
इसके सामने नाचीज?"
गोली बोली—"जैसी खुशबू
इसका वैसा ही स्वाद,
खाते खाते हर एक को
आ जाती है बिहिश्त की याद
सच समझ लो, इसका कलिया
तेल का भूना कबाब,
भाजियों में वैसा
जैसा आदमियों में नब्वाब"
नहीं ऐसा कहते की मालिन की
छोकड़ी बंगालिन की

डांटा नौकरानी ने
चढ़ी आंख कानी ने।
लेकिन यह कुछ घूंट लार के
जा चुके थे तब तक पेट में—
बहार के।
नहीं नहीं अगर इसको कुछ कहा
पलट कर बहार ने उसे डांटा
"कुकुरमुत्ते का कबाब खाना है,
इसके साथ यहाँ जाना हैं।"

× × ×

भीतर आ डलिये मे रक्खे
मोली ने वे कुकुरमुत्ते।
देखकर माँ खिल गयी।
निधि जैसे मिल गयी।
कहा गोली ने, "अम्मा,
कलिया-कबाब जल्द बना।
पकाना मसालेदार
अच्छा, खायेंगी बहार।
पतली-पतली चपातियाँ
उनके लिए सेख लेना।"

जला ज्यों ही उधर चूल्हा,
खेलने लगी दोनों दुल्हन-दूल्हा।
कोठरी में अलग चलकर।
टेरियर था बराती
आज का गोली का साथ।
हो गयी शादी कि फिर दुल्हन-बहार से।
दूल्हा—गोली बातें करने लगी प्यार से।
इस तरह कुछ वक्त बीता, खाना तैयार
हो गया, खाने चलीं गोली और बहार।
कैसे कहें भाव जो मां की आँखों से बरसे
थाली लगायी बड़े समादर से।

खाते ही बहार ने यह फरमाया,
''ऐसा खाना आज तक नहीं खाया''
शौक से लेकर सवाद
खाती रहीं दोनों
कुकुरमुत्ते का कलिया-कबाब।
बांदी को भी थोड़ा-सा
गोली की माँ ने कबाब परोसा।
अच्छा लगा, थोड़ा-सा कलिया भी
बांदी को ला दिया,
हाथ धुलाकर देकर पान उसको बिदा किया।
कुकुरमुत्ते की कहानी
सुनी जब बहार से
नब्वाब के मुँह आया पानी।
बांदी से की पूछताछ
उनको हो गया विश्वास
माली को बुला भेजा
कहा कुकुरमुत्ता चलकर ले आ तू ताजा ताजा
माली ने कहा हुजूर
कुकुरमुत्ता अब नहीं रहा
अर्ज हो मंजूर
रहे है अब सिर्फ गुलाब
गुस्सा आया कांपने लगे नब्वाब
बोले चल गुलाब जहां थे उगा
सबके साथ हम भी चाहते हैं कुकुरमुत्ता
बोला माली 'फरमाएं म आफ खता
कुकुरमुत्ता अब उगाया नहीं उगता[34]

अणिमा (1943) – निराला की यह कृति भी युग मन्दिर उन्नाव से प्रकाशित हुई। निराला ने अपनी इस कृति को रामविलास शर्मा को समर्पित किया है। इसमें अधिकांश गीत हैं जो आल इण्डिया रेडियो दिल्ली और लखनऊ से गाए गये है।[35]

अणिमा में 1939 से 1943 के बीच की रचनाएं संकलित हैं। इन रचनाओं को पढ़ने के बाद ऐसा लगता है कि निराला 1940-42 के आस पास अपने जीवन में पराजय बोध अधिक महसूस करने लगे थे। अणिमा में संग्रहीत 1940 की कविता

में तीव्र पराजय बोध दिखाई देता है—

मैं अकेलाः
देखता हूँ आ रही
मेरे दिवस की सांध्य वेला।
पके आधे बाल मेरे
हुए निष्प्रभ गाल मेरे
चाल मेरी मंद होती आ रही
हट रहा मेला
जानता हूं नदी झरने
जो मुझे थे पार करने
कर चुका हूं हस रहा यह देख
कोई नहीं मेला[36]

निराला पराजय के बावजूद यह घोषणा भी कर देते है—[37]

मरण को जिसने वरा है
उसी ने जीवन भरा हैं
परा भी उसकी उसी के
अंक सत्य यशोधरा है।[38]

वेला (1943) — निराला की यह कृति हिन्दुस्तानी पब्लिकेशंस शाहगंज इलाहाबाद से प्रकाशित हुई। इसकी भूमिका के नीचे निराला ने जून 1943 लिखा हुआ।[39] इस कृति को निराला ने कविवर जानकी वल्लभ को समर्पित किया है।

इस कृति में सभी तरह के गीत हैं तथा कुछ गजल शैली की रचनाएँ भी हैं जा निराला के हिन्दी में उर्दू शैली लाने के प्रयत्न को द्योतित करती हैं—

निगाह तुम्हारी थी,
दिल जिससे बेकारार हुआ
मगर मैं गैर से मिलकर
निगाह के पार हुआ।[40]

निराला ने इस कृति के गीतों में नये प्रयोग किये है किन्तु कुछ गीत श्रेष्ठ है जिनमे निराला की सहज अनुभूति दिखाई देती है—

रूप की धारा के उस पार
कभी धँसने भी दोगे मुझे?
विश्व की श्यामल स्नेह सँवार
हँसी हँसने भी दोगे मुझे?[41]

नये पत्ते (1946) –निराला की यह कृति लोकभारती प्रकाशन इलाहाबाद से 1946 में प्रकाशित हुई। इस संग्रह में सभी तरह के पद्य में हास्य के तत्व विद्यमान हैं। भूमिका में निराला ने स्वयं लिखा है ''नये पत्ते इधर के पद्यों का संग्रह है। सभी तरह के आधुनिक पद्य हैं छन्द कई, मात्रिक सम और असम। हास्य की भी प्रचुरता, भाषा अधिकांश में बोलचाल वाली पढ़ने पर काव्य की कुंजों के अलावा ऊँचे नीचे फारस के जैसे टीले भी। अधिक मनोरंजन और वौधन की निगाह रखी गई है कि पाठकों का श्रम सार्थक हो और ज्ञान बढ़े।''[42]

राजे ने अपनी रखवाली की, यह कैसी हवा चली, दगा की, चर्खा चला, तारे गिनते रहे, कुत्ता भौंकने लगा, झींगुर हटकर बोला, देवी सरस्वती, युगावतार परमहंस श्री राम कृष्ण देवी, छलाँग मारता चला गया, डिप्टी साहब आये, वर्षा, महंगू महगा रहा, खून की होली जो खेली आदि इस संग्रह की उल्लेखनीय कविताएँ हैं। निराला के इस संग्रह मे यथार्थवाद के दर्शन होते हैं। इस संग्रह की कुत्ता भौंकने लगा, झींगुर डटकर बोला, छलाँग मारता चला गया, डिप्टी साहब आए, और महगू महंगा रहा जैसी कविताओं में निराला का यर्थावाद बुलंदी पर पहुँचा है।[43]

अर्चना (1950), आराधना (1953) और गीत गुंज (1958) निराला के अन्तिम काव्य संग्रह है। 'सांध्यगीत' उनकी मृत्यु के बाद प्रकाश में आया। इन रचनाओं मे कवि व्यंग्य और गजल शैली से ऊपर उठ गया है और इनमें शैली क्रमशः आत्मगत होती गई है। बाह्य जगत से टूटता हुआ नाता प्रणति और समर्पण के स्वर में विलीन होता गया है।[44]

निराला का काव्य संसार अत्यधिक विस्तृत है निराला स्वयं अपने जीवन काल में उसे समग्र रूप से पुस्तक रूप में सामने नहीं ला सके उक्त काव्य संग्रहों के अतिरिक्त उन्होंने अनेक कविताएँ लिखीं जो मतवाला, समन्वय, आदर्श, सुधा, सरस्वती आदि पत्रिकाओं में प्रकाशित हुई। निःसंदेह निराला का काव्य संसार अद्भुत और निराला है।

गद्य साहित्य

अप्सरा (1931) – निराला कृत यह प्रथम उपन्यास सबसे पहले लखनऊ से प्रकाशित होने वाली मासिक पत्रिका 'सुधा' मे प्रकाशित हुआ। यह धारावाहिक रूप में अगस्त 1930 से जनवरी 1931 तक निकला।[45] पुस्तक रूप में इसका प्रकाशन संवत 1988 वि. (1931) में गंगा पुस्तक माला कार्यालय लखनऊ से हुआ।

औपन्यासिक क्षेत्र में निराला का यह प्रथम प्रयास था किन्तु निराला को पूर्ण विश्वास था कि इसे अपेक्षित सफलता मिलेगी ''इन बड़ी-बड़ी तोंदवाले औपन्यासिक सेठों की महफिल में मेरी दंशिता धरा अप्सरा उतरते हुए बिल्कुल संकुचित नहीं हो

रही, उसे विश्वास है वह एक दृष्टि से इन्हें अपना अनन्य भक्त कर लेगी।"[46]

प्रस्तुत उपन्यास में इस तथ्य को प्रकट किया गया है कि वेश्या पुत्री के मन में भी उच्च भावनाएं हो सकती हैं और अवसर मिलने पर वह पारिवारिक और सामाजिक मर्यादा को सहर्ष निभा सकती है।

अलका (1933) – निराला की यह कृति भी गंगा पुस्तक माला लखनऊ से 1933 में प्रकाशित हुई। निराला ने अपने इस उपन्यास को नंद दुलारे वाजपेयी को समर्पित किया है।[47]

इसका नामकरण भी प्रथम उपन्यास की नायिका के आधार पर हुआ है। नायिका शोभा का ही परिवर्तित नाम अलका है जो उसके धर्मपिता स्नेह शंकर ने दिव्य सौन्दर्य और सघन केश राशि को लक्षित करके रखा था।[48]

प्रभावती (1936) – निराला की यह कृति 1936 में सरस्वती पुस्तक भण्डार लखनऊ से प्रकाशित हुई। इसको निराला ने अपनी पत्नी को समर्पित किया है।[49]

प्रभावती निराला का ऐतिहासिक उपन्यास है। यह पृथ्वीराज जयचंद कालीन उत्तर भारत के राजाओं के आपसी संघर्ष को लेकर लिखा गया है जिसका कारण प्रायः विवाह व कन्यादान हुआ करता था। इसमें एक पक्ष वीर नारियों का भी था यह दिखलाना निराला का उद्देश्य है। उन्होंने इस उपन्यास में यमुना, प्रभावती, विद्या, रत्नावली आदि ऐसी तरुणियों का वर्णन किया है जो नैतिकता के लिए जान पर खेलती रही। ये भारत की वो जिन्होंने सदैव वीरता का परिचय दिया। ऐसे चरित्रों के निर्माण के पीछे भारतीय परम्परा का गहरा ज्ञान तो है ही आधुनिकता के नारी उत्थान के आन्दोलन की गहरी चेतना भी है।[50]

निरूपमा (1936) – निरूपमा का प्रकाशन वर्ष भी 1936 ही है। यह भारतीय भण्डार इलाहाबाद से प्रकाशित हुई। निरूपमा के आरम्भिक दो परिच्छेद 16 जून 1934 की सुधा में प्रकाशित हुए थे।[51] निराला ने इसे 1933 से लिखना प्रारम्भ कर दिया था और यह पूरा 1935 के आस-पास हुआ। प्रभावती उन्होंने बाद में लिखना प्रारम्भ किया किन्तु निरूपमा से पहले पूरा कर लिया इसलिए निरूपमा उनका चौथा उपन्यास ठहरता है। उन्होंने निरूपमा की भूमिका में लिखा भी है "हिन्दी के उपन्यास साहित्य को निरूपमा मेरी चौथी भेंट हैं।"[52] निरूपमा उपन्यास में कहानी नायिका निरूपमा, उसके मामा योगेश, सुरेश और प्रेमी कुमार के आस-पास घूमती है। इसके माध्यम से निराला ने तत्कालीन परिस्थितियों को चित्रित करने का प्रयास किया है। इसके माध्यम से निराला जी दिखाते हैं कि कई बंगाली युवकों में बहस होती है कि देश गिरा हुआ है, गुलामों की कोई जाति नहीं फिर भी जातीय उच्चता का अभिमान लोगों की नस-नस में समाया हुआ है इससे मानसिक और चारित्रिक पतन होता है।

एक दूसरे से न मिल पाने, शक्तिशाली न हो पाने का यही कारण है।[53]

निराला के प्रथम चरण के उपन्यासों (अप्सरा, अलका, प्रभावती, निरूपमा) का कथानक घटना प्रधान है। उनमें लेखक का ध्यान परिवेश पर नहीं बल्कि एक रोचक कथा गढ़ने पर है। पात्र यथार्थवाद से नहीं उठाए गये हैं, उन्हें कल्पना से अपने आदर्शों के रूप गढ़ा गया है। भाषा जैसे जीवन संग्राम में काम आने वाला अस्त्र न होकर अलंकरण की वस्तु है। स्थान-स्थान पर निराला लम्बे-लम्बे वाक्यों वाली ऐसी चित्रात्मक भाषा का प्रयोग करते हैं कि थोड़ी देर के लिए कविता और गद्य का अन्तर दिखलाई नहीं पड़ता; लेकिन यह उनके इन उपन्यासों का एक पहलू है।

कुल्ली भाट (1939) – निराला का यह उपन्यास संवत् 1996 (वि.) 1939 में गंगा पुस्तक माला लखनऊ से प्रकाशित हुआ। पुस्तक रूप में प्रकाशित होने से पूर्व कुल्ली भाट के आरम्भिक तीन परिच्छेद माधुरी (मासिक लखनऊ) के मार्च 1938 के अंक में प्रकाशित हुए थे। इस पत्रिका के अक्टूबर 1938 के अंक में उसके बाद के भी दो परिच्छेद निकले।[54]

कुल्ली भाट एक संस्मरणात्मक उपन्यास है, जिसमें कुल्ली भी है और निराला भी। दोनों के प्रसंग एक दूसरे से जुड़े हैं। लेखक कहीं बहकता नहीं और वह बड़े कौशल से अपने कथानायक के चरित्र को उद्घाटित करता हुआ आगे बढ़ता है। चरित्र भी कैसा? कुल्ली एक बिल्कुल मामूली चरित्र है जो आरम्भ में एक इक्का चलवाता है और यौन विकृति का शिकार है। धीरे-धीरे वह स्वाधीनता आन्दोलन में सम्मिलित होता है और कांग्रेस का कार्यकर्त्ता बन जाता है। इस क्रम में उसके चरित्र में आवश्यक परिवर्तन होता है, वह कुन्दन की तरह निखर उठता है। निराला ने बड़ी खूबी से इस उपन्यास में यह दिखलाया है कि चरित्र का निर्माण जनान्दोलनों में होता है। जनान्दोलन मनुष्य के चरित्र को उसकी कमजोरियों और विकृतियों से मुक्त कर उसे अत्यन्त उदार स्तर पर पहुँचा देते हैं।

बिल्लेसुर बकरिहा (1942) – निराला का यह उपन्यास 1942 में युग मन्दिर उन्नाव से प्रकाशित हुआ। पुस्तक रूप में प्रकाशित होने से पूर्व इसके दो अंश रूपाभ (मासिक कालाकांकर) के क्रमशः मार्च और अप्रैल 1939 के अंकों में प्रकाशित हुए थे।[55]

बिल्लेसुर बकरिहा रेखाचित्रात्मक उपन्यास है। इसमें निराला ने अपने को अलग रखा है और बिल्लेसुर के माध्यम से एक ऐसे व्यक्ति का चित्रण किया है, जो जीवित रहने के लिए अथक संघर्ष करता है और अन्ततः विजयी होता है। बिल्लेसुर एक मामूली किसान है। निराला ने ये दोनों चरित्र अवध के कस्बाई और ग्रामीण इलाकों से लिए हैं और उनके परिवेश के साथ उनके चरित्र चित्रण में वैसी कलात्मकता

का प्रदर्शन किया है, जैसी कलात्मकता संसार के महान यथार्थवादी कथाकारों की कृतियों में ही देखने को मिलती है।

चोटी की पकड़ (1946) – इस उपन्यास को निराला ने 1943 तक पूरा कर लिया था। किन्तु यह किताब महल इलाहाबाद से मार्च 1946 में जाकर ही प्रकाशित हो सका।[56]

इस उपन्यास का विषय वह स्वदेशी आन्दोलन को बनाना चाहते थे किन्तु नवीन कृति अंधकार में ही विलुप्त न हो जाए हम इसे इसी रूप में पाठकों के समक्ष रख देना अपना एक पुनीत कर्तव्य समझते हैं।[57]

काले कारनामें में गाँव के तिकड़म जमींदारों के आपसी झगड़े, पुलिस थाना आदि का चित्रण है।[58]

उक्त उपन्यासों के अतिरिक्त निराला ने दो और उपन्यास लिखें 'चमेली' जो रूपाभ के फरवरी 1939 के अंक में प्रकाशित हुआ।[59] 'इन्दुलेखा' अन्तिम उपन्यास था जो ज्योत्स्ना (मासिक पटना) में दीपावली अंक 1960 में प्रकाशित हुआ। निराला इन दोनों उपन्यासों का पूरा न कर सके यदि वह इन्हे पूरा कर पाते तो निःसन्देह यह उनके श्रेष्ठ उपन्यास होते।

कहानी संग्रह

लिली (1943) – निराला का यह कहानी संग्रह गंगा पुस्तक माला लखनऊ से प्रकाशित हुआ। यह कहानी के क्षेत्र में निराला का प्रथम प्रयास था। भूमिका में निराला ने लिखा है "यह कथानक साहित्य में मेरा पहला प्रयास है। मुझसे पहले वाले हिन्दी के सुप्रसिद्ध कहानी लेखक इस कला को किस दूर उत्कर्ष तक पहुँचा चुके हैं ...अब मेरा विश्वास केवल 'लिली' पर है जो यथा स्वभाव अधखिली रहकर अधिक सुगंध देती है।[60]

पद्मा और लिली, ज्योतिर्मयी, कमला, श्यामा, प्रेमिका परिचय, हिरनी, परिवर्तन और अर्थ इस संग्रह की श्रेष्ठ कहानियाँ है। संग्रह के रूप में प्रकाशित होने से पूर्व उक्त कहानियाँ सुधा, सरस्वती आदि पत्रिकाओं में प्रकाशित हो चुकी थी।

सखी (1935) – निराला का यह कहानी संग्रह सरस्वती पुस्तक भण्डार लखनऊ से प्रकाशित हुआ। इस संग्रह में निराला की छोटी-छोटी कहानियाँ है तथा कुछ कहानियाँ उनके व्यक्तिगत जीवन से सम्बन्धित हैं। निराला ने भूमिका में लिखा है "सखी मेरी छोटी-छोटी कहानियों का दूसरा संग्रह है। ग्रह दोष से बरी कोई जीवन नहीं यह विचार कहानियों के लिए मुझे शंकित करता है; पर जीवन का जैसा साहस भी इसमें हैं... कुछ कथाएँ ऐसी है जो मेरे जीवन की घटनाओं में से हैं।"[61]

'न्याय, स्वामी शारदानंद महाराज और मैं, सखी, देवी, चतुरी चमार, राजा साहब को ठेंगा दिखाया, सफलता, भक्त और भगवान, इस संग्रह की श्रेष्ठ कहानियाँ है।

सुकुल की बीबी (1941) – सुकुल की बीबी 1941 में भारती भण्डार इलाहाबाद से प्रकाशित हुई। यह निराला की कहानियों का तीसरा संग्रह है किन्तु इसमें संकलित कहानी 'क्या देखा' को निराला पहली कहानी मानते हैं।'' सुकुल की बीबी मेरी कहानियों का तीसरा संग्रह है। इसमें तीन कहानियाँ इधर की और अन्तिम 'क्या देखा' मेरी पहली कहानी है जैसा इसकी पादटीका में सूचित है। यह कहानी मतवाला में 1923 में निकली थी।[62]

'कला की रूपरेखा' सुकुल की बीबी, श्रीमती गजानन्द शास्त्रिणी, इस संग्रह की श्रेष्ठ कहानियाँ है।

निराला ने कुल 24 कहानियाँ लिखी हैं। उक्त कहानी संग्रहों के अलावा चतुरी चमार संग्रह 1945 में किताब महल इलाहाबाद से प्रकाशित हुई। इसमें नया कुछ नहीं बल्कि सखी का ही नाम बदलकर 'चतुरी चमार' शीर्षक से प्रकाशित किया गया। 'देवी' भी उनका अन्य संग्रह है इसमें भी सुकुल की बीबी संग्रह की कहानियों को संकलित किया गया है।

निराला का साहित्यिक धरातल इतना विशाल है कि उसे किसी निश्चित सीमा में समेटना सम्भव नहीं। वह बहुमुखी प्रतिभा के धनी साहित्यकार थे। श्रेष्ठ कवि, कहानीकार, उपन्यासकार, निबन्ध लेखक तथा उत्कृष्ट समीक्षक थे। साहित्य की ऐसी कोई विधा नहीं जिस पर आपने लेखनी न चलाई हो। उनकी साहित्य साधना का काल खण्ड 1923 से 1961 तक फैला हुआ है।

उनकी पहली कविता जन्मभूमि 1920 में 'प्रभा' में प्रकाशित हुई तथा प्रथम निबन्ध सरस्वती के अक्टूबर 1920 के अंक में 'बंग भाषा का उच्चारण' छपा और पुस्तक के रूप में पहली कृति 'अनामिका' प्रकाशित हुई। अनामिका, परिमल, गीतिका, अनामिका द्वितीय, तुलसीदास, कुकुरमुत्ता, अणिमा, बेला, नये पत्ते, अर्चना, अराधना, गीतगुंज, सान्ध्य काकली, अपना, उनकी श्रेष्ठ काव्य कृतियाँ हैं। अप्सरा, अलका, प्रभावती, निरूपमा, कुल्ली भाट, बिल्लेसुर बकरिहा, श्रेष्ठ उपन्यास है। लिली, चतुरी चमार श्रेष्ठ कहानी संग्रह है। रवीन्द्र कविता कानन प्रबन्ध पद्‌म है। निबन्ध के क्षेत्र में भी आपने अपनी लेखनी चलाई और प्रबंध प्रतिमा, चाबुक, चमन और संग्रह नामक श्रेष्ठ निबन्ध संग्रहों की रचना की। महाभारत शीर्षक से पुरा कथा को वर्णित किया है।

उक्त कृतियों के अतिरिक्त तत्कालीन समय में प्रकाशित होने वाली ऐसी कोई साहित्यिक पत्रिका नहीं जो निराला की रचनाओं को छापकर अपने आप को धन्य न समझती हो।

मतवाला, समन्वय, ज्योत्स्ना, सुधा, नीलाभ, सरस्वती, माधुरी, आदि प्रतिष्ठित

पत्रिकाओं में निराला के निबन्ध, कहानियाँ, कविताएँ, गीत, टिप्पणियाँ, धारावाहिक रूप में उपन्यास आदि नियमित प्रकाशित होते रहते थे। निःसन्देह निराला सचमुच में निराले थे और 'भूतो न भविष्यति' को चरितार्थ करने वाले युग पुरुष थे।

सन्दर्भ

1. मिश्र भगीरथ; स्वाभिमानी और ओजस्वी कवि निराला, सम्मेलन पत्रिका श्रद्धांजलि विशेषांक (भाग 48) पृष्ठ 328
2. वही; पृष्ठ 328
3. डा. नगेन्द्र; ''हिन्दी साहित्य का इतिहास'', मयूर पेपर बैक्स प्रकाशन, 1997, पृष्ठ 547
4. शर्मा रामविलास; निराला की साहित्य साधना, (खण्ड 1) राजकमल प्रकाशन, 1969, पृष्ठ 13
5. वही; पृष्ठ 14
6. वही; पृष्ठ 39
7. वही; पृष्ठ 14-15
8. दीक्षित सूर्यकान्त, 'निराला की आत्मकथा'; गंगा पुस्तक माला, लखनऊ, 1970, पृष्ठ 99
9. पाण्डेय सुधाकर; हिन्दी साहित्य का वृहत् इतिहास खण्ड 9, नागरी प्रचा, सभा काशी, सं. 2034, पृष्ठ 164
10. प्रभा; जून 1, 1920
11. आदर्श; नव.-दिस. 1922
12. निराला सूर्यकान्त त्रिपाठी; अनामिका (द्वितीय), भारती भण्डार इला. 1937, पृष्ठ 1 (भूमिका)
13. माधुरी; अप्रैल 23, 1923
14. निराला सूर्यकान्त त्रिपाठी; अनामिका, भारती भण्डार इला. 1937, पृष्ठ 1 (भूमिका)
15. नवल नंद किशोर; (संपा) निराला रचनावली, भाग 1, राजकमल प्रका. 1983, पृष्ठ 14
16. आदर्श; नवम्बर-दिसम्बर 1922
17. माधुरी; जुलाई 29, 1923
18. शर्मा वेदव्रत; निराला के काव्य का शैली वैज्ञानिक अध्ययन, 1977, पृष्ठ 91
19. निराला सूर्यकान्त त्रिपाठी; परिमल, गंगा पुस्तक माला लखनऊ संवत 1986 (वि) पृष्ठ 1
20. वही; पृष्ठ 3-6
21. मतवाला; सितम्बर 29, 1923
22. शर्मा वेदव्रत; 'निराला के काव्य का शैली वैज्ञानिक अध्ययन' 1977 पृष्ठ 92
23. निराला सूर्यकान्त त्रिपाठी; गीतिका, भारती भण्डार इलाहाबाद 1936, पृष्ठ 5
24. वही; पृष्ठ 1
25. शुक्ल रामचन्द्र; हिन्दी साहित्य का इतिहास, दशम संस्करण पृष्ठ 716-17
26. गीतिका, गीत 58
27. निराला सूर्यकान्त त्रिपाठी; अनामिका, भारती भण्डार इलाहाबाद 1937, प्राक्कथन पृष्ठ 1
28. शर्मा वेदव्रत; 'निराला के काव्य का शैली वैज्ञानिक अध्ययन', 1977, पृष्ठ 93
29. निराला सूर्यकान्त त्रिपाठी; अनामिका 1937, पृष्ठ 119 (सरोज स्मृति शीर्षक कविता)
30. निराला सूर्यकान्त त्रिपाठी; तुलसीदास, भारती भण्डार इला. 1938, पृष्ठ 1
31. वही, पृष्ठ 34
32. वही, पृष्ठ 3

33. निराला सूर्यकान्त त्रिपाठी; कुकुरमुत्ता, युग मन्दिर, उन्नाव 1942 पृष्ठ 3
34. कुकुरमुत्ता, संस्करण 11, पृष्ठ 6-7
35. निराला सूर्यकान्त त्रिपाठी; अणिमा, युग मन्दिर उन्नाव, भूमिका, 1943, पृष्ठ 1-2
36. वही, पृष्ठ 20
37. वही, पृष्ठ 55
38. वही, पृष्ठ 58
39. निराला सूर्यकान्त त्रिपाठी; बेला, हिन्दुस्तानी पब्लिकेशन्स, इला. 1943, पृष्ठ 2
40. वही, पृष्ठ 29
41. वही, पृष्ठ 10
42. निराला सूर्यकान्त त्रिपाठी; नये पत्ते, लोकभारती इलाहाबाद, 1946, पृष्ठ 1
43. नवल नंद किशोर; (संपा) निराला रचनावली भाग-2, राजकमल प्रका. नई दिल्ली, 1983, पृष्ठ 13
44. शर्मा वेदव्रत; निराला के काव्य का शैली वैज्ञानिक अध्ययन, आर्य बुक डिपो, नई दिल्ली, 1977, पृष्ठ 97
45. 'सुधा' मासिक, लखनऊ अगस्त 1930, पृष्ठ 328
46. निराला सूर्यकान्त त्रिपाठी; अप्सरा, गंगा पुस्तक माला लखनऊ, 1931, पृष्ठ 1
47. निराला सूर्यकान्त त्रिपाठी; अलका, गंगा पुस्तक माला लखनऊ, 1933, पृष्ठ 39
48. वही, पृष्ठ 39
49. निराला सूर्यकान्त त्रिपाठी; प्रभावती, सरस्वती पुस्तक माला लखनऊ, 1936, पृष्ठ 1
50. नवल नंद किशोर; (संपा) निराला रचनावली भाग-3, राजकमल प्रका. नई दिल्ली, 1983, पृष्ठ 11
51. सुधा, जन. 16, 1934, पृष्ठ 38-39
52. वही, पृष्ठ 29
53. माधुरी, अक्टूबर 1938, पृष्ठ 18
54. रूपाभ, अप्रैल 1939, पृष्ठ 18
55. निराला सूर्यकान्त त्रिपाठी; बिल्लेसुर बकरिहा, किताब महल इला. 1946, पृष्ठ 5
56. वही, पृष्ठ 2-3
57. निराला सूर्यकान्त त्रिपाठी; काले कारनामे, कल्याण साहित्य मन्दिर, प्रयाग 1950, पृष्ठ 4
58. वही
59. रूपाभ, फरवरी, 1939, पृष्ठ 10
60. निराला सूर्यकान्त त्रिपाठी; लिली, गंगा पुस्तक माला लखनऊ, 1934, पृष्ठ 1
61. निराला सूर्यकान्त त्रिपाठी; अलका, सखी, सरस्वती पुस्तक माला लखनऊ, 1935, पृष्ठ 1
62. निराला सूर्यकान्त त्रिपाठी; सुकुल की बीबी, भारती भण्डार इलाहाबाद, 1941, पृष्ठ 3

सुमित्रानन्दन पन्त

पं. सूर्यकान्त त्रिपाठी निराला के बाद हिन्दी साहित्य में किसी का नाम लिया जा सकता है तो वह है सुमित्रानन्दन पन्त का। कविवर पन्त का जन्म कौसानी में 20 मई सन् 1900 ई. को हुआ। कवि पन्त का जन्म और माँ की मृत्यु साथ-साथ ही हुई।

''जन्म मरण आये थे संग-संग बन हम जोली,
मृत्यु अंक में जीवन ने जब आंखें खोली।''

माँ के इस अभाव की पूर्ति प्रकृति ने की। वही उनकी माता-पिता, भाई, सखा, शिक्षक, प्रेयसी सभी कुछ बन गई।[1] बालक पन्त का पोषण मात्र प्रकृति ने ही किया। प्रकृति इतना निकट साहचर्य उन्हें प्राप्त हुआ, इस तथ्य की पुष्टि, उनकी रचनाओं से होती हैं। कौसानी की गोद मुझे माँ की गोद से भी प्यारी रही है।[2]

सुमित्रानन्दन पन्त के बचपन का नाम गोसाई दत्त था जिसे बचपन में ही पन्त ने सुमित्रानन्दन कर लिया। पन्त के जीवन पर सर्वाधिक प्रभाव उनके पिता तथा भाई हरिदत्त पन्त का पड़ा। पन्त की प्रारम्भिक शिक्षा कौसानी के वर्नाक्यूलर स्कूल में प्रारम्भ हुई।[3]

1910 में वह कौसानी से अल्मोड़ा आ गये। यहाँ उनका दृष्टिकोण व्यापक हुआ। इस समय पन्त का साहित्यिक अनुराग बढ़ा। सन् 1960 की जाड़े की छुट्टियों में 'हार' नामक लघु उपन्यास की रचना की। इसमें उनकी उस समय की मनोदशा का चित्रण हुआ है।

''उन दिनों अल्मोड़े में जो स्वामी सत्यदेव आदि बड़े लोगों के भाषण होते थे उनमें लोकसेवा और देश सेवा का स्वर ही मुख्य रहता था। उन सब परिस्थितियों तथा बौद्धिक वातावरण का लाभ उठाकर मैंने अपने विचारों तथा भावनाओं को व्यवस्थित वाणी देने के अभिप्राय से ही सम्भवतः 'हार' नामक उपन्यास की रचना की होगी।[4] इसी समय सन् 1916 में 'अल्मोड़ा अखबार' में उनकी पहली कविता छपी। सन् 1917 में हस्तलिखित सुधाकर मासिक के मई अंक में उनकी एक लघु रचना 'शोकाग्नि' और 'अश्रुजल' नाम से छपी—

जो शोक अग्नि से अति ज्वाला कराल उठती,

वह अश्रुबिन्दु जल के क्यों रूप में बदलती?
क्या वह नहीं बताती सम्बन्ध जल अनल में?
क्या? वह तुम्हें जलाता और में तुम्हें डुबाता।

प्रारम्भिक रचनाओं पर अनेक ग्रंथों व कवियों का प्रभाव होने पर भी उनकी कतिपय रचनाओं में मौलिक प्रतिभा के प्रमाण मिलते हैं जिनमें तम्बाकू का धुआँ, कागज के फूल, गिरजे का घण्टा, आदि उल्लेखनीय है। शब्द योजना, संस्कार व अभिव्यक्ति की दृष्टि से अपरिपक्व होने पर भी भावना की दृष्टि से इनमें मौलिकता है।[5]

हाईस्कूल पन्त ने बनारस से किया, और हाईस्कूल पास कर पन्त इलाहाबाद आ गये। 1919 में म्योर सेंट्रल कॉलेज में इंटर में प्रवेश लिया। इलाहाबाद उनके लिए साहित्य उर्वर, शांत व संस्कृत स्थान है। मुख्य रूप से यही उनका साधना स्थल रहा है जहां उनकी कविता कामिनी को तारुण्य का सौन्दर्य और प्रौढ़ता की परिपक्वता प्राप्त हुई। यहाँ उन्हें आत्म परिष्कार का उचित अवसर व वातावरण प्राप्त हुआ। इलाहाबाद उनका प्रिय स्थान रहा है और इसे उन्होंने अपना स्थायी निवास स्थाना बनाया।

प्रयाग में ही पन्त को सर्वप्रथम कवि सम्मेलनों में सम्मिलित होने का अवसर मिला। पन्त का साहित्यिक जीवन 1920 से लगभग 1970 तक फैला हुआ है। इस अवधि में वह कभी कालाकांकर, बम्बई और इलाहाबाद रहे। उन्होंने जीवन का अधिकांश समय इलाहाबाद में बिताया और निरन्तर साहित्य साधना करते रहे।

काव्य

पल्लव (**1926**) – कविवर पन्त की प्रथम प्रकाशित होने वाली काव्यकृति का श्रेय पल्लव को प्राप्त हुआ। कवि ने अपने श्रेष्ठ काव्य संग्रह का नाम पल्लव रखा–

"जीर्ण जग के पतझड़ में प्राप्त,
सजाती हो मधुऋतु की डाल
उसी का स्नेह स्पर्श अज्ञात
खिलाए मेरे पल्लव वाल।"[6]

कवि ने साहित्य जगत की श्रेष्ठ रचनाओं का नाम पल्लव रखा यह प्रश्न विचारणीय है। पल्लव शीर्षक रखने का उद्देश्य साहित्य जगत में सिर्फ विनम्रता प्रदर्शित करना है, इसलिए इन रचनाओं को वह पत्रं पुष्पम् भी नहीं कहते–

न पत्रों का मर्मर संगीत,
न पुष्पों का रस राग पराग।[7]

पल्लव में 1919 से 1925 के मध्य लिखी गई 32 कविताएँ संगृहीत हैं जो

समय-समय पर 'सरस्वती' तथा श्री शारदा में प्रकाशित हो चुकी हैं। पल्लव के प्रकाशन से पन्त को श्रेष्ठ कवियों में स्थान प्राप्त हुआ। प्रारम्भिक आलोचनाओं के बाद महावीर प्रसाद द्विवेदी ने स्वयं पन्त को आशीर्वाद दिया "मैं सरस्वती से प्रार्थना करता हूँ कि वे कमल वन में विचरण करना छोड़कर पन्त जी की जिव्हा पर विराजें।"[8]

वीणा (1927) – वीणा कवि की प्रारम्भिक रचना है किन्तु इसका प्रकाशन पल्लव के बाद हुआ। इस संग्रह में 1918-20 की रचनाएं संगृहीत हैं।[9] कवि स्वयं इसे अपना दुधमुंहा प्रयास कहते हैं।[10]

इस संग्रह में कवि जीवन के नव प्रभात के दर्शन होते हैं। कविताएँ प्रारम्भिक होते हुए भी कथ्य और शिल्प की दृष्टि से रुचिर और प्रशंसनीय हैं। प्रायः सभी गीत भावपरक हैं जिनकी चिन्तन भूमि रहस्य (जिज्ञासा) सौन्दर्य (प्रकृति) तथा प्रकृति में माँ की छवि की आकांक्षा से सम्बन्धित है।

वीणा

(1)

नव वसन्त ऋतु में आओ,
नव कलियों को विकसाओ,
प्रेयसि कविते! हे निरुपमिते!
तरुण उषा की श्ररूण अधखुली
आँखों से मत बिंधवाओ,
मानिनि, मंजुल मलयानिल से
यों विरोध मत बढ़वाओ!
इन नयनों को समझाओ,
इन्हें न लड़ना सिखलाओ,
प्रेयसि कविते! हे निरुपमिते!
कमल कलि में इन्हें डालक
हाय! न यों ही ढुलकाओ,
अज्ञाता की केश राशि में
इन्हें न कस-कस बधवाओ!
आओ, कोकिल बन आओ,
ऋतुपति का गौरव गाओ,

प्रेयसि कविते! हे निरूपमिते!
अधरामृत से इन निर्जीवित
शब्दों में जीवन लाओ,
आँखों में जो देखा, कर को
उसे खींचना सिखलाओ!

(1918)

(2)

तुहिन बिन्दु बनकर सुन्दर,
कुमुद किरण से सहज उतर,
मा! तेरे प्रिय पद पद्यों में
अर्पण जीवन को कर दूँ–
इस ऊषा की लाली में!

तरल तरंगों में मिलकर,
उछल-उछलकर, हिल-हिलकर
माँ! तेरे दो श्रवण पुटों में
निज क्रीड़ा कलरव भर दूँ–
उमर अधखिली बाली में।

रजत रेत बनकर झलमल
तेरे जल से हो निर्मल,
माया सागर में डूबों का
सोख-सोख रति रस हर दूँ–
ओप भरी दोपहर में!

बन मरीचिका-सी चंचल
जग की मोह तृष्णा को छल,
सूखे मरू में मा! शिक्षा का
श्रोत छिपा सम्मुख धर दूँ–
योवन की मद लहरी में!

विटप डाल में बना सदन,
पहन गेरुवे रँगे वसन,
बिहग बालिका बन, इस वन को
तेरे गीतों से भर दूँ–

कुमुद कला बन कल हासिनि,
अमृत प्रकाशिनि, नभवासिनि,
तेरी आभा को पाकर मा!
जग का तिमिर त्रास हर दूँ-
नीरव रजनी में निर्मय!

(1918)

(3)

बड़ा और भी तो अन्तर
जिनको तूने सुखद सुरभि दी,
मा! जिनको छबि दी सुन्दर,
मैं उनके ढिग गयी व्यग्र हो
तुझे ढूँढने को सत्वर!
मधुबाला बन मैंने उनके
गाये गीत, गूँज मृदुतर,
पर मैं अपने साथ तुझे भी
भूल गयी मोहित होकर!

(1918)

(4)

यह चरित्र मा! जो तूने है
चित्रित किया नयन सम्मुख,
गा न सकी यदि मैं इसको तो
मुझको इसमें भी हैं सुख!
वह बेला जो बतलाई थी
तूने अरुणोदय के पास,
पा न सकी यदि उसमें तुझको
मै तब भी हूँगी न विमुख!
वे मोती जो दिखलाये थे
तूने ऊषा के वन में
उन्हें लोग यदि ले लेंगे तो
मलिन न होगा मेरा मुख!

तू कितनी प्यारी है मुझको
जननी, कौन जाने इसको,
यह जग का सुख जग को दे दे,
अपने को क्या सुख, क्या दुख?

(1918)

(5)

आज वेदने! आ, तुझको भी
गा-गाकर जीवन दे दूँ–
हृदय खोल के रो-रोकर
अविरल आहों में भर-भरकर
उस कठोर मन की घातें,
मुरझी मलाओं से गिन-गिन
चिर वियोग दुख की रातें;
सजनि! निराशा में विलीन हो
तुझको निज तन-मन दे दूँ–
अश्रु नीर से धो-धोकर!
× × ×

(1918)

(6)

मम जीवन की प्रमुदित प्रात
सुन्दरि! नव आलोकित कर!
विकसित कर, नव सुरभित कर,
गुंजित कर, कल कुंजित कर,
खिला प्रेम का नव जलजात,
बढ़ा कनक कर निज मृदुतर!
निर्मल कर, अति उज्ज्वल कर,
मंजुल कर, मुद मंगल कर,
जीवन ज्योति जला अवदात,
ज्वालामय कर उर अम्बर!
मेरे चंचल मानस पर
पाद पद्म विकसा सुन्दर,

बजा मधुर वीणा निज मात!
एक गान कर मम अन्तर!

(1918)

(7)

हाय, कहेगा क्या संसार!
भला इसे मैं क्यों पहनूँगी?
यह कैसा मणियों का हार!
मैं तो अपनी हार स्वयं ही
पहन रही हूँ बारम्बार!
जब खद्योतों से खेलूँगी
विजय निशा में, मैं उस पार,
इन मणियों की आभा से तब
दुख पहुँचेगा उन्हें अपार!
फिर पीपल के नीचे मुझसे
नहीं मिलेंगे वे सुकुमार,
जहाँ प्रकाशित करते हैं वे
मेरी आशा का संसार!

(1918)

(8)

काला तो यह बादल है!
कुमुद कला है जहाँ किलकती
वह नभ जैसा निर्मल है,
मैं वैसी ही उज्ज्वल हूँ माँ!
काला तो यह बादल है!
मेरा मानस तो शशि हासिनि!
तेरा क्रीड़ा का स्थल है,
तेरे मेरे अन्तर में मा!
काला तो यह बादल है!
तेरी किरणों से ही उतरा
मोती-सा शुचि हिमजल है,

मा! इसको भी छू देकर से
काला जो यह बादल है!
तब तू देखेगी मेरा मन
कितना निर्मल, निश्छल है,
जब दृगजल बन बह जावेगा
काला जो यह बादल है!

(1918)

(9)

द्वार भिखारी आया है,
भिक्षा दो, भिक्षा, सुन्दर!
कर चंचल मंजुल मुसकान,
तम का मुख काला कर प्राण!
गरज, गरज, कुछ शिक्षा दो,
शिक्षा दो, हे शिक्षाकर!
दया द्रवित हो दयानिधान!
नम्र निवेदन कर यह कान,
अये मुक्त! शुचि मुक्ता दो,
मुक्ता दो, थाली भर-भर!
क्षीण कण्ठ कर रहा पुकार,
जलधर से बनकर जलधार,
प्यास लगी है पानी दो,
पानी दो, जीवन जलधर!
स्नेह अश्रुजल से अविरल
धो दो मेरा मल, निर्मल!
तप्त हृदय शीतल कर दो,
शीतल कर दो, आतपहर!

(1918)

(10)

जब मैं कलिका ही थी केवल,
नहीं कुसुम थी बनी नवल,

मैं कहती थी मेरा मृदु मुख
शशि के कर खोले शीतल!

पर, आँखे खुलते ही मैने
अन्धकर देखा,-सविकल
स्वर्ण दिशा को देख, सजल दृग,
तुम्हें पुकारा हे उज्ज्वल!

(1918)

(11)

कौन-कौन तुम परिहत वसना,
म्लान मना, भू-पतिता सी?
धूलि धूसरित, मुक्त कुन्तला,
किसके चरणों की दासी?
अहा! अभागिन हो तुम मुझसी
सजनि! ध्यान में अब आया,
तुम इस तरुवर की छाया हो,
मैं उनके पद की छाया!

विजन निशा में किन्तु गले तुम
लगती हो फिर तरुवर के,
आनन्दित होती हो सखि! नित
उसकी पद सेवा करके;

और हाय! मैं रोती फिरती
रहती हूँ निशि-दिन वन-वन,
नहीं सुनायी देती फिर भी
वह वंशी-ध्वनि मनमोहन!
सजनि! सदा श्रम हरती हो तुम
पथिकों का, शीतल करके,
मुझ पथिकिनि को भी आश्रय दो,
मनस्ताप मेरा हरके!

(1918)

(12)

बालकाल में जिसे जलद से
कुमुद कला ने किलकाया,
तारावलि ने जिसे रिझाया,
मृदु स्वप्नों ने सहलाया;
मारूत ने जिसकी झलकों में
चंचल-चुम्बन उलझाया,
उसे आज अपनी ही छवि में
केवल बाले! न लुभा ले—
उनका भी तो है कुछ भाग!
दीप शलभ ने जिसे मिचौनी
खेल-खेल कर हुलसाया,
कुसुमों ने हँसना सिखलाया
मृदु लहरों ने पुलकाया,
जिसे ओस जल ने ढुलकाया,
धवल धूलि ने नहलाया
उसे कुसुम-सा गूँथ, न ले अलि!
कुटिल कुन्तलों में काले,—
मेघों से भी है अनुराग!
जिसकी सुन्दर छबि ऊषा है,
नव वसन्त जिसका श्रृंगार,
तारे हार, किरीट सूर्य-शशि,
मेघ केश, स्नेहाश्रु तुषार;
मलयानिल मुख-वास, जलधि मन,
लीला लहरों का संसार,

उस स्वरूप को तू भी अपनी
मृदु बाँहों में लिपटा ले,—
रमा अंग में प्रेम पराग!

(1918)

(13)

जब मैं थी अज्ञात प्रभात,–
मा! तब मैं तेरी इच्छा थी,
तेरे मानस की जलजात!
तब तो यह भारी अन्तर
एक मेल में मिला हुआ था,
एक ज्योति बनकर सुन्दर,
तू उमंग थी, मैं उत्पात!
अब मेरी छाया सुखमय
अन्धकार में नीरवता बन
मा! उपजाती है विस्मय!
× × ×
उठ रे, उद्यत हो अज्ञात!
स्तब्ध हुआ है सब संसार,
इस नीरवता से तू कर ले
अपने साधन का शृंगार,
यह सुहाग की है प्रिय रात!
यह दीपक अपने सम्मुख धर,
जिससे पीछे गिरे मोह की
छाया, अन्तर हो गोचर;
वह भविष्य होवे अवदात!

(1918)

(14)

करुणा क्रन्दन करने दो!
अविरल स्नेह अश्रु जल से मा!
मुझको मति मल धोने दो,
दग्ध हृदय की विरह व्यथा को
हरने दो, मा! हरने दो!
मुझे चरण में शीश नवाकर
अवनत वदना होने दो,
उर इच्छा को एक आह बन

झरने दो, मा! झरने दो!
मानस शय्या पर मेरी इन
वांछाओं को सोने दो,
अपना अंचल निज स्वप्नों से
भरने दो मा! भरने दो!
द्रोह, मोह, छल, मदन, मद मुझे
निज संगति से खोने दो
हाथ पकड़, यह विश्व महोदधि
तरने दो, मा! तरने दो!

(1918)

(15)

धनिक! तुम्हारे यहाँ भिखारी
भिक्षा लेने आया है,
नहीं इसलिए—तुम थाली भर
मणि मुक्ता दोगे सुन्दर।
किन्तु इसलिए आया है प्रिय!
वह तुमने अपनाया है,
स्नेह सहित तुम जो कुछ दोगे,
वह कृतार्थ होगा सत्वर।

(1918)

(16)

मिले तुम राकापति में आज
पहन मेरे दृगजल का हार;
बना हूँ मैं चकोर इस बार,
बहाता हूँ अविरल जलधार,
नहीं फिर भी तो आती लाज
निठुर! यह भी कैसा अभिमान?
हुआ था जब सन्ध्या आलोक
हँस रहे थे तुम पश्चिम ओर,
विहग रव बनकर मैं चितचोर!

गा रहा था गुण, किन्तु कठोर!
रहे तुम नहीं वहाँ भी, शोक!...
निठुर! यह भी, कैसा अभिमान?
याद है क्या न प्रात की बात?
खिले थे जब तुम बनकर फूल,
भ्रमर बन, प्राण! लगाने धूल
पास आया मैं, चुपके शूल
चुभाये तुमने मेरे गात...
निठुर! यह भी कैसा अभिमान?
कहाते थे जब तुम ऋतुराज
बना था मैं भी वृक्ष करील,
रात-दिन दृष्टि द्वार उन्मील
बुलाया तुम्हें, (यही क्या शील!)
न आये पास, सजा नव साज...
निठुर! यह भी कैसा अभिमान?
अभी मैं बना रहा हूँ गीत
अश्रु से एक-एक लिख घात
किया करते हो जो दिन-रात,
बुझाते हो प्रदीप, बन वात,
प्राणप्रिय! होकर तुम विपरीत...
निठुर! यह भी कैसा अभिमान?

(1919)

(17)

ये तो हैं नादान नयन!
वारि विनिर्मित वरिद दल,
मंजु भेल की मूर्ति विमल,
निर्मलता के निलय नवल क्यों
इन्हें दिखायी देते श्याम?
वे वासव के शुचि वाहन,
रोहत-रंजित गिरि गण्डन,
प्रकृति देवि के नव जीवन क्यों
इन्हें नहीं लगते अभिराम

ये तो हैं निर्बोध श्रवण!
जिन्हें वारि ने उपजाया,
दिनकर ने है विकसाया,
विमल वायु ने समुद्र झुलाया
जिन्हें खिलाकर अपनी गोद;
उनका मंजुल मोद मिलन,
गुण-गम्भीर गहन गर्जन,
चपला चुम्बित अभिवादन क्यों
इन्हें नहीं देता आमोद?
छोड़ उच्चतम नील गगन-
इन नयनों में समुद्र उतर,
इन श्रवणों में मृदु स्वर भर,
इनसे नहीं मिले आकर वे
इसीलिए क्या है श्यामल?
पर, जब पी-पी ध्वनि सुनकर
अविरल पिघल-पिघल, झर-झर,
गिरते हैं बन हिम सीकर वे
तब कहलाते निर्मल जल!
कैसा भोला है यह मन!

(1919)

(18)

मेरे मानस का आवेश,
तेरी करुणा का उन्मेष
भीरु घनों-सा गरज-गरजकर
इसे न मुरझा जाने दे!
निज चरणों में पिघल-पिघलकर
स्नेह अश्रु बरसाने दे!
भव्य भक्ति का भावन मेल,
तेरा मेरा मंजुल खेल,
सघन हृदय में विद्युत-सा जल
इसे न मा! बुझ जाने दे,

मलिन मोह की मेघ-निशा में
दिव्य विभा फैलाने दे!
विश्व प्रेम का रुचिकर राग,
पर सेवा करने की आग,
इसको सन्ध्या की लाली-सी
मा! न मन्द पड़ जाने दे,
द्वेश द्रोह को सान्ध्य-जलद्-सा
इसकी छटा बढ़ाने दे!

(1918)

(19)

उस सीधे जीवन का श्रम
हेम हास से शोभित है नव
पके धान की डाली में—
कटनी के घूँघर रुनझुन
(बज-बजकर मृदु गाते गुन,)
केवल श्रांता के साथी है
इस ऊषा की लाली में!
मा! अपने जन का पूजन
ग्रहण करो 'पंत्र पुष्पम्',
सरल नाल-सा सीधा जीवन
किन्तु मंजरी से भूषित,
बाली से शृंगार तुम्हारा
करता है वय बाली में!
सास-ननद भय, भूख अजय,
श्रान्ति, अलस औ' श्रम अतिशय,
तथा काँस के नव गहनों से
अर्चन करता है सादर—
आश्विन सुषमाशाली में!

(1918)

(20)

इस अबोध की अन्धकारमय
करुण कुटी पर करुणा कर
अये रन्ध्र-मग– गामी! स्वागत,
आओ, मुसका उज्ज्वलतर!
रजत तार-से हे शुचि रुचिमय!
हे सूची-से कृशतर अंग!
इस अधीर की लघु कुटीर का
तिमिर चीरकर, कर दो भंग!
हे करुणाकर के करुणा-कर
तुम अदृश्य बन आते हो,
रज कण को छू, बना रजत कण,
प्रचुर प्रभा प्रकटाते हो!
अरुण अधुखुली आँखें मलकर
जब तुम उठते हो छबिमय!
रंग रहित को रंजित करते,
बना हिमालय हेमालय!
तुम बहुरंगी होने पर भी
सदा शुभ्र रहते हो नाथ!
मुझको भी इस शुभ्र ज्योति में
मज्जित कर लो अपने साथ!
हे सुवर्णमय! तुम मानस में
कमल खिलाते हो सुन्दर,
मेरे मानस में भी उसके
विकसा दो पद पद्म अमर!
और नहीं तो, अपना ही-सा
मुझको भी सीधा जीवन
हे सीधे-मग-गामी! दे दो,
दिव्य अप्रकट गुण पावन!

(1918)

(21)

मैं सबसे छोटी होऊँ,
तेरी गोदी में सोऊँ,
तेरा अंचल पकड़-पकड़कर
फिरूँ सदा मा! तेरे साथ,
कभी न छोड़ूँ तेरा हाथ!
बड़ा बनाकर पहिले हमको
तू पीछ छलती है मात!
हाथ पकड़ फिर सदा हमारे
साथ नहीं फिरती दिन-रात!
अपने कर से खिला, धुला मुख,
धूल पोंछ, सज्जित कर गात,
थमा खिलौने, नहीं सुनाती
हमें सुखद परियों की बात!
ऐसी बड़ी न होऊँ मैं
तेरी स्नेह न खोऊँ मैं,
तेरे अंचल की छाया में
छिपी रहूँ निस्पृह, निर्भय,
कहूँ—दिखा दे चन्द्रोदय!

(1918)

(22)

निज अंचल में धर सादर,
वासन्ती ने यह नव कलिका
जो तुझको दी है उपहार,
हेम हासमय सुखद प्रात को
किया जगत का जो शृंगार;
मा! इस नव कलिका का तन,
कोमलता से कोमलतम,
इस निकुंज के काँटों से क्या
बिंध न जायगा अति असहाय?
प्रखर दोपहर में दिनकर कर
सहन कर सकेगा क्या हाय!

क्या हिम का अकरुण आघात
सह लेगा इसका मृदु गात?
यही निबल कलिका लतिका का
मा! क्या वंश बढ़ायेगी?
मधुप बालिका का क्या यह ही
मा! मानव बहलायेगी?
यह तेरी अति नूतन नीति
मा! यह तेरी न्यारी रीति
तेरी सुखमय सत्ता जग को
कहाँ नहीं जतलाती है?
जहाँ छिपाती है अपने को
मा! तू वहीं दिखाती है!

(1918)

(23)

हाय! जगाने पर भी तो मैं
सजनि! न अब तक जगती थी,
सोयी थी मैं, इसीलिए तो
जग को भारी लगती थी!
स्वप्न देखती थी मैं मादक,
किन्तु अचिर, अस्फुट सुखमय,
लता कुंज में सोयी हूँ मैं
सुरभित सुमनों पर निर्भय!
कभी पूछती हूँ पुष्पों के
प्याले में किसका यौवन
भर-भर पिला रहे मधुकर को
हे ऋतुपति! हे धरा रमण!
कुंज विहार से कहती हूँ
कभी-मधुप! निज मादक राग
इस कलिका के ढिंग मत गाओ,
नहीं जानती यह अनुराग!
वह निद्रा, सुख स्वप्न सजनि! वे

एक साथ ही सब छूटे,
एक-एक कर हृदय हार के
बन्धन अब मेरे टूटे!

(1918)

(24)

मकड़ी का मृदु मायाजाल
इस रसाल के सघन शाल में
जीवन शून्या के दृगजल का
पहने है शुचि मुक्तामाल!
आम्र मंजरी को मृदु वास,
विकसित किसलय, मधुमय हास,
इस वसन्त में कितनों का है
अन्त कर चुका अचिर प्रकाश!
फैला छवि के बाहु मृणाल!

× × ×

मा! मेरे अरि को बल दो,
उसको यही कठिन फल दो,
जिससे सतत सतर्क रहूँ मैं,
निज अवलम्ब अचंचल दो,
सदा स्वेदमय रख यह भाल!
मुझे मृणाल तन्तु में बाँस,
करना सफल न अरि की साध,
कठिन निगड़ में बँधवाकर मा!
धीरज देना अटल, अगाध;
निडर काल से कर विकराल!

(1919)

(25)

अब न अगोचर रहो सुजान!
निशानाथ के प्रियवर सहचर!
अन्धकार, स्वप्नों के यान!

किसके पद की छाया हो तुम,
किसका करते हो अभिमान?

तुम अदृश्य हो, दृग अगम्य हो,
किसे छिपाये हो छविमान!
मेरे स्वागत-भरे हृदय में
प्रियतम! आओ, पाओ स्थान!

जब मैं अपने नयन मूँदकर
करती प्रियतम के गुणगान,
तब किस पथ से आ तुम मुझको
देते हो नित दर्शन दान?

जग अदृश्य कर मेरे दृग से
प्रियतम में लगवा ध्रुव ध्यान,
तुम तुरन्त ही, हे अनन्तगति!
हो जाते हो अन्तर्धान!

जब तुम मुझे गभीर गोद में
लेते हो, हे करुणावान!
मेरी छाया भी तब मेरा
पा सकती है नहीं प्रमाण!

प्रथम रशिम का स्पर्शन कर नित,
स्वर्ण वस्त्र करके परिधान,
तुम आश्वासन देते हो प्रिय,
जग को उज्ज्वल और महान!

जब प्रदीप के सम्मुख मैं भी
गयी जलाने निज अज्ञान,
तब तुम उसके चरणों में थे
पाये हुए सुखद सम्मान!

अपने काले पट में मेरा
प्रिय! लपेटकर मत्सर मान
रंग रहित होकर छिप रहना
मुझको भी बतला दो प्राण!

(1918)

(26)

बताऊँ मैं कैसे सुन्दर!
एक हूँ मैं तुमसे सब भाँति?
जलद हूँ मैं, तुम हो स्वाति,
तृषा तुम, यदि मैं चातक पाँति!
दिखा अपना अनन्य समतल?
कहो क्या दर्पण ही निर्मल
दिखा सकता निज मुख उज्ज्वल?
कौन हो तुम उर के भीतर,
बताऊँ मैं कैसे सुन्दर?

(1918)

(27)

प्राण! प्रेम के मानस में—
मुझे व्यंजन-सा हिलकर अविरल
शीलता सरसाने दो,
अपने मुख से जग-चिन्ता के
श्रमकण सदय! सुखाने दो!
वंशी-सा सीधा बनकर,
तान सुनाकर श्रुति सुखकर,
मुझे प्रेम का नीरव मानस
सुन्दर! शब्दित करने दो,
अपने गौरव के गीतों से
प्रियतम! उसको भरने दो!
नव वसन्त का विकसित वन,
मधुमय मनु, मृदु सुरभित तन,
एक कुसुम कलिका उस वन की,
मुझको भी कहलाने दो,
मधुबाला का हृदय मनोहर!

(1918)

(28)

स्नेह चाहिए सत्य, सरल!
कैसा ऊँचा-नीचा पथ है
मा! उस सरिता का अविरल,
तेरे गीतों को वह जिसमें
गाती है टल्-टल् छल्-छल्।
मैं भी उससे गीत सीखने
आज गयी थी उसके पास,
उसके कैसे मृदुल भाव हैं?
उज्ज्वल तन, मन भी उज्ज्वल!
कितने छन्दों में लहराकर
गाती है वह तेरे गीत?
एक भाव से अपने सुख दुख
तुझे सुनाती है कल कल!
मा! उसको किसने बतलाया
उस अनन्त का पथ अज्ञात?
वह न कभी पीछे फिरती है,
एक ग्रन्थि भी नहीं पड़ी है
उसके सरल मृदुल उर में,
उसका कैसा कर्मयोग है,
वह चंचल है, या अविचल?

(1918)

(29)

तजकर वसन विभूषण भार,
अश्रुकणों का हार पहनकर,
आज करूँगी मैं अभिसार!
यह नव मुकुलित लता भवन
गुंजित कुंज, विजन कानन
चिर उत्सुकता की छाया से
मौन मलिन हो रहा अपार!
हिला-हिला निज मृदुल अधर

कहते कुछ तरु दल मर-मर,
अन्धकार का अलसित अंचल
अब द्रुत ओढ़ेगा संसार!
दिखलायी देगा जग श्याम,
तृषित हो रहा मम हृद्धाम,
यह तृष्णा ही कौस्तुभ मणि बन
मुझे दिखावेगी वह द्वार,
बन उसका हृदयालंकार!

(1919)

(30)

"मा! काले रंग का दुकूल नव
मुझको बनवा दो सुन्दर
जिसमें सब कुछ छिप जाता है
रहती नहीं धूलि की डर;
जिसमें चिह्न नहीं पड़ते, जो
नहीं दीखता है श्रीहीन,
लोग नहीं तो हँसी करेंगे
देख मुझे मैली औ दीन!"
"अरी अभी तू बच्ची ही है
कृष्ण! निरी अबोध, चपल,
मैं मलमल की साड़ी तुझको
बनवाऊँगी फेनोज्ज्वल;
दिखलायी दें जिसमें सबको
तेरे छोटे से भी अंक,
बार बार सहमे तू, जिससे
रहे शुद्ध नित स्वच्छ, सशंक!"

(1918)

(31)

कैसा नीरव मधुर राग यह
शिशु के कम्पित अधरों पर

किन स्वप्नों की स्मृति सुखमय
उदय हुई है यह अक्षय?
आँखमिचौनी-सी अधरों से
कौन खेलता है छिपकर,
मृदु मुसकानों में वह-बह!
अलि! यह किसका सरल हृदय
अधरों पर बिम्बित छविमय?
यह किसकी जीवित छाया है?
किस नव नाटक का उपक्रम?
किन भावों का चित्र चरम?
अये मृदुल! यह किसके गीत
गाते हो तुम मधुर, पुनीत?
प्रकट क्यों न कुछ कहते हो? क्या
वे इतने हैं गुप्त, परम?
यह कैसा परिहास, सुषम!

(1919)

(32)

कर पुट में पुष्पांजलि धर
अश्रु नीर से मानस भर,
तेरा गौरव गाती हूँ मैं
अवनत वदना हो जब प्रात,
तुझको नित्य बुलाती हूँ मैं
सजल लोचना हो जब मात!
धारण कर तेरा ध्रुव ध्यान,
दृग सम्मुख ला मूर्ति महान,
नयन मूँद लेती हूँ जब मैं
तुझको निज मन में अनुमान,
गद्‌गद हो रो देती हूँ मैं
जब अति भावाकुल हो प्राण!
जब मेरा चिर संचित प्यार
उमड़ उदधि-सा अतल, अपार,

अपने नीरव गूढ़ गर्भ में
मुझे डुबाता है गम्भीर,
द्रोह, मदन, मद का मल मेरा
धो देता है जब दृगनीर!
तब मेरे सुख का अनुमान
क्या तू कर सकती है प्राण!
कह? क्या तू भी गा सकती है
इतने सुख से अपने गीत?
कभी देख सकती है तू भी
क्या अपनी यह मूर्ति पुनीत?
मा! तेरा अति रम्य स्वरूप,
तेरे गुण गण अतुल, अनूप,
नयन नीरजों में तेरे भी
बंधते हैं, बन चोर अजान?
क्या तुझसे भी लेते है ये
कभी स्नेह मधु सिंचित दान?
सर्व शक्तिमत्ता तेरी
यह क्या नहीं जननि! मेरी?
यह मुझको ही तो तापों से
रक्षित रखती है दिन-रात,
तुझे तभी तो मैं अपने से
दुर्बल बतलाती हूँ मात!

(1918)

(33)

इस पीपल के तरु के नीचे
किसे खोजते हो खद्योत!
जहाँ मलिनता विचर रही है,
जहाँ शून्यता का है स्रोत।
सदन लौटता हुआ प्रवासी
तप्त अश्रुजल अंजलि दे,
पूत कर गया था जिस तरु को

सकल स्वार्थ की निज बलि दे।
क्षीण ज्योति में निज, किसका धन
ढूँढ़ रहे हो कर तम भंग,
किस अज्ञाता के जीवन को
ज्योतित हो कर रहे, पतंग?
उस निर्दोषा का क्या जिसकी
वायु भक्षिणी वेणी में
पड़कर तड़पा हाय! प्रवासी
लुटे हुओं की श्रेणी में!
किन्तु शलभवर! उसे न छेड़ो,
सोने दो उसको उस पार,
वहीं स्वप्न में पा लेगी वह
अपने प्रियतम का उपहार!
जब जीवन के स्रोत सम्मिलित
हो जाते हैं किसी प्रकार,
उन्हें नहीं तब बिछुड़ा सकता
सखे! स्वयं तारक करतार!

(1918)

(34)

निर्झर की अजस्र झर-झर!
आओ, मन! नव पाठ सीख लो
इस गिरि निर्झर के रब से
यह निर्मल जलस्रोत गिर रहा
गिरि के चरणों में कब से!
अपनी वीणा में स्वर भर,–
आओ, इसके पास बैठकर
यह अनन्त गाना गा लो,
इसका उज्ज्वल वेग देख लो,
तुम भी दृगजल बरसा लो!
निर्झर की निर्भय झर-झर!
निबल! देख लो शीतल जल में
अन्तर्हित इच्छा की आग,

भूरि भिन्नता में अभिन्नता,
छिपा स्वार्थ में सुखमय त्याग!
गा लो वीणा में स्वर भर,—
जो न अश्रु अंजलि देता हो
वह क्योंकर सुख पायेगा?
जिसे नहीं देना आता हो
वह किससे कैसे लेगा?
फिर गिरि निर्झर की झर-झर!

(1919)

(35)

विलोडित सघन गगन में आज,
विचर रहा है दुर्बल घन भी
घर कर भीमाकर,—
बना है कहीं—क्रुद्ध गजराज!
गर्जन सुनकर काँप रहा है
मा! कर्त्तव्य अपार,—
चपल करती है पल-पल गाज!
भिखारी बन सारंग समाज
उधर पुकार रहा है पी, पी,
गूँथ अश्रु जल हार,—
जननि! करने तेरा शृंगार,
परीक्षा का कठोर ले व्याज!
अभी दयामयि! क्या न खुलेगा
तेरा मुक्तागार?—
छिपी मरुथल में जल की धार
वृष्टि के बाद नीलिमोद्धार?

(1918)

(36)

कुमुद कला को लेने जब मैं
रोयी थी निज बचपन में,

तब मेरी माँ कहती थी वह
रहती है नभ के वन में!
पर शिशुता वश नहीं सुना था
मैंने उसका समझाना,
तब माँ ने था मुझे मनाया
दिखला शशि-छवि दर्पण में!
मैं तब कितनी अनभिज्ञा थी!
प्रतिबिम्बित शशि को पाकर
मुसकानों में गाकर उससे
क्रीड़ा करती थी मन में!
यही सोचती थी शशि बाला
सचमुच मेरे कर में है,
आनन्दित होती थी उसको
पा उस प्रतिमा पूजन में!
धीरे-धीरे अब तू अपना
दिव्य द्वार है खोल रही,
पल-पल अपनी प्रयत प्रभा है
प्रकटाती इस जीवन में!
माँ, वह दिन कब आवेगा जब
मैं तेरी छवि देखूँगी,
जिसका यह प्रतिबिम्ब पड़ा है
जग के निर्मल दर्पण में?

(1918)

(37)

''मा, अल्मोड़े में आये थे
जब राजर्षि विवेकानन्द,
तब मग में मखमल बिछवाया,
दीपावलि की विपुल अमन्द;
बिना पाँवड़े पथ में क्या वे
जननि, नहीं चल सकते हैं?
दीपावलि क्यों की? क्या वे मा,

मन्द दृष्टि कुछ रखते हैं?''

"कृष्णे, स्वामीजी तो दुर्गम
मग में चलते हैं निर्भय,
दिव्य दृष्टि हैं, कितने ही पथ
पार कर चुके कंटकमय;
वह मखमल तो भक्ति भाव थे
फैले जनता के मन के,
स्वामीजी तो प्रभावान हैं,
वे प्रदीप थे पूजन के!''

(1918)

(38)

उस विकसित, वासित वन में
कुसुमों के अस्फुट अधरों पर
सिहर रहा है कौन विकल,
अलि, चंचल होकर पल-पल!

यह किसका नादान हृदय
बहा चुका है बल संचय?

तुहिन बिन्दु बन ढुलक रही है
किसकी जीवन विजय धवल,
सजनि, मोह से हो निर्बल!

(1919)

(39)

लतिका के कम्पित अधरों से
यह कैसा मृदु अस्फुट गान
आज मन्द मारुत में बहकर
खींच रहा है मेरा ध्यान!

किस प्रकाश का गूढ़ चित्र यह
आज धरित्री के पट पर
पत्रों की मायाविनि छाया
खींच रही है रह-रहकर!

छवि की चपल अँगुलियों से छू
मेरे हृत् तन्त्री के तार
कौन आज यह मादक, अस्फुट
राग कर रहा है गुंजार!

महानन्द का क्या ऐसा ही
नीरव होता है संगीत?
मनोयोग की वीणा मेरी
मा, जिसने की आज पुनीत!

(1919)

(40)

श्रूयते हि पुरा लोके—

विस्तृत मरु थल के उस पार
जहाँ स्वप्न सजते शृंगार,

छवि के वन में, एक नाल में
दो कलिकाएँ फूली हैं,

कलित कल्पना की डाली में
जो अतीत से झूली है;
जो मधु, धूलि, सुगन्धि रहित हैं
दिव्य रूप करतीं विस्तार,
जहाँ स्वर्ण की आशा विस्तार,
गाती है, कर स्वप्न विहार!

जब यह मरु रवि के आतप में
तप्त छोड़ता है निःश्वास,
उस छवि के वन में ऊषा का
रहता है तब भी मृदु हास!
वह सोने की आशा अलिनी
करती है जब मृदु गुंजार,
तब सुख हँसता, औ' दुख गाता,
विश्व दीखता एकाकार!

उस छवि के मंजुल उपवन को
इस मरु से पथ जाता है,

पर मरीचिका से मोहित हो
मृग मग में दुख पाता है!
बालू का प्रति कण इस मरु का
मेरु सदृश को उच्च अपार
भीरु पथिक को भटकाता है
दिखला स्वर्ण सरित की धार!

(1919)

(41)

मुझे सोचने दो सजनी—
एक विहग बालिका बनी
आज नीरव तरु के ऊपर,
जहाँ स्वप्न हैं रहे विचर!
पत्रों के मृदु अधरों से
जहाँ शून्य संगीत प्राण का
फूट रहा है अभय, अमर!
ये पीले-पीले प्रियतर
अन्तिम आभा के कृश कर
मेरा स्वर्ण सदन स्वप्नों का
छीन रहे हैं छिप-छिपकर!
आओ शिव! आओ सुन्दर!
मुझे सौंपने दो तुमको
अपनी वांछाएँ रज कण सी,
होने दो निश्चिन्त, निडर!
निज वियोग की बाँहों में
मुझे सदा को बँध जाने दो,
फिर चाहे मेरा अन्तर
अन्धकार होवे दुस्तर!

(1919)

(42)

मधुरिमा के मृदु हास!
किस अदृश्य गुण से तुम मुझको
खींच रहे हो पास?
सुनायी देता है बस गीत,
बुलावे की यह कैसी रीति?

हृदय के सुरभित साँस!
चपल पलक से छूकर मुझको
निर्बल कर, किस ओर,
भुलावे में तुम कुसुम कठोर!
बहाते हो? न कहीं छोर!

बैठकर मैं इस पार,
शून्य बुद्बुदों से सुनती हूँ,
जीवन का संगीत,
तुम्हारा मौन निमन्त्रण, मीत!
विश्व का अन्तिम गान पुनीत!

कहाँ हो कर्णाधार!
लघु लहरों में खेल रही है
मेरी हलकी नाव,
न तुमसे है प्रिय! तनिक दुराव
जानते हो सब मन के भाव!

(1919)

(43)

तरल तरंग रहित, अविचल,
सरसी के जल का समतल
नहीं दिखायी देता ज्यों मा!
बिना हिलाये उसका जल;
अपनी ही छवि का प्रतिफल
प्रतिबिम्बित होकर अविरल,
दिखलायी देता ज्यों अविकल
उसके समतल में निश्चल।

वैसे ही तेरा संसार
अति पार यह पारावार,
नहीं खोलता है मा! अपने
अद्‌भुत रत्नों का भण्डार,
प्रत्युत, अपने ही श्रृंगार,
(तुलसीमाला या मणिहार)
मा! प्रतिबिम्बित होकर इसमें
दिखलायी देते निस्सार!
चला प्रेम की दृढ़ पतवार,
इसके जल को हिला अपार,
दिखलायी देती तब इसकी
विश्वमूर्ति अति सदय, उदार!

(1918)

(44)

श्रवण चाहिए अलि! केवल,—
केकी की मृदु केका ध्वनि सुन,
चौक, जग पड़ी थी मैं कल,
मैंने देखा तो आँगन में
नाच रही थी वह अविरल।
जिसे देख वह नाच रही थी
मैं वह सब थी समझ गयी,
अह! वह वर्षा ऋत्! वे वारिद!
वह मेरा अविरल दृग जल!
मैंने नभ कर वक्र भृकुटि कर
मौन दृष्टि जब डाली थी,
तब अकरुण घन घोष हुआ था,
चमकी थी चपला चंचल!
हाँ, प्यासी पी-पी ध्वनि सुनकर
पिघल पड़े थे तब धनश्याम,
पर न पपीहा तृप्त हुआ, हा!
कैसा था वह विरहानल!

वह भी उसका ही प्यासा था
जिसका पथ मैं तकती थी,
श्रवण कर चुकी थी वह केकी
जिसका नूपुर नाद नवल।

(1918)

(45)

आँखों के अविरल जल को
मत रोको, मन! मत रोको!
इस भीषण घन में सुन्दर
छिपा हुआ है मुक्ताकर,
इसी अश्रुजल में वह मुख
अवलोको, मन! अवलोको!
इस गर्जन में गौरव गान
मिला हुआ है, दो हे कान,
इसी चंचला में है बल,
मत चौको, मन! मत चौंको!
इसी मलिनता में निर्मल
छिपा हुआ है शीतल जल,
इस तम में ही है प्रियतम,
अवलोको, मन! अबलों को!
लूटने ही में है संयोग,
जुटने ही में मेल अमोघ,
कुण्ठित ही क्यों हो न कृपाण,
पर, भौंको निर्भय भौंको!

(1918)

(46)

तुम्हारे कोमल अंग,
विधुर उर के तारों में आज
गा रहे हैं क्या अस्फुट गीत?
छिपे थे जो स्वर सहज पुनीत

विकल क्यों हुए आज निर्व्याज?
निठुर वाणी का ढंग!
शब्द का गौरव, स्वर का स्पर्श
हो गया है क्या विभव विहीन!
दिखाने को यह रूप नवीन
हो गये क्या निरर्थ आदर्श?
आज अज्ञेय अनंग!
धूम की खिली स्फीति-सी धूम
ऊर्मियों में छवि की अनुकूल,
लीन हो जाऊँ मैं, सब भूल,
दूर से अधर तुम्हारे चूम!
मुझे अज्ञात उमंग,
बहाती है कब से, किस ओर!
कौन जाने? पर मेरे नाथ!
न छूटे इस अतृपित से साथ,
सदा ही रहे अविकसित भोर,
स्वप्न मत हो यह भंग!

(1919)

(47)

तब फिर कैसा होगा मात!
धीरे-धीरे पक्ष हीन जब
हो जायेगा यह द्विज दल,
डाल-डाल में, शाल-शाल में
उड़ न सकेगा उच्छृंखल;
मुरझे फूलों-सा जब भू पर
गिर जायेगा हो निर्बल,
गा न सकेगा जब मृदु स्वर से
प्रथम रश्मि का स्वागत कल?
यह तो करता है उत्पात!—
अति अनन्त नभ की नीरवता
यह शब्दित कर हरता है,

विमल वायु का कोमल मानस
उड़-उड़ कम्पित करता है;
मेरे सुन्दर धनुष-बाण में
समुद्र बैठते डरता है,
इसे बुलाने पर भी तो यह
कभी न निकट विचरता है!
इसे नहीं यह अब तक ज्ञात—
जब तुम मुझको बैठाती हो
कंटक दल के आसन में,
उसे ग्रहण करती हूँ तब मैं;
शूल फूल-से हो जाते हैं
स्व कर्तव्य के पालन में,
क्या न बनी थी पुरी अयोध्या
पंचवटी के भी वन में?

(1918)

(48)

नीरव, व्योम! विश्व, नीरव!
झंझावात! प्रलय! भूकम्प!
वह्नि बाढ़! उल्का! दृढ़ शम्ब!
तृष्णा का वह भीषण ताण्डव
अन्त हुआ है आज प्रचण्ड!
नीरव, व्योम, विश्व, नीरव!
पश्चिम के रक्तार्णव में
रक्त हस्त विद्वेष चक्र वह
अस्त हुआ है आज अखण्ड!
नीरव, व्योम! विश्व, नीरव!
× × ×
एक तिमिर की गहरी, आह,
द्रुत भर दे यह गर्त अथाह!
एक नाद का सही अन्त हो
डम् डम् डमरु बजे फिर शान्त!

उठो भ्रात! अब जागो मात!
किनकी अमृत शुभाशाएँ—
वह, प्राची से ज्योतिर्मय-कर
बढ़ा रही है मंगल, कान्त?
सुखमय हो यह नवल प्रभात!
(11 नवम्बर, 1919)

(49)

छोटे ही की क्या पहचान?
उषा उदय में मधु बाला थी
गाती तेरा गौरव गान,
वही मधुर स्वर चुरा आज मैं
रोने बैठी थी अनजान!
सौरभ वेणी खोल रहा था
तेरी महिमा की, पवमान,
वही आज अविरल आहों से
मैं फैलाती थी,—हा! प्राण!
कमल-क्रीड़ में कुमुद-किरण ने
जिसे दिया था जीवन दान,
मेरी आँखों में अटका था
ओस बिन्दु वह अति नादान!
पलक युगल नवदल खुलते ही
उसके जीवन का अवसान
स्मृति पट पर अब तक अंकित है,
उस अजान का वह बलिदान!
तेरी ही छवि प्रतिबिम्बित-सी
मुझको उसमें मिली महान्,
मा! तू क्या लघु कण में भी है?
तब क्या मैं ही थी अज्ञान?

(1918)

(50)

चपल पलकों के साथ
दबा मेरा दुर्बल दिल, प्राण!
सुन रहे हो क्या चूर्णित गीत?
बेसुरी, बिखरी, टूटी तान
तुम्हें क्या भाती है विपरीत!
निराली छवि के हाथ
पकड़कर मेरी पीली बाँह,
खींचकर मुझको अपनी ओर,
छोड़ते है यह कहाँ—अथाह!
भूलने का है क्या कुछ छोर?
तुम्हीं जानो हे नाथ!
चमककर मेरे पथ में प्रात
आँख अटकाती है यह कौन!
धुलि की ढेरी में अज्ञात
छिपी है क्या मेरी जय मौन?
नवाती हूँ मैं माथ,
विनत वदना नलिनी-सी प्रात,
अश्रु जीवन का रख उपहार;
अरुण पर चिह्न तुम्हारे तात!
स्पृहा से भर अपनी सुकुमार,
खोल अपलक दृग द्वार!

(1919)

(51)

मरु भी होगा नन्दन वन!
मा! जब मैं तुझसे अजान थी
तब कैसा था मेरा मन!
कैसा नीरव लगता था तब
यह मृदु कलरव भरा भुवन!
विहग बालिका की बोली तब
विभव नहीं बरसाती थी,

केशर के शर मार गन्धवह
खिला न सकता था तन-मन!
नहीं मधुकरी भी गाती थी
मधुर मधुभरी वीणा में,
जग को देख नहीं सकते थे
स्वावलम्ब के शत्रु नयन!

किन्तु हुआ जब तेरा मेरा
प्रथम रुचिरतम सुख संजोग,
स्वर्ण वर्ण तब कैसा सुन्दर
मेरा हुआ जननि, नूतन!
कितने मधुर स्वरों में गाये
विहगों ने गुण गौरव गीत,
तब कैसा खिल गया अखिल जग
नवल कमल का सा कानन!

क्षीण क्षपाकर की छाया में
छिपी हुई थी मैं पहिले,
नहीं जानती थी मा! तेरी
प्रयत प्रभा की प्रथम किरण—
मुझको इतना गौरव देगी
छूकर मेरा म्लान वदन;
मेरी सोने की भावी के
भूषण है इतने भावन!

इतने कोमल कमल मधुप दल
मुझमें फूले पावेगा,
इतने पथ भूले दृग मेरा
अभी करेंगे अभिवादन!
मैं इतनों की सुख सामग्री
हूँगी जगती के मग में,
शोक मुक्त होंगे द्रुत कितने
कोक मुझे कर अवलोकन!

(1918)

(52)

अँगड़ाते तम में
अलसित पलकों से स्वर्ण स्वप्न नित
सजनि! देखती हो तुम विस्मित,
नव, अलभ्य, अज्ञात!
आओ, सुकुमारि विहम बाले!
अपने कलरव ही-से कोमल
मेरे मधुर गान में अविकल
सुमुखि! देख लो दिव्य स्वप्न-सा
जग का नव्य प्रभात!
हे स्वर्ण नीड़ मेरा भी जग उपवन में,
मैं खग-सा फिरता नीरव भाव-गगन में,
उड़ मृदुल कल्पना पंखों में, निर्जन में,
चुगता हूँ गाने बिखरे तृण में, कण में!
कल कण्ठिनि! निज कलरव में भर,
अपने कवि के गीत मनोहर
फैला आओ वन-वन घर-घर,
नाचें तृण, तरु, पात!

(1919)

(53)

तिलक! हा! भाल-तिलक!
छुड़ा दिया किस अकरुण कर ने
यह शोभांलकार!!
जाति की आशा का संचार!
पुरातन वेदों की झंकार!
अश्रु नयन निशि के आँगन में
बिखर गया अनजान
आज गीता रहस्य का गान!
कोटि त्रय कण्ठों का प्रिय प्राण!
कर्मयोग की टीका अविकल—

कहा गया मा की गोदी का
हाय! केसरी बाल!
स्वगति में गंगा-सा अविचल!
देश की धूलि से भरा लाल!

(1918)

(54)

सखी! सूखी बिन्दाल
सन्मुख बहती है वह नीरव,
निःसलिला, कंकाल!
गिरी, बिखरी स्मृति-सी प्राचीन,
अतृप्त, अकथ वियोग-सी दीन!
अचिर लालसा-सी निर्बल वह,
वैभव-सी कंगाल!
समय के पद-चिह्नों-सी क्षीण
स्वप्न संसृति-सी आज विलीन!
चिकनी-चुपड़ी उपल राशि वह
नीली, पीली, लाल
बाल लीला-सी मेरी आज
खो चुकी निर्मलता का साज!
अह, उन कोमल पद चिह्नों से
कैसी अस्फुट चाल
दबाती है उर को तत्काल,
कहाँ सूखी है सखि! बिन्दाल?

(1920)

(55)

तेरा अद्‌भुत है व्यापार!
तुझको कब से बुला रही थी
मैं पुकार कर बारम्बार,

विकसित वदना, वासित वसना
बनी हुई सज शत्र शृंगार!
स्वर्ण सौध शुचि बनवाये थे
मैंने कितने उच्च, अपार,
विप्र बालकों ने गाये थे
तेरे गुण गण जहाँ उदार!
अगणित मुद्रा दान दिये औ'
किया सभी कुछ शिष्टाचार,
किन्तु वहाँ मा! नहीं सुनायी
तूने निज नूपुर झंकार!
जब नन्दन की चम्पा कलिका
कहलाती थी मैं सुकुमार,
नहीं कान की थी तब मैंने
मधु बाला की भी गुंजार!
मेरा सौरभ चुरा-चुराकर
मारुत करता था संचार,
किन्तु वहाँ भी तूने मुझको
नहीं बनाया उर का हार!
हाय! अन्त में अवनत वदना,
अश्रु-लोचना हो लाचार,
अतिशय दीना, विभव विहीना
हो जब मैंने सर्व प्रकार,
क्षीण छपाकर की छाया में
नलिनी बन, की करुण पुकार,
मा! तब तूने मुझे दिखायी
अपनो ज्योतित छटा अपार!

(1918)

(56)

मेरे इस अन्तिम विलास में,
—जब कि भग्न आशाएँ मेरी
एकत्रित हो आज,

सजाती हैं मुझको निर्व्याज,
(नवल बल, नव सुख, नूतन साज!)
—जब कि पराजय पागलपन बन
करती है उपहास—
कहाँ है प्रेम? कहाँ विश्वास?
आत्म बलिदान?—किसे है प्यास?
कौन-कौन तुम इस मदिरा के
कनक हास से भीत
गा रही हो यह बेसुर गीत—
'कठिन कर्तव्य!' —किसे है प्रीत?

वहाँ, स्वर्ण सिंहासन मेरा
सज्जित है उस ओर,
जहाँ रही है ज्वाला बन घोर!
पश्चिम की अन्तिम किरणों में—
बना रही है, वह, मेरा पथ
पतित पदों की धूल,
भग्न मन विरह वेदना भूल
जहाँ ओढ़ेगा दग्ध दुकूल!

(1919)

(57)

हृदय के बन्दी तार
मुक्त कर रहे हैं माखन से
भाव सहज सुकुमार,
सुदामा के लघु 'चाउँर चार',
भीलनी का जूठा उपहार!
आज उगा था कलापूर्ण वह
दिव्य चक्र-सा चाँद
नील यमुना का कल-कल नाद
सरस दधि के मटकों का स्वाद!
ब्रजभाषा की 'अभी', कुंज की
'दुई! ढीठ गुंजार!'

सुर के संगीतों का सार,
दिव्य गीता रहस्य का द्वार!
सखी! द्रौपदी के दुकूल-सा
अप्रमेय, अज्ञात,
चोर, कौस्तुभ कठोर विख्यात,
नहीं सुनता हा, तब से बात!

(1920)

(58)

प्रथम रश्मि का आना रंगिणि!
तूने कैसे पहचाना?
कहाँ, कहाँ हे बाल विहंगिनि!
पाया तूने यह गाना?
सोयी थी तू स्वप्न नीड़ में
पंखों के सुख में छिपकर,
ऊँघ रहे थे, घूम द्वार पर,
प्रहरी से जुगनू नाना;
शशि किरणों से उतर-उतरकर
भू पर कामरूप नभचर
चूम नवल कलियों का मृदु मुख
सिखा रहे थे मुसकाना;
स्नेह हीन तारों के दीपक,
श्वास शून्य थे तरु के पात,
विचर रहे थे स्वप्न अवनि में,
तम ने था मण्डप ताना;
कूक उठी सहसा तरुवासिनि!
गा तू स्वागत का गाना,
किसने तुझको अन्तर्यामिनि!
बतलाया उसका आना?
निकल सृष्टि के अन्ध गर्भ से
छाया तन बहु छाया हीन,
चक्र रच रहे थे खल निशिचर
चला कुहुक, टोना माना;

छिपा रही थी मुख शशि बाला
निशि के श्रम से ही श्रीहीन,
कमल क्रोड़ में बन्दी था अलि
मूर्छित थी इन्द्रियाँ, स्तब्ध जग,
जड़ चेतन सब एकाकार,
शून्य विश्व के उर में केवल
साँसों का आना-जाना;
तूने ही पहले बहु दर्शिनि!
गाया जाग्रति का गाना,
श्री सुख सौरभ का नभचारिणि!
गूँथ दिया ताना-बाना!
निराकार तम मानो सहसा
ज्योति पुंज में हो साकार,
बदल गया द्रुत जगत जाल में
धर कर नाम रूप नाना;
सिहर उठे पुलकित हो द्रुम दल
सुप्त समीरण हुआ अधीर,
झलका हास कुसुम अधरों पर,
हिल मोती का-सा दाना;
खुले पलक, फैली सुवर्ण छवि;
खिली सुरभि, डोले मधु बाल,
स्पन्दन कम्पन औ' नव जीवन
प्रथम रश्मि का आना, रंगिणि,
तूने कैसे पहचाना?
कहाँ, कहाँ, हे बाल विहंगिनि!
पाया यह स्वर्गिक गाना?

(1919)

(59)

गहन कानन!
व्रत से पोषित विघ्न सदृश पावस नद गर्जन
करता है गतिरोध—
नियति-सा कुंचित, कोमल दर्शन!

प्रतिहिंसा-सी कायरता-सी,
वह, पीछे करवाल
चमकती है कैसी विकराल?
हँस रहा हो ज्यों असमय भीषण!
छोड़ अन्तिम निःश्वास—
वायु गति से हो नद के पार
शूर स्वामी का कर उपकार,
जा रहा है, वह, सखि! उस पार
आज प्रभु भक्त प्रहत, लोहित तन!
करुण नयनों की नीरव कोर
डाल निश्चल स्वामी की ओर,
अर्ध हिनहिना, अश्रु जल छोड़,
दृगों में मूँद चरम छवि पावन!
—"कहाँ हाय! सुख-दुख के सहचर!
चेतक ! चेतक! मुझे छोड़कर—
कहाँ चल दिये—तुम असमय पर—
हा—मेरे रण भूषण!!!

(1920)

(60)

इस विस्तृत हॉस्टल में
मैं सुनती हूँ
मेरा भी है सखि! छोट-सा रूम,
जहाँ मेरी आकांक्षा सूम
गूँजती है प्रतिपल को तूम!
इस असंख्य मृदु कण्ठ स्वरों में,
मिला हुआ है अलि! मेरा भी
कम्पित स्वर अति दीन,
रूँधी दुर्बलता की ध्वनि क्षीण
डूबती है जिनमें हो लीन!
शून्य हृदय दुर्विघ्न गेंद-से
ठुकराकर अविराम,

साथ, मैं भी जीवन का काम
गोल पाती हूँ अति अभिराम!

× × ×

उठो सजनि! घण्टे की ध्वनि में
गूँज रहा है, सुनो, हमारा
प्रिय कर्तव्य कठोर!
जाति सेवा की उज्ज्वल भोर
बढ़ाती है, वह, कर इस ओर! (1920)

(61)

यह दुख कैसे प्रकटाऊँ!
अभी बालिका हूँ मैं तो,
मैं तुझको क्या पहनाऊँ?
मेरे कैसे गहने होंगे
जिनकी ले सम्मुख आऊँ?
तो क्या अस्फुट कलियों ही की
माला पहला दूँ तुझको?
किन्तु उन्हें भी देवि! गूँथकर
कैसे सेवा में लाऊँ!
जब मै ऋतुपति के उपवन में
मा के सँग थी गयी प्रभात,
मैंने पूछा—'मा! पूजा को
मैं भी माला निर्माऊँ?'
मा ने सूची मुझे नहीं दी,
कहा—'अभी तू बच्ची है।
अश्रुहार ही पहना तब क्या
मैं चरणों को नहलाऊँ?
नहीं,—न जाने इनमें क्या है
जो दिल को है दुखा रहा,—
मा! क्या डालूँ गले और तब?
क्या बाँहों को लिपटाऊँ।
हाँ, ले, मेरी 'हार' यही है,

यही तुझे पहनाऊँगी,
दोनों बाँहें गले डालकर
मैं अंचल में छिप जाऊँ! (1918)

(62)

दिवानाथ का विपुल विभव जब
मेरी आहों से तत्काल
भस्म हो चुका था प्रचिम में
वह्नि ज्वाल बन एक कराल।

फैली रही थी तेरी आभा
तुलसी अंचल में संकुल!
शलभ पुंज अर्पण करता था
तुझे प्राण अपने अविरत,
मुनि कन्याओं से वह जिसका
था महत्त्व सुन चुका महत।
पर मैं उसके आत्मत्याग को
अधिक न देख सही उस बार
हौले मेरा हृदय हो गया
हाय! एक तब हाहाकार।
मैंने निज मणि-मुक्ताओं को
मारुत से माँगा उठकर,
पर न उन्हें पा सकी जननि! मैं
अर्पण करने को तुझ पर।
व्याकुल हो निज करुण कथा तब
तुझे सुनाने मैं आयी,
पर तेरे ढिंग आ, वह मैंने
स्वयं गूँजती-सी पायी!
रोयी मैं निज मुक्ताओं को
तेरे सम्मुख हा-हा कर,
अपना दारुण दुख भी मैंने

तुझे सुनाया गा-गाकर!
शलभ पुंज के सदृश हाय! मैं
जला न उसको सकी वहीं,
अपने कृत्यों की छाया-सी
मैं अविरत थी काँप रही!
अपनी ही पणियों की आभा
मैं न और कर सकी सहन,
अधिक न रोयी मैं फिर उनको,
मूँद लिये मैंने लोचन!
तूने तब मुझ सत्व विहीना
दीना पर अति करुण की,
मूक तिमिर की भाँति मुझे भी
निज चरणों की छाया दी।
तब शलभों ने पूछा तुझसे
कहाँ गयी वह भीरु मना,
जो तारों को मोती बतला
कलप रही थी नत वदना? (1918)

अपने कोपानल में तूने
जला दिया क्या उसे प्रबल?
या उसके ही अपराधों से
बाँध दिया उसको निचल?
मन्द-मन्द मुसका मन में तू,
बोली तब उनसे सप्रेम—
'वह निर्दोष तो माया थी
उसका ऐसा ही है नेम!'
'जब तुम फूलों में फूले थे
मुझसे मिलने के पहले,
अब तुम उसमें ही भूले थे,
उसमें ही थे मुग्ध, मिले!' (1918)

मिला-मिलाकर सुन्दर स्वर
अपनी वीणा में मृदुतर
इस थोड़े से गीतों को मैं
गा लूँगी जब तेरे, मात!
—यही सोचती थी मैं नित्य
'ऊषा में स्नेहांजलि भर,
मोह, मदन, मद की बलि कर,
तब क्या गाकर खेलूँगी मैं?
निज जीवन की प्रमुदित प्रात,
मन्द-मन्द कर मंजुल नृत्य!'
तू मुझको अति चिन्तित जान,
समझ निपट नादान, अजान,
बोली थी—'मैं बतलाऊँगी,
तुझको अपने गीत पुनीत!
नूपुर ध्वनि कर श्रुति सुखकर!
पर अब करती हूँ अनुमान
मुझमें कितना था अज्ञान!
जीवन-भर भी मा! मैं पूरे
गा न सकूँगी तेरे गीत,
अपनी वाणी में स्वर भर!' (1919)

ग्रन्थि (1929) – ग्रन्थि का प्रकाशन 1929 में हुआ किन्तु इसकी रचनाओं का काल भी 1919-20 ही है।[11] यह असफल प्रेम कथा कवि के इन्द्रजाल मय स्वप्न का काव्य मय रूपांकन है जिसमें वास्तविक शृंगारिक भावों एवं अनुभूतियों को कल्पना के अवगुण्ठन से अभिव्यक्ति प्राप्त हुई है। रचना का मुख्य स्वर वियोगात्मक है–

"हाय मेरे सामने ही प्रणय का
ग्रन्थि बन्धन हो गया।"[12]

इस कृति पर मुख्य रूप से कालिदास के रघुवंश का प्रभाव है तथा रवीन्द्र और सरोजनी के प्रेमगीतों का प्रभाव भी लक्षित होता है। यह छायावादी काव्य की अत्यन्त मनोरम कृति है, जिसने खड़ी बोली को संस्कृत एवं ब्रज भाषा की रम्यता

के समकक्ष ला खड़ा किया।

गुंजन (1931) – कवि की यह कृति 1931 में प्रकाशित हुई। इसमें 1926-30 की कविताओं को संगृहीत किया गया है। गुंजन में कवि के नये उल्लास पूर्ण जीवन दृष्टिकोण के दर्शन होते है–

> जग के उर्वर आँगन में
> बरसो ज्योतिर्मय जीवन।
> बरसो लघु-लघु तृण, तरु पर
> हे चिर अत्यव?, चिर नूतन।[13]

गुंजन का विषय है मानव जीवन। यहाँ कवि के चिन्तन केन्द्र में मानव बैठा है। मानव जीवन के सुःख दुःख का विवेचन और उसके दर्द के उपचार का संधान कवि का उद्देश्य है।

युगवाणी (1939) – युगवाणी में कवि ने युगीन परिस्थितियों का चित्रण काव्य रूप में प्रस्तुत किया है। भारतीय इतिहास में यह युग गाँधी युग के नाम से जाना जाता है और कवि ने अपनी प्रथम रचना 'बापू' को ही समर्पित की है–

> ''बापू! तुमसे सुन आत्मा का तेज राशि आह्वान
> हंस उठते हैं रोम हर्ष से, पुलकित होते प्राण।''[14]

महाकवि निराला को समर्पित इस कृति में प्रकृति सम्बन्धी कविताओं के अतिरिक्त अन्य पाँच प्रकार की रचनाओं को सम्मिलित किया गया है जो पाँच विचार धाराएँ कही जा सकती हैं–

1. भूतवाद और अध्यात्मवाद का समन्वय, जिससे मनुष्य की चेतना का पथ प्रशस्त हो।

2. समाज में प्रचलित जीवन मान्यताओं का पर्यालोचन एवं नवीन संस्कृति के उपकरणों का संग्रह।

3. पिछले युग के उन मृत आदर्शों और जीवों रूढ़ि रीतियों की तीव्र भर्त्सना, जो मानवता के विकास में बाधक बन रही है।

4. मार्क्सवाद तथा फ्रायड के प्राणिशास्त्रीय मनोदर्शन का समाज पर प्रभाव।

5. बहिर्जीवन के साथ अन्तजीर्वन के संगठन की आवश्यकता, राग भावना का विकास तथा नारी जागरण।[15]

ग्राम्या (1940) – ग्राम्या में कवि की युगवाणी के बाद की रचनाओं को संग्रहीत किया गया है। ग्राम्या किसी ग्राम में रहकर नहीं लिखी गई कवि ने भूमिका में लिखा है ''इनमें पाठकों को ग्रामीणों के प्रति केवल बौद्धिक सहानुभूति ही मिल सकती है। ग्राम्य जीवन में मिलकर, उसके भीतर से ये अवश्य नहीं लिखी गई है। ग्रामों की

वर्तमान दशा में वैसा करना केवल प्रतिक्रियात्मक साहित्य को जन्म देना होता।"[16]

यद्यपि ग्राम में रहकर यह कृति नहीं लिखी गई तथापि इसमें ग्रामीण जन-जीवन की झांकी दिखाई देती है। ग्राम कवि, ग्राम, ग्राम दृष्टि, ग्रामचित्र, ग्राम युवती आदि ऐसी ही कविताएँ है।

स्वर्णकिरण (1947) – स्वर्णकिरण के माध्यम से कवि ने अपनी काव्य यात्रा के तृतीय चरण में प्रवेश किया। परिवर्तित भावधारा के फलस्वरूप जिस नवीन चेतना का उदय हुआ उसकी पहली किरण स्वर्ण किरण है–

युगों का तमस हरण, करे यह स्वर्ण किरण।
धरा पर ज्योति भरण, हंसी लो स्वर्ण किरण।।[17]

स्वर्ण किरण की अधिकांश रचनाएँ आध्यात्मिक हैं जो मन चेतना से सम्बन्धित है। स्वर्ण शब्द को कवि ने चेतना के अर्थ में प्रयुक्त किया है। इस चेतना के द्वारा कवि ने मृत्यु में अमरता, निराशा में आशा और अपूर्णता में पूर्णताः के दर्शन किए हैं, जिसके द्वारा उसे अलौकिक सौन्दर्य की अनुभूति हुई।

इस संग्रह की कविताओं पर अरविंदवादी दृष्टिकोण का प्रभाव स्पष्ट परिलक्षित होता है। अशोकवन और स्वर्णोदय इस संग्रह की उत्कृष्ट रचनाएँ हैं जिनमें अरविंद दर्शन के तत्वों को मूर्त करने का प्रयास किया गया है। दर्शन की शुष्कता होने पर भी काव्य सौन्दर्य का समस्त विचार इन कविताओं में मिलता है।

स्वर्णधूलि (1947) – कवि पन्त की यह कृति स्वर्णकिरण के समकालीन है। कवि पन्त ने डॉ. एन. सी. पाण्डे को समर्पित इस कृति के माध्यम से तत्कालीन परिस्थितियों में आशा का नवीन संचार करने का प्रयास किया है–

"आशा का प्लावन बन बरसो
नव सौन्दर्य प्रेम बन सरसो
प्राणों में प्रतीत बन हरसो
अमर चेतना बन नूतन, बरसो हे घन।"[18]

इसकी कविताओं का आधार समाज है। कवि ने स्वर्णधूलि के विज्ञापन में कहा है कि इसका धरातल सामाजिक है। आदर्श समाज की परिकल्पना में यत्र-तत्र अरविंद दर्शन के सिद्धान्तों को मुखर किया गया है। अर्थात अरविंद दर्शन के व्यावहारिक रूप को सामाजिक आधार दिया गया है।

मधुज्वाल (1947) – यह रचना भी 1947 में प्रकाशित हुई।[19] इसे पन्त की मौलिक रचना नहीं कहा जा सकता। इस संग्रह में उमरखैय्याम की रुबाइयों का गीतान्तर है जिसे पन्त ने 1929 में किया था।

उत्तरा (1949) – कवि पन्त का यह संग्रह उस समय प्रकाशित हुआ जब भारत

लम्बी गुलामी के बाद आजाद हवा में साँस ले रहा था। उत्तरा में इस बदलाव की सुगंध स्पष्ट दिखाई देती है–

बदल रहा अब स्थूल धरातल
परिणित होता सूक्ष्म मनः स्थल
विस्तृत होता वहिर्णगत अब
विकसित अन्तर्जीवित अभिमत।[20]

उत्तरा पन्त की श्रेष्ठ कृति है। उत्तरा को सौन्दर्य बोध तथा भाव ऐश्वर्य की दृष्टि से मैं अब तक की सर्वोत्कृष्ट कृति मानता हूँ। उसके अनेक गीत जो चिदम्बरा में सम्मिलित हैं आने पर पाठकों का ध्यान आकर्षित करेंगे। उत्तरा के पद से किशोर अवस्था में अपने मनोभावों को छन्द के रूप में व्यक्त करना तब शायद पन्त जी के लिए सम्भव न रहा हो "मैंने अपने ऐसे ही किशोर स्वभाव तथा घर बाहर की परिस्थितियों के वातावरण से प्रेरणा लेकर अपना खिलौना उपन्यास 'हार' लिखा था जो मेरी सर्वप्रथम रचना कही जा सकती है।"[21]

हार को पन्त जी ने उस समय लिखा था जब वह किशोरावस्था में थे और उनके हृदय में प्रेम का अंकुर फूट रहा था उनके इन्हीं मनोभावों का चित्रण हार में दिखाई देता है। यह एक ऐसे भावुक युवक की कहानी है जो बिना प्रणय निवेदन किए एक युवती को अपनी भावनाओं में बिठा लेता है। युवती भी आकृष्ट होती है किन्तु वह वस्तु स्थिति को समझ, बिना बताए हुए ही युवक से दूर चली जाती है। युवक इस अप्रत्याशित मूक बिछोह से क्षुब्ध विरक्त हो उठता है और उसे मानव जीवन का समस्त होकर व्यापार खोकला तथा आस्था शून्य लगने लगता है। वह प्रेम की मृग मरीचिका से निकलकर मानव जीवन के उचित ध्येय की खोज करता है। अपने अध्ययन तथा चिन्तन से इस निष्कर्ष पर पहुँचता है कि लोक सेवा करने से ही आत्मकल्याण की उपलब्धि सम्भव हो सकती है।[20]

औपन्यासिक कृति के रूप में हार का कुछ भी महत्त्व नहीं है पर पन्त के काव्य व्यक्तित्व निर्माण की दृष्टि से हार का बड़ा महत्त्व है। इस प्रारम्भिक कृति में ही पन्त की परवर्ती कृतियों में प्रकट होने वाली आदर्शवादी प्रवृत्तियों, विश्व प्रेम सूक्ष्म नैतिक दृष्टि आदि दिखाई पड़ती है।[23]

पाँच कहानियाँ (कहानी संग्रह) 1936 – उपन्यास के क्षेत्र में पन्त के एक मात्र प्रयास का स्वतंत्र साहित्यिक मूल्य बहुत न्यून है, पर कहानियों में पन्त अधिक सक्षम कथाकार के रूप में उभरे हैं। इसका स्पष्ट कारण तो यह है कि हार की अपेक्षा कृत ये प्रौढ़ रचनाएँ हैं ये सभी 1935 के आसपास लिखी गई थी। दूसरी महत्त्वपूर्ण बात ये है कि उस समय जब ये कहानियाँ लिखी जा रही थी पन्त

धीरे-धीरे मार्क्सवाद प्रभावान्तर्गत जनजीवन के यथार्थ की ओर मुड़ चुके थे इसलिए जिस बदलाव की सूचना हमें युंगात में मिलती है वह पाँच कहानियों में भी स्पष्ट दृष्टिगोचर होती है।[24]

पहली कहानी 'पानवाला' कहानी से अधिक शब्द चित्र है। यह एक ऐसे व्यक्ति पीताम्बर की कहानी है जो गरीबी में पैदा होकर भी अपनी महत्त्वाकांक्षाओं रुचियों आदि में धनी परिवारों के लड़कों की तरह ही है। जवानी में उसने अपने स्वभाव कौशल और व्यक्तित्व के बल पर धनी लड़कों का साथ किया तथा उसके साथ-साथ उन्हीं की तरह जीवन बिताया। बाद में जब उसके धनी साथी उससे छूट गये और लतें आदतें उसमें छोड़ गये तब वह कहीं का नहीं रहा। अनेक प्रकार की ठोकरें खाकर वह पान वाला बन गया।[25]

दूसरी कहानी 'उसबार' सतीश, सुबोध, नलिन, गिरीन्द, विजया, सरला आदि अनेक कथा पात्रों के इर्दगिर्द घूमती है। प्रेम के क्षोभ के विविध पक्षों को उद्घाटित करना ही लेखक का अभीष्ट जान पड़ता है।[26]

तीसरी कहानी 'दम्पति' निश्चय ही इस संग्रह की सर्वश्रेष्ठ कहानी है।

पार्वती एक ग्राम वाला है उसकी शादी छोटी वय में ही हो जाती है। पार्वती के पति उससे अत्यन्त स्नेह रखते हैं उनके आकर्षण एवं विनोद की एक मात्र केन्द्र पार्वती ही थी। पार्वती पति के इस व्यवहार से कृतकृत्य थी। पति के लिए पार्वती इतनी महत्त्वपूर्ण इसलिए भी हो गई क्योंकि उन्हें स्त्रीत्व का स्पर्श ही काफी था सौन्दर्य की कोई खास परिकल्पना उनके दिमाग में नहीं थी। अल्पवयसा पार्वती के लिए भी पति की कोई विशेष कल्पना नहीं थी। विवाह को लेकर उसके मन में एक अनिवर्चनीय भाव और पति संसर्ग की एक लालसा हीन, अज्ञात गुप्त सुख की भावना ही वह महसूस कर पाती थी। एक सामान्य व्यक्ति की तरह पार्वती के पति के लिए भी स्त्री की सुन्दरता एवं गुणों का ज्यादा मूल्य नहीं था कोई कन्या उनकी पत्नी है इस भाव से ही उन्हें परम सन्तोष था। पन्त ने इस फीलिंग को कहानी में उभारकर एक बहुत बड़े मनोवैज्ञानिक तथ्य को प्रस्तुत किया है।[27]

संग्रह की चौथी कहानी 'बन्नो' कथ्य एवं शिल्प की दृष्टि से सामान्य हैं। संग्रह की अंतिम कहानी 'अवगुण्ठन' है इस कहानी में लेखक ने जर्जर सामाजिक रूढ़ियों पर कटु प्रहार किया है। रामकुमार एक सुशिक्षित नव युवक है। माँ के अनुरोध पर उसने विवाह करना तो स्वीकार कर लिया किन्तु जात-पांत कुल वंश का आडम्बर तथा रूढ़िगत मान्यताएं उसे पसन्द नहीं है। पर्दा प्रथा से उसे सख्त नफरत थी। उसकी हार्दिक इच्छा थी कि इन रूढ़िगत संस्कारों का विरोध किया जाए किन्तु ऐसा कुछ भी सम्भव न हो सका।[28]

ज्योत्स्ना (नाटक) 1934 – कवि पन्त बहुमुखी प्रतिभा के धनी थे और उनकी यह प्रतिभा ज्योत्स्ना नाटक में दिखाई देती है। ज्योत्स्ना कवि पन्त का पहला नाटक है जिसमें उनके कवि रूप के दर्शन होते हैं। ज्योत्स्ना की विज्ञापिका में कवि निराला ने लिखा है "काव्य के चारु चरणों से हिन्दी के दारू पथ को पार कर प्रांजल श्री सुमित्रा नंदन काव्योपवन के सांजलि खिले हुए प्रकाश दृष्टि सुन्दर गुलाब है। आज उन्हीं की प्रतिभा के रूप रंग मधु गंध और भावोच्छ्वास की प्रशंसा के मुख मुखर है। अब वे ज्योत्स्ना में मनोहर नाट्यकार के शुचि रूप हिन्दी संसार के सामने आ रहे हैं। मैं गुलाब को देखता हूँ उसके कांटो को नहीं ज्योत्स्ना में उनका पहला प्रिय, भावमय श्वेत वाणी का कोमल कविरूप ही दृष्टिगोचर होता है।"[29]

इस नाट्य कृति में पाँच अंक हैं। इस कृति का महत्त्व नाट्य कला में अभिनव प्रयोग की दृष्टि से न होकर नवीन जीवन मूल्यों की खोज एवं मानव मात्र के सुखी एवं स्वर्णिम भविष्य की कल्पना की दृष्टि से है।[30] पन्त ने अपनी इस कृति में तत्कालीन स्थिति और अपने मनोभावों को चित्रित करने का प्रयास किया है "ज्योत्स्ना में मैंने अपने विश्व जीवन के स्वप्न को अवतरित करने की चेष्टा की है। उस समय मेरे मन में जो राजनीतिक, आर्थिक, सामाजिक तथा लोकजीवन सम्बन्धी धारणाएं थीं तथा जो मनोवैज्ञानिक तथा आध्यात्मिक आदर्श मुझे आकृष्ट करते थे, उन्हें मैंने इस नाट्य रूपक के रूप में उपस्थित करने का प्रयत्न किया है। वह मेरी तब की सौन्दर्य साधना का भी निदर्शन है।"[31]

पन्त का कृतित्व विशाल था, उन्होंने 1920 से 1970 तक निरन्तर साहित्य साधना की ओर अनेक साहित्यिक कृतियों का सृजन किया यद्यपि कुछ कृतियाँ साहित्यिक दृष्टि से उच्च कोटि की नहीं हैं किन्तु उन समस्त कृतियों में युगीन परिस्थितियों का यथार्थ स्पष्ट रूप से दिखाई पड़ता है।[32]

उन्होंने काव्य, कहानी, नाटक, एकांकी तथा उपन्यास जैसी साहित्यिक विधाओं में अपनी लेखनी चलाई। उक्त कृतियों के अतिरिक्त उन्होंने रजत शिखर (1952), शिल्पी (1952), सोवर्ण (1956), युगपुरुष (1948), छाया (1948), अतिमा (1955), किरण वीणा (1967), वाणी (1958), कला और बूढ़ा चाँद (1959), पौ फटने से पहले (1967), पतझर (1967), गीत हंस (1969), लोकायतन (1965), परी (1925), जिन्दगी का चौराहा (1936), अस्पृश्यता (1937), स्रष्टा (1938), चौराहा (1948), शकुन्तला (1948), करमपुरी की रानी (1949), शिल्प और दर्शन (निबन्ध, संग्रह) साठ वर्ष एक रेखांकन, छायावाद : पुनर्मूल्यांकन (1965) शंखध्वनि (1971), शशि की तरी (1971), समाधिता (1973), आस्था (1973), सत्यकाम (1975), गीत अगीत (1977), संस्कृति (1977), जैसी उल्लेखनीय कृतियों का सृजन किया। उनके

साहित्यिक योगदान को दृष्टिगत रखते हुए भारत के राष्ट्रपति ने उन्हें 1961 में 'पद्म विभूषण' की उपाधि दी। हिन्दी साहित्य सम्मेलन ने उन्हें 'साहित्य वाचस्पति' की उपाधि से विभूषित किया। विक्रम विश्वविद्यालय उज्जैन, गोरखपुर, कानपुर, कलकत्ता तथा राजस्थान विश्वविद्यालय ने उन्हें डी.लिट् की मानद उपाधियों से सम्मानित किया।[33]

सुमित्रा नन्दन पन्त जैसे साहित्यकार युगों एवं शताब्दियों के बाद होते हैं उनका स्थान भारतीय साहित्य के स्वर्णाक्षरों में अंकित है।

सन्दर्भ

1. पन्त सुमित्रानन्दन; शिल्प और दर्शन, 1961, पृष्ठ 185
2. पन्त सुमित्रानन्दन; साठ वर्ष, एक रेखाकंन (प्रथम संस्करण) पृष्ठ 14
3. जोशी, शान्ति, सुमित्रानन्दन पन्त जीवन और साहित्य, खण्ड 1 राजकमल प्रका. नई दिल्ली 1976, पृष्ठ 44.
4. पन्त सुमित्रानन्दन; शिल्प और दर्शन, 1961, पृष्ठ 222
5. सुल्ताना, किश्वर; पन्त काव्य में कला शिल्प और सौन्दर्य (इ. वि. वि. की डी. फिल. उपाधि के लिए प्रस्तुत शोध प्रबन्ध) प्रकाशित 1985 पृष्ठ 42
6. पं. सुमित्रानन्दन; पल्लव, 1926, पृष्ठ 1
7. वही, पृष्ठ 6
8. बच्चन हरिवंश राय; कवियों में सौम्य संत : सुमित्रानन्दन पन्त, पृष्ठ 178
9. जोशी शान्ति; (संपा) पन्त ग्रंथावली, भाग 1, 1993, पृष्ठ 76
10. पन्त सुमित्रानन्दन; शिल्प और दर्शन, पृष्ठ 33
11. जोशी शान्ति; (संपा) सुमित्रा नंदन पन्त ग्रंथावली भाग 1, 1993, पृष्ठ 121
12. पन्त सुमित्रानन्दन; ग्रंथि, 1929, पृष्ठ 34
13. पन्त सुमित्रानन्दन; गुंजन, 1931, पृष्ठ 79
14. पन्त सुमित्रानन्दन; युगवाणी, 1929, पृष्ठ 34
15. जोशी शान्ति; (संपा) पन्त ग्रंथावली भाग 2, 1993, पृष्ठ 78-79
16. पन्त सुमित्रानन्दन; ग्राम्या, 1940, पृष्ठ 1 (भूमिका)
17. पन्त सुमित्रानन्दन; स्वर्णकिरण, 1947, पृष्ठ 66
18. पन्त सुमित्रानन्दन; स्वर्ण धूलि, 1947, पृष्ठ 66
19. पन्त सुमित्रानन्दन; मधुज्वाल, 1947 पृष्ठ 1
20. पन्त सुमित्रानन्दन; उत्तरा, 1949, पृष्ठ 1
21. पन्त सुमित्रानन्दन; शिल्प और दर्शन, पृष्ठ 112
22. पन्त सुमित्रानन्दन; उत्तरा, (भूमिका अंश) पृष्ठ 3
23. जोशी शान्ति; पन्त ग्रंथावली, भाग-2 1993, पृष्ठ 3
24. वही, पृष्ठ 3
25. जोशी शान्ति; (संपा) पन्त ग्रंथावली भाग 1, 1993, पृष्ठ 3
26. वही, पृष्ठ 6
27. वही, पृष्ठ 5

28. पाण्डेय रामजी; सुमित्रानन्दन पन्त : व्यक्तित्व और कृतित्व, नेशनल पब्लिशिंग हाउस, नई दिल्ली, 1982, पृष्ठ 203
29. वही, पृष्ठ 204
30. पन्त सुमित्रानन्दन; पाँच कहानियाँ, 1936, पृष्ठ 7-8
31. पाण्डेय रामजी; सुमित्रानन्दन पन्त : व्यक्तित्व और कृतित्व, नेशनल पब्लिशिंग हाउस, नई दिल्ली, 1982, पृष्ठ 205
32. वही, पृष्ठ 206
33. वही, पृष्ठ 208

महादेवी वर्मा

महादेवी वर्मा का (जन्मकाल 24 मार्च 1907) जन्म स्थान फर्रुखाबाद है। इनकी प्रारम्भिक शिक्षा क्रास्थवेट गर्ल्स कॉलेज, प्रयाग में हुई। इन्होंने 1933 ई. में प्रयाग विश्वविद्यालय से संस्कृत में एम. ए. की उपाधि ली।[1] छायावादी चतुष्टय में अन्य किसी कवि ने इतनी उच्च विश्वविद्यालयीय शिक्षा प्राप्त नहीं की थी। परीक्षाफल की दृष्टि से महादेवी वर्मा का छात्र जीवन प्रथम कोटि का था पुरस्कारों और पदकों से भरा हुआ। इनके नाना बृजभाषा में अच्छी कविताएँ लिखते थे सम्भवतः इसी कारण इन्होंने प्रारम्भ में बृजभाषा में लिखना प्रारम्भ किया।[2]

महादेवी जी एक कुशल चित्रकार भी थीं, इसलिए इनकी कविताओं में चित्रों जैसी संरचना का आभास प्रायः मिला करता है।[3] विश्वविद्यालयीय शिक्षा प्राप्त करने के समय में ही महादेवी जी गाँधी जी के सम्पर्क में आईं। उनकी प्रेरणा से विदेश यात्र स्थगित कर हिन्दी के माध्यम से नारी शिक्षा प्रसार हेतु प्रयाग महिला विद्यापीठ महाविद्यालय की स्थापना तथा चाँद मासिक पत्रिका के सम्पादन का भार सम्भाला।[4] चाँद पत्रिका और महादेवी एक दूसरे के पूरक हो गये। चाँद पत्रिका में महादेवी की अनेक रचनाएं प्रकाशित हुईं। सम्पादन का भार सम्भालने से पूर्व ही सरस्वती, चाँद, मर्यादा में निरन्तर रचनाएं प्रकाशित हो रही थीं। चाँद में ही आपकी वरदान कविता प्रकाशित हुई—

तरल आँसू की लड़ियाँ गूँथ
इन्होंने काटी काली रात
निराशा का सूना निर्माल्य
चढ़ाकर देखा फीका प्रात।[5]

महादेवी ने चाँद पत्रिका के अतिरिक्त 'महिला' और 'साहित्यकार' का सफल सम्पादन भी किया। महादेवी की साहित्यिक और रचनात्मक कार्यों में गहरी रुचि रही है। 1944 में इन्हीं अन्तर्भावों से ओतप्रोत होकर 'साहित्यकार संसद' की स्थापना की और साहित्यकार संसद के तत्वावधान में अखिल भारतीय लेखक सम्मेलन का आयोजन किया।[6]

महादेवी का पारिवारिक जीवन जितना कष्टपूर्ण रहा उतना ही उज्ज्वल साहित्यिक जीवन। साहित्यकार संसद भवन में राष्ट्रपति डॉ. राजेन्द्र प्रसाद द्वारा 'वाणीमन्दिर' का शिलान्यास कराया। साहित्यकार संसद में प्रसाद पर्व का आयोजन किया गया। 1956 में उनके साहित्यिक योगदान को दृष्टिगत रखते हुए भारत सरकार ने उन्हें पद्‌म विभूषण से सम्मानित किया।[7]

काव्य साधना

महादेवी की काव्य कृतियाँ संख्या या परिमाण की दृष्टि से प्रचुर नहीं हैं। प्रकाशित रचनाओं के आधार पर इनका प्रमुख रचना काल 'नीहार' और 'दीपशिखा' के बीच 1924 से 1942 तक फैला हुआ है। सन् 1942 के बाद इनकी बहुत कम रचनाएं प्रकाश में आई हैं। डॉ. नगेन्द्र ने उचित ही लिखा है कि सन् 1950 के बाद महादेवी जी की प्रख्या ने एक प्रकार से विराम ले लिया।[8] नीहार से लेकर दीपशिखा तक में प्रकाशित इनके गीतों की कुल संख्या लगभग 236 है। इतना कम लिखकर इतना महत्त्व अर्जित कर लेना इस बात का द्योतक है कि आज के अतिलेखन के युग में भी गुण परिणाम से सर्वथा पराजित नहीं हुआ है।

नीहार (1930) – नीहार महादेवी जी की कालजयी कृति है जिसका प्रथम प्रकाशन सन् 1930 में गाँधी हिन्दी पुस्तक भण्डार इलाहाबाद से हुआ। विसर्जन, मिलन, अतिथि से, मिटने का खेल, संसार, अधिकारी कौन, मेरा राज्य, चाह, सूनापन, संदेह, निर्वाण, समाधि के दीप से, अभिमान, उस पार मेरी साध, स्वप्न आना, निश्चय, अनुरोध, तब, मुर्झाया फूल, कहां, उत्तर, फिर एक बार, उनका प्यार, आंसू, मेरा एकान्त, उनसे, मेरा जीवन, सूना संदेश, प्रतीक्षा, विस्मृति, अनन्त की ओर, स्मारक, मोल, दीप, वरदान, स्मृति, याद, नीरव भाषण, अनोखी भूल, आंसू की माला, फूल, खोज, जो तुम आ जाते एक बार, परिचय, शीर्षक कविताएँ हैं जो 1927 से 1929 के बीच में लिखी गईं।

संग्रह की भूमिका हरिऔध जी ने लिखी है वह इसे छायावाद की कृति मानते हैं "आजकल जिसे छायावाद कहते हैं, इस ग्रंथ की अधिकांश कविताएँ उसी ढंग की हैं। छायावाद किसे कहते हैं? उसे छायावाद रहना चाहिए अथवा रहस्यवाद यह वादग्रस्त विषय है।"[9]

महादेवी जी की इस प्रथम रचना नीहार में अध्यात्म की आकुल अभिव्यक्ति है, एक जिज्ञासा है, एक विस्मय है और एक विदग्ध हृदय की करूणा है। सृष्टि निर्माण के समय में ही विश्व की पलकों में सुख-दुःख की भांति अनेक द्वन्द्वात्मक स्वप्न भर दिए गए थे, प्रत्यक्ष दिन-रात तो उसी के स्थूल रूपक मात्र है। उसी स्रष्टा

की भांति कवि अपनी अनुभूति भावनाजन्य अश्रु ह्रासमयी सृष्टि की रचना करता है। जीवन में दोनों की स्थिति भी स्पष्ट है।[10]

सुख-दुःख की इसी अनुभूति, अपनी वर्तमान वियोग अवस्था पर दुःख तथा भविष्य मिलन की साधना उसके निरन्तर प्रयत्न का प्राण है। महादेवी वर्मा के काव्य का यही प्रथम चरण है, इसमें उन्होंने एक स्नेही की साधना, एक दार्शनिक की तन्मयता तथा एक विरागी की करुणा की मार्मिकता का सम्मोहन दिया है। इस रचना से हम उनके भावों में दीपक की लौ की सजलता तथा सरिता के शाश्वत प्रवाह की शीतलता का सहज ही में आभास पा लेते हैं।[11]

नीहार की रचनाओं से ऐसा प्रतीत होता है कि कवि की आत्मा का अपने प्रियतम से वियोग हुआ है। इस बिछुड़न में इतनी वेदना है और इस वेदना में इतनी तीव्रता है कि उसका जीवन विरह मय हो गया है। वह अपने प्रियतम से मिलने के लिए विह्वल हैं। मिलन के मनुहारों की सीमा समाप्त हो चुकी है फिर भी मिलन की सम्भावना नहीं दीखती। निरन्तर इस प्रकार के कार्यकलाप को करते-करते कहना पड़ता है—

"गये तब से कितने युग बीत
हुए कितने दीपक निर्माण,
नहीं पर मैंने पाया सीख
तुम्हारा सा मन मोहन गान।"[12]

कवि को अपने प्रियतम से बिछुड़े लम्बा अन्तराल हो गया, मिलन की सम्भावनाएं क्षीण हो गयी हैं फिर भी कवि को अपनी लगन पर, अपनी खोज पर और सबसे बढ़कर अपनी साधना पर विश्वास है। अन्त में अपने को उसी आराध्य में आत्मसात कर लेना है, यह उसका निश्चित निश्चय है। यह पंक्तियां विश्वास की सांसों में ही जीवित हैं—

जब असीम से ही जाएगा
मेरी लघु सीमा का मेल।
देखोगे तुम देव! अमरता
खेलेगी मिटने का खेल।।[13]

सुख और दुःख दोनों ही उस लोक तक पहुँचने के साधन हैं। इसलिए तो वह परमात्मा दुखियों के दुःख से करुणामय है और सुखियों के सुख से सच्चिदानंद। एक का ही दो रूप हो गया है, साधना के कारण फिर भी इन रूपों में भिन्नता नहीं है। देवी जी संसार को दुःखमय देखती है। क्योंकि उनके हृदय में पीड़ा है और इसी वेदना के बल पर वह करुणामय को पाना चाहती है। उनकी टीस कसक, पीड़ा वेदना की मूक अभिव्यक्ति नीहार के रूप में हुई है।

नीहार

(एक)

निशा की, धो देता राकेश
चाँदनी में जब अलकें खोल
कली से कहता था मधुमास
बता दो मधुमदिरा का मोल,
गये तब से कितने युग बीत
हुए कितने दीपक निर्वाण,
नहीं पर मैंने पाया सीख
तुम्हारा सा मनमोहन गान!

बिछाती थी सपनों के जाल
तुम्हारी वह करुणा की कोर,
गयी वह अधरों की मुस्कान
मुझे मधुमय पीड़ा में बोर,
भूलती थी मैं सीखे राग
बिछलते थे कर बारम्बार
तुम्हें तब आता था करुणेश।
उन्हीं मेरी भूलों पर प्यार!

झटक जाता था पागल वात
धूलि में तुहिन-कणों के हार,
सिखाने जीवन का संगीत
तभी तुम आये थे इस पार!
नहीं अब गाया जाता देव।
थकी अँगुली, हैं ढीले तार,
विश्ववीणा में अपनी आज
मिला लो यह अस्फुट झंकार!

(दो)

मैं अनन्त पथ में लिखती जो
सस्मित सपनों की बातें,
उनको कभी न धो पायेंगी
अपने आँसू से रातें!

तारों में प्रतिबिम्बित हो
मुस्कायेंगी अनन्त आँखें,
होकर सीमाहीन, शून्य में
मँडरायेंगी अभिलाषें!

उड़-उड़ कर जो धूल करेगी
मेघों का नभ में अभिषेक,
अमिट रहेगी उसके अंचल—
में मेरी पीड़ा की रेख।

वीणा होगी मूक बजाने-
वाला होगा अन्तर्धान,
विस्मृति के चरणों पर आकर
लोटेंगे सौ सौ निर्वाण!

जब असीम से हो जायेगा
मेरी लघु सीमा का मेल,
देखोगे तुम देव! अमरता
खेलेगी मिटने का खेल!

(तीन)

निश्वासों का नीड़ निशा का
बन जाता जब शयनागार,
लुट जाते अभिराम छिन्न
मुक्तावलियों के बन्दनवार,
तुम बुझते तारों के नीरव नयनों का यह हाहाकार,
आँसू से लिख लिख जाता हैं 'कितना अस्थिर है संसार!'
हँस देता जब प्रात, सुनहरे
अंचल में बिखरा रोली,
लहरों की बिछलन पर जब
मचलती पड़तीं किरणें भोली,
तब कलियाँ चुपचाप उठाकर पल्लव के घूँघट सुकुमार;
छलकी पलकों से कहती हैं 'कितना मादक है संसार!'
देकर सौरभ-दान पवन से
कहते जब मुरझाये फूल,

'जिसके पथ में बिछे वही
क्यों भरता इन आँखों में धूल।'
'अब इनमें क्या सार' मधुर जब गाती भौंरों की गुंजार,
मर्मर का रोदन करता है 'कितना निष्ठुर हैं संसार!'
स्वर्ण वर्ण से दिन लिखा जाता
जब अपने जीवन की हार,
गोधूली, नभ के आँगन में
देती अगणित दीपक बार,
हँस कर तब उस पार तिमिर का कहता बढ़ बढ़ पारावार,
'बीते युग, पर बना हुआ है अब तक मतवाला संसार!'
स्वप्नलोक के फूलों से कर
अपने जीवन का निर्माण
'अमर हमारा राज्य' सोचते
हैं जब मेरे पागल प्राण,
आकर तब अज्ञात देश से जाने किसकी मृदु झंकार,
गा जाती है करुण स्वरों में 'कितना पागल है संसार!'

(चार)

'वे मुस्काते फूल, नहीं'–
जिनको आता है मुरझाना,
वे तारों के दीप, नहीं
जिनको भाता है बुझ जाना;
वे सूने से नयन, नहीं–
जिनमें बेसुध पीड़ा सोती;
वे नीलम के मेघ, नहीं–
जिनको है घुल जाने की चाह;
वह अनन्त ऋतुराज, नहीं–
जिसने देखी जाने की राह;
ऐसा तेरा लोक, वेदना
नहीं, नहीं जिसमें अवसाद,
जलना जाना नहीं, नहीं
जिसने जाना मिटने का स्वाद!

क्या अमरों का लोक मिलेगा
तेरी करुणा का उपहार?
रहने दो हे देव! अरे
यह मेरा मिटने का अधिकार!

(पाँच)

छाया की आँखमिचौनी
मेघों का मतवालापन,
रजनी के श्याम कपोलों
पर ढरकीले श्रम के कन;
फूलों की मीठी चितवन
नभ की ये दीपावलियाँ
पीले मुख पर सन्ध्या के
वे किरणों की फुलझड़ियाँ।
विधु की चाँदी की थाली
मादक मकरन्द भरी सी,
जिसमें उजियारी रातें
लुटतीं घुलतीं मिसरी सी।
भिक्षुक से जाओगे
जब यह अपना धन
करुणामय तब समझोगे
इन प्राणों का महगापन।
क्यों आज दिये देते हो
अपना मरकत सिंहासन
यह है मेरे मनुमास
का चमकीला सिकता कन?
आलोक यहाँ लूटता है
बुझ जाते हैं तारागण
अविराम जला करता है
पर मेरा दीपक सा मन।

जिसकी विशाल छाया में
जग बालक सा सोता है
मेरी आँखों में वह दुःख
आँसू बनकर खोता है।

जग हँसकर कह देना
मेरी आँखें के निर्धन
इनके बरसाए मोती
क्या वह अब तक पाया गिन?

मेरी लघुता पर आती
जिस दिव्य लोक को व्रीड़ा,
उसके प्राणों से पूछो
वे पाल सकेंगे पीड़ा?

उनसे कैसे छोटा है
मेरा यह भिक्षुक जीवन?
उनमें अनन्त करुणा है
इसमें असीम सूनापन।

(छह)

'घोर तम छाया चारों ओर
घटाएँ घिर आई घनघोर;
वेग मारुत का है प्रतिकूल
हिले जाते हैं पर्वतमूल
गरजता सागर बारम्बार।
कौन पहुँचा देगा उस पार?

तरंगें उठीं पर्वताकार
भयंकर करती हाहाकार;
अरे उनके फेनिल उच्छ्वास
तरी का करते हैं उपहास,
हाथ से गई छूट पतवार,
कौन पहुँचा देगा उस पार?

ग्राम करने तरणी, स्वच्छन्द
घूमते फिरते जलचर-वृन्द;

देखकर काला सिन्धु अनन्त
हो गया हा साहस का अन्त।
तरंगें हैं उत्ताल अपार,
कौन पहुँचा देगा उस पार?
बुझ गया वह नक्षत्र प्रकाश
चमकती जिसमें मेरी आशा
रैन वोली काज कृष्ण दुकूल
विसर्जन करो मनोरथ-फूल;
न लाये कोई कर्णाधार,
कौन पहुँचा देगा उस पार?

जहां के निर्झर नीख गान ललाम
सुना करते अमरत्व प्रदान नाम।
सुनाता नभ अनन्त झंकार
बजा देता है सारे तार;
भरा जिसमें असीम सा प्यार
कौन पहुँचा देगा उस पार?

पुष्प में है अनन्त मुस्कान
त्याग का है मारुत में गान;
सभी में है स्वर्गीय विकास
वही कोमल कमनीय प्रकाश;
दूर कितना है वह संसार।
कौन पहुँचा देगा उस पार?

सुनाई किसने पल में आन
कान में मधुमय मोहक तान?
'तरी को ले जाओ मँझधार
डूब कर हो जाओगे पार;
विसर्जन ही है कर्णाधार,
वही पहुँचा देगा उस पार।'

(सात)

जो मुखरित कर जाती थी
मेरा नीरव आवाहन,
मैंने दुर्बल प्राणों की
वह आज सुला दी कम्पन!
थिरकन अपनी पुतली की
भारी पलकों में बाँधी!
निस्पन्द पड़ी हैं आँखें
बरसाने वाली आँधी।
जिसके निष्फल जीवन ने
जल जल कर देखी राहें,
निर्वाण हुआ है देखो
वह दीप लुटा कर चाहें!
निर्घोष घटाओं में छिप
तड़पन चपला की सोती
झंझा के उन्मादों में
घुलती जाती बेहोशी!
करुणामय को भाता है
तम के परदों में आना,
हे नभ की दीपावलियो!
तुम पल भर को बुझ जाना!

(आठ)

इस एक बूँद आँसू में
चाहे साम्राज्य बहा दो,
वरदानों की वर्षा से
यह सूनापन बिखरा दो;
इच्छाओं की कम्पन से
सोता एकान्त दो,
आशा की मुस्काहट पर
मेरा नैराश्य लुटा दो!
चाहे जर्जर तारों में

अपना मानस उलझा दो,
इन पलकों के प्याओं में
सुख का आसव छलका दो!
मेरे बिखरे प्राणों में
सारी करुणा ढुलका दो!
अपना अस्तित्व मिटा दो।
पर शेष नहीं होगी यह
मेरे प्राणों की क्रीड़ा,
तुमको—पीड़ा में ढूँढूँगी पीड़ा।

(नौ)

स्वर्ग का था नीरव उच्छ्वास
देव-वीणा का टूटा तार,
मृत्यु का क्षणभंगुर उपहार
रत्न वह प्राणों का शृंगार।
नई आशाओं का उपवन
मधुर वह था मेरा जीवन!

क्षीरनिधि की थी सुप्त तरंग
सरलता का न्यारा निर्झर,
हमारा वह सोने का स्वप्न
प्रेम की चमकीली आकर;
शुभ्र जो था निर्मेघ गगन
सुभग मेरा संगी जीवन

अलक्षित आ किसने चुपचान
सुना अपनी सम्मोहन तान,
दिखाकर माया का साम्राज्य
बना डाला इसको अज्ञान?
मोह मदिरा का आश्वासन

किया क्यों हे भोले जीवन
न रहता भौंरों का आह्वान
नहीं रहता फूलों का राज्य
कोकिला होती अन्तर्धान
चला जाता प्यार ऋतुराज
असम्भव है चिर सम्मेलन
न भूलो क्षणभंगुर जीवन
तुम्हें ठुकरा जाता नैराश्य
हंसा जाती है तुमको आस
नचाता मायावी संसार
लुभा जाता सपनों का हास
मानते विष को संजीवन
मुग्ध मेरे भूले जीवन

विकसते मुरझाने को फूल
उदय होता छिपने को चन्द,
शून्य होने को भरते मेघ
दीप जलता होने को मन्द;
यहाँ किसका अनन्त यौवन?
अरे अस्थिर छोटे जीवन!

छलकती जाती है दिन रैन
लबालब तेरी प्याली मीत।
ज्योति होती जाती है क्षीण
मौन होता जाता संगीत;
करो नयनों का उन्मीलन
क्षणिक हे मतवाले जीवन!

शून्य से बन जाओ गम्भीर
त्याग की हो जाओ झंकार,
इसी छोटे प्याले में आज
डुबा डालो सारा संसार,

लजा जायें यह मुग्ध सुमन
बनो ऐसे छोटे जीवन!

सखे! यह है माया का देश
क्षणिक है मेरा तेरा संग,
यहाँ मिलता काँटों में बन्धु!
सजीला सा फूलों का रंग
तुम्हें करना विच्छेद सहन
न भूलो हे प्यारे जीवन!

रश्मि (1932) – रश्मि महादेवी जी की काव्य यात्रा का दूसरा चरण है, 1932 में यह अतृप्ति, जीवन दीप, कौन है? जीवन, आवाहन, वे दिन, आशा, मेरा पता, गीत पहिचान, अलि से, उपालम्ब, निमृत मिलन, दुविधा, मैं और तू उनसे, रहस्य, स्मृति, उलझन, प्रश्न, विनिमय, देखो, पपीते से, अन्त में, मृत्यु से, जब, क्रम, समाधि से, क्यों? कभी शीर्षक कविताएँ संगृहीत है।

रश्मि में महादेवी की कुछ प्रारम्भिक तथा कुछ बाद की रचनाएं संकलित हैं इसलिए महादेवी जी को यह संग्रह अत्यन्त प्रिय है "रश्मि में मेरी कुछ नई कुछ पुरानी रचनाएं संगृहीत हैं। इसके विषय में मैं क्या कहूँ? यह मेरे इतने निकट है उसका वास्तविक मूल्य आंकना मेरे लिए सम्भव नहीं; आँखों में देखने की शक्ति होने पर भी उनसे मिलाकर रखी वस्तु कहीं स्पष्ट दिखाई देती हैं? हाँ इतना कहने में मुझे संकोच न होगा मैं स्वयं अनित्य होकर भी जिन प्रिय वस्तुओं को नित्यता की कामना करने से नहीं हिचकती, यह उन्हीं में से एक हैं।"[14]

यही कारण है कि उन्हें अपनी इस कृति को किसी वाद में रखना पसन्द नहीं "छायावाद के अन्तर्गत न जाने कितने वाद हैं, मेरी रचना का कहाँ स्थान है, मैं नहीं जानती जहाँ जिसका जी चाहे रखे। कविता लिखने का ध्येय उसे किसी वाद के अन्तर्गत रखना ही तो नहीं जो मैं चिन्ता करूं।"[15]

नीहार में देवी जी को आध्यात्मिक भावनाएं अपने शिशु रूप में थी, उनकी अभिव्यक्ति में प्रौढ़ता की अपेक्षा अल्हड़ता ही अधिक थी। उनकी उस उत्सुकता में साधना की अपेक्षा साधों का अधिक प्राधान्य था वही शिशु सुलभ हठ, निराशा, आशा, तथा वस्तुओं से सामयिक समझौता करने की बात एवं कल्पना की अतिरंजना भी उस समय की आधार भूमि थी। अब रश्मि नाम के अनुसार ही उस आध्यात्मिक लोक की वास्तव में एक प्रकाश किरण है। इसकी सभी अभिव्यक्तियां अनुभूति मय

है। इसमें जीवन की हर एक गीत का एक दार्शनिक दृष्टिकोण है, जो कवि की साधना से संयमित और सुसंचालित है।[16]

रश्मि में देवी जी ने चेतना तथा भावना का बहुत ही सुन्दर सम्मिश्रण किया है, चेतना से अपने काव्य पथ की विवेचना तथा भावना से उस ओर बढ़ने की अटूट आकुलता उन्होंने ली है। उनके दर्शन ने जग जीवन की नश्वरता को बहुत ही स्पष्ट रूप दिया है, सम्भवतः इसमें देवी जी को अपने अध्यात्म के प्रति और ममता बढ़ गई हो। 'नीहार' की आंख मिचौनी 'रश्मि' में आकर एक सुन्दर दृष्टि बिन्दु बन जाती है।[17]

नीहार की भांति यह भी वेदना प्रधान काव्य है। इसमें भी जीवन की विकल अनुभूति प्रदर्शित होती है, उनका हृदय किसी अभाव का अनुभव करता है और उसी को पाने के लिए वह विह्वल सा बना हुआ है किन्तु अभी तक उसकी आराधना पूरी नहीं हुई है।

नीहार और रश्मि की कवयित्री में कोई विशेष भिन्नता नहीं पाई जाती। दोनों में ही दुःख एवं निराशा की भावना की अधिकता है। यहाँ भी वहीं मूक मिलन और मूक प्रणय का चित्रण मिलता है। रश्मि में भाषा एवं भाव का क्रमशः विकास पाया जाता है। नीहार और रश्मि में एक विशेष भिन्नता है और वह यह है कि इसमें कवि के उपास्य का दार्शनिक दर्शन प्राप्त होता है–

''रजत रश्मियों की छाया में धूमिल घन सा वह आता,
इस निदाघ के मानस में करुणा के स्रोत बहा जाता!
उसमें मर्म छिपा जीवन का,
एक तार अगणित कम्पन का
एक सूत्र सबके बन्धन का
संसृति के सूने पृष्ठों में करुण काव्य वह लिख जाता।''[18]

नीरजा (1935) – नीरजा महादेवी जी का तीसरा काव्य संग्रह है। नीहार एवं रश्मि की अपेक्षा नीरजा में भावों की व्यापकता अधिक है। भावों का सौन्दर्य जो नीरजा में है वह पिछली दोनों कृतियों में नहीं।

मानव हृदय जब विरह वेदना से संतप्त हो जाता है, किन्तु यह अवस्था बहुत दिनों तक नहीं रहती। जब वेदना और निराशा की ज्वाला परिपूर्ण रूप से प्रज्वलित होती है तब वह एक प्रकार से पागल हो उठता है और इसी स्थिति में गीत का निर्माण होता है। महादेवी जी की यह पुस्तक भी गीतों का संग्रह है। यह आपकी कविताओं का तीसरा संग्रह है और साहित्यकारों के मतानुसार आपकी सर्व सुन्दर कृति है। इस कथन की पुष्टि में केवल इतना ही कहना

यथेष्ट है कि इसी पुस्तक पर आपको हिन्दी साहित्य सम्मेलन द्वारा पारितोषिक प्रदान किया जा चुका है।[19]

नीरजा में महादेवी जी की सम्पूर्ण भावनाएं अपने प्रियतम की आराधना में व्यस्त है। नीरजा की कविताएँ बड़ी ही मार्मिक हुई हैं, 'तुम सो जाओ मैं गाऊँ', लय गीत 'मंदिर लय ताल अमर', 'जग करूण करुण मैं मधुर मधुर', 'लाये कौन संदेश नये धन', 'जग ओ मुरली की मतवाली', 'प्राण पिक प्रिय नाम रे कह', कविताओं से उसी विह्वल आत्मानंद का परिचय मिलता है।[20]

सांध्यगीत (1936) – महादेवी का चौथा काव्य संग्रह सांध्यगीत 1936 में प्रकाशित हुआ, जिसमें 1934-36 ई. की अवधि में रचे गये पैंतालीस गीत संगृहीत हैं। इस संग्रह की भूमिका महादेवी के काव्य सिद्धान्त और कला चेतना के विकास को समझने की दृष्टि से काफी महत्त्वपूर्ण है। कवयित्री ने इसमें पहली बार गीति सिद्धान्त, प्रकृति बोध और चित्र कला सम्बन्धी स्थापनाओं को इतने विशिष्ट, प्रखर तथा युक्ति युक्त ढंग से प्रतिपादित किया है।[21]

तन्मयता की जिस अवस्था में शब्दों और छन्दों की गतिविधि खो सी जाती है, उसी अवस्था में गान प्रारम्भ होता है। साधना के स्वरों और भावना के पदों में इसकी रचना हुई है। महादेवी जी का वेदना प्रधान दुःखवाद इसमें सरस सुखमय दिखाई देने लगता है। दुःख के सुखमय स्वरूप का निरूपण किसी अन्य काव्य में ऐसा नहीं है।[22]

महादेवी जी की इस गीत प्रधान रचना में हृदय की आतुरता, दर्शन का असंतोष, बुद्धि की विवेचना, तथा भावनाओं की आकुल आकांक्षा सभी का इस रचना में एक स्वाभाविक सम्मिश्रण है। नीरजा में जिन बातों की कमी रह गई थी उनकी सभी प्रकार से पूर्ति सांध्यगीत में हुई है।

यामा (1940) – यामा महादेवी जी की पाँचवी कृति है इसमें इससे पूर्व प्रकाशित हुई रचनाओं नीहार, रश्मि, नीरजा और सांध्यगीत की कविताओं को संकलित किया गया है। इस प्रकार यामा में संकलित कुल गीतों की संख्या एक सौ पचासी है जो 1924 से 1936 के बीच लिखे गये हैं। अतः यामा कवयित्री की काव्य साधना का पूर्ण प्रतिनिधित्व करती है।[23]

दीप शिखा (1942) – महादेवी जी की छठी काव्य कृति दीपशिखा है जिसका प्रकाशन 1942 में किताबिस्तान इलाहाबाद से हुआ। इसमें 51 गीत संगृहीत हैं जो 1936 से 1942 के बीच रचे गये हैं।[24]

1942 में विश्व में युद्ध के विषाक्त बादल छाए हुए थे। कविजनोचित मर्मस्पर्शिता के साथ महादेवी जी का कर्तव्य था कि वे जीवन की व्यापकता तथा मार्मिक परिस्थिति का उद्‌घाटन करते हुए अपने काव्य मन्दिर का शिलान्यास करें। महादेवी जी ने इस

तथ्य का यथा सम्भव ध्यान रखा है किन्तु वह तो करुणा की वाहक है—

मैं गति विह्वल,
पाथेय रहे तेरा दृगजल
आवास मिले भू-का अचल
मैं करुणा की वाहक अभिनव।[25]

विश्व की पीड़ित मानवता के प्रति महादेवी की दीपशिखा उसी अमर संदेश का विधान करती है, जो प्रथम महायुद्ध के बाद कवीन्द्र रवीन्द्र की गीतांजली ने किया था। अखिल मानवता एक दिन जीवन के कलह कोलाहल से थककर एक दिन इन गीतों की छाया में शीतल विश्राम पायेगी यह निश्चित है। दीपशिखा में एक विशेष मानसिक स्थिति स्पष्ट होती है 'दीप मेरे जल अकम्पित, पूछता क्यों शेष कितनी रात' तथा 'यह मन्दिर का दीप इसे नीरव जलने दो' के माध्यम से यह स्पष्ट संदेश जाता है कि विश्व की इस अंधकारमयी स्थिति में कवि अपने साधना के दीपक को आगे आने वाले प्रातः प्रकाश तक अडिग धैर्य एवं अदम्य उत्साह के साथ जलाना चाहता है।

दीप मेरे जल अकम्पित,
घुल प्रचञ्चल
सिन्धु का उच्छ्वास घन है
तड़ित तम का विकल मन है
भीति क्या नभ है व्यथा का

गद्य साहित्य

छायावादी कवि चतुष्ट्य की विख्यात कवयित्री महादेवी वर्मा जिस प्रकार श्रेष्ठ कवयित्री हैं उसी प्रकार श्रेष्ठ गद्यकार हैं।[26] संस्कृत उक्ति कि गद्य कवियों की परख के लिए कसौटी जैसा है, अनायास महादेवी के लिए चरितार्थ होता है। सफल कवि की अगली परीक्षा गद्य रचना में होती है।[27]

गद्य का सम्बन्ध बोलचाल से है और किसी रूप में वक्तृता से है। बक्तृता तो आज ह्रासोन्मुख कला है। पिछले दिनों के अच्छे सार्वजनिक वक्ताओं में जयप्रकाश नारायण, और राम मनोहर लोहिया के नाम लिए जा सकते हैं। साहित्यिक सन्दर्भ में महादेवी वर्मा, अज्ञेय, और हजारी प्रसाद द्विवेदी का नाम लिया जा सकता है।[28]

अच्छे गद्य की पहचान यह हो सकती है कि सहसा यह किसी रूप में वर्गीकृत न हो सके और स्वंय में प्रभुत्व सम्पन्न गद्य के रूप में पहिचाना जाए। हिन्दी में इस स्थिति पर महादेवी का गद्य आता है। बहुत बार उनकी एक रचना (उदाहरणार्थ चीनी फेरी

वाला या 'घीसा') कहीं कहानी के रूप में संकलित है। तो कहीं संस्मरण और रेखाचित्र के रूप में। यह गद्य का जादू है जो कवियों के लिए निकस बताया गया है।[29]

भारत की किसी भी भाषा में कोई ऐसा ललित गद्य लिखने वाला नहीं जैसी महादेवी। फिर महादेवी का गद्य किसी क्षेत्र विशेष तक सीमित नहीं है। संस्कृति, देश, भाषा, साहित्य, समाज, नारी जीवन, राष्ट्रीयता, इतिहास, सब कुछ तो नापा है महादेवी जी की लेखनी ने। ऐसा कोई भी विषय नहीं जिस पर महादेवी की दृष्टि न पड़ी हो, उस पर उनकी कलम न चली हो।[30]

अतीत के चलचित्र – अतीत के चलचित्र महादेवी जी की प्रथम गद्य पुस्तक है जो भारती भण्डार इलाहाबाद से सं. 2098 में प्रकाशित हुई। रचना चाहे गद्य की हो पद्य की उसमें साहित्यकार के व्यक्तित्व का भाव अवश्य रहता है। साहित्यकार जो कुछ लिखता है, उस पर उनके अनुभवों विचारों तथा मनोभावों की छाप उसी प्रकार रहती है जिस प्रकार वस्तु की स्थिति के साथ उसकी छाया। यह छाया कभी स्पष्ट और कभी अस्पष्ट होती है, किन्तु उसका अस्तित्व अमिट रहता है।[31]

अतीत के चलचित्र में महादेवी जी के जीवन एवं अनुभवों की जीवन्त अभिव्यक्ति हुई है। महादेवी स्वयं स्वीकार करती हैं ''इन स्मृति चित्रों में मेरा जीवन भी आ गया है। यह स्वाभाविक भी था अंधेरे की वस्तुओं को हम अपने प्रकाश की धुंधली या उजली परिधि में लाकर ही देख पाते हैं। उसके बाहर तो अनन्त अंधकार के अंश हैं। मेरे जीवन की परिधि के भीतर खड़े होकर ये चरित्र जैसा परिचय दे पाते हैं, वह बाहर रूपान्तरित हो जाएगा।[32]

अतीत के चलचित्र में महादेवी जी की ग्यारह संस्मरणात्मक कहानियों का संकलन है। इस चलचित्र की पृष्ठभूमि महादेवी का बचपन और उनका बूढ़ा नौकर रामा है 'कहानी एक युग पुरानी करुणा से भीगी है। मेरे एक परिचित परिवार में, स्वामिनी ने अपने एक वृद्ध सेवक को किसी तुच्छ से अपराध पर निर्वासन का दण्ड दे डाला और फिर उनका अहंकार उस अकारण दण्ड के लिए असंख्य बार मांगी गई क्षमा का दान भी न दे सका।

ऐसी स्थिति में वह दरिद्र पर स्नेह से समृद्ध बूढ़ा कभी गेंदे के मुरझाए हुए दो फूल, कभी मिट्टी का एक रंगहीन खिलौना लेकर अपने नन्हे प्रभुओं की प्रतीक्षा में पुल पर बैठा रहता था। नये नौकर के साथ घूमने जाते हुए बालकों को जब वह अपने तुच्छ उपहार देकर लौटता तब उसकी आंखें गीली हो जाती थीं।

सन् 30 में उसी भृत्य को देखकर मुझे अपने बचपन और उसे अपनी ममता से घेरे हुए रामा इस तरह स्मरण आए कि अतीत की अधूरी कथा लिखने के लिए मन व्याकुल हो उठा।[33]

शृंखला की कड़ियाँ – शृंखला की कड़ियाँ महादेवी जी कि महत्त्वपूर्ण गद्य कृति है जो 1942 में साधना सदन इलाहाबाद से प्रकाशित हुई। शृंखला की कड़ियाँ कृति से ही महादेवी का गद्यकार का रूप पहचाना गया। जब शृंखला की कड़ियाँ प्रकाशित हुई उस समय भारत परतंत्र था, भारत की नारी परतंत्र थी, एक सामाजिक क्रांति हो रही थी और इस सामाजिक चेतना को महादेवी जी ने अपने लेखों के माध्यम से जन-जन तक पहुँचाया।[34]

शृंखला की कड़ियाँ में नारी जीवन के उन अभिशापों का उद्घाटन किया गया है जिन्होंने नारी जाति के युगों से मानवता का कलंक बना रखा है। साथ ही उसकी मुक्ति के साधनों का भी सुझाव दिया है। भारतीय नारी की जटिल एवं विषम परिस्थितियों को महादेवी ने एक विचारक की भांति अनेक दृष्टिकोणों से देखने की चेष्टा की है।[35]

विचारात्मक निबन्धों की इस शैली में केवल निष्प्राण शब्दों की भरमार ही नहीं वरन् जीवन की अनुभूतियों की सच्चाई और साख है। युग चेतना की मांग के रूप में महादेवी जी ने इस विषय को नहीं अपनाया यह तो उनके जीवन के विकास पथ की प्रतिष्ठा है।

महादेवी के गद्य साहित्य की कड़ी में एक और महत्त्वपूर्ण गद्य कृति 'क्षणदा' है जो भारती भण्डार इलाहाबाद से सं. 2013 में प्रकाशित हुई। क्षणदा में महादेवी का चिंतक का रूप उभर कर सामने आया, उन्होंने स्वीकार किया कि इसमें मेरे कुछ चिन्तन के क्षण एकत्र है।[36] करुणा का संदेश वाहक, संस्कृति का प्रश्न, कसौटी पर, स्वर्ग का एक कोना और हमारा चित्रमय साहित्य, कुछ विचार, सुई दो रानी, हमारा देश और राष्ट्र भाषा, 'साहित्य और साहित्यकार' कृति के श्रेष्ठ निबन्ध हैं।

महादेवी जी ने अनेक साहित्यिक निबन्धों की रचना की। उनकी साहित्यिक लेखों में महाकरुणा के अवतार गौतम बुद्ध के बुद्धत्व, भारतीय संस्कृति, कला, साहित्य, साहित्यकार सम्पादक, आधुनिक लेखक, अभिनय कला, राष्ट्रभाषा, विज्ञान विषयक मीमासाएं पूर्णरूपेण मुखरित हुई है। महादेवी ने इन विषयों पर रचे अपने गद्य में एक ऐतिहासिक एकसूत्रता भी दी है और साहित्य को चिन्तन सत्य के रूप में भी स्वीकार किया जाता है। व्यक्ति में समष्टि और समष्टि में व्यक्ति की खोज अनेकात्मकता में एकता, एकता में अनेकात्मकता की भाँति जीवन और साहित्य में सामंजस्य को प्रतिपादित करती जलती है।[37]

महादेवी का गद्य साहित्य मूलतः समाज के वर्तमान रूप से जुड़ा हुआ है। उनका गद्य जन के पीड़ित जीवन का अन्तःस्वर है, लेकिन वह किसी हारे हुए विद्रोही का स्वर नहीं, अंगड़ाई लेकर उठने को बेचैन विद्रोही की हुंकार है। यही कारण है कि

डा. राममनोहर लोहिया महादेवी को भारत का सर्वश्रेष्ठ गद्य लेखक मानते हैं।[38]

महादेवी ने जितना श्रेष्ठ काव्य लिखा उतना ही श्रेष्ठ गद्य कहानी, निबन्ध संस्मरण आदि सभी विधाओं में आपने अपनी लेखनी चलाई। चिन्तन के क्षण, पथ के साथी, स्मृति की रेखाएं आदि अन्य उत्कृष्ट रचनाएं हैं।

महादेवी की साहित्य साधना अपने आप में एक महान इतिहास और यथार्थ है।[39] इस बीसवीं शताब्दी को महादेवी पर गर्व होगा। यद्यपि साहित्य के खोजियों के लिए यह सिरदर्द का विषय होगा कि महादेवी को इतनी गरिमा युग ने दी या महादेवी ने युग को गढ़ा। महादेवी जी आजीवन भारतीय साहित्य को समृद्ध बनाने के लिए प्रयत्नशील रहीं, महादेवी जी के इस अथक प्रयास को कभी भूला जा सकेगा? महादेवी साहित्य के पाठक एवं इतिहास एवं साहित्य के विद्यार्थी उनके गद्य के अनन्त युगों तक ऋणी रहेंगे।

सन्दर्भ

1. पाण्डेय सुधाकर, हिन्दी साहित्य का बृहद् इतिहास, खण्ड 9, 1983, पृष्ठ 219
2. नगेन्द्र; हिन्दी साहित्य का इतिहास, मयूर पेपर बैक्स नई दिल्ली, 24वां संस्करण 1997, पृष्ठ 553
3. वही, पृष्ठ 553-554
4. शरद ओंकार; महादेवी साहित्य, खण्ड 1, सेतु प्रकाशन झांसी, 1969, पृष्ठ 11
5. चाँद, जनवरी 1929, पृष्ठ 1
6. शरद ओंकार; महादेवी साहित्य, खण्ड 1 सेतु प्रकाशन झांसी 1969, पृष्ठ 11
7. वही, पृष्ठ 12
8. पन्त सुमित्रानन्दन; (संपा) महादेवी संस्मरण ग्रंथ, प्रथम संस्करण, पृष्ठ 58
9. वर्मा महादेवी; नीहार, गाँधी हिन्दी पुस्तक भण्डार इलाहाबाद, 1930, पृष्ठ 1
10. पाण्डेय गंगा प्रसाद; महीयसी महादेवी, 1969, पृष्ठ 245
11. वही, पृष्ठ 246
12. वर्मा महादेवी; नीहार, गाँधी हिन्दी पुस्तक भण्डार इला. 1930, पृष्ठ 2
13. वही, पृष्ठ 8
14. वर्मा, महादेवी; रश्मि (चतुर्थ संस्करण) साहित्य भवन, इला. 1951, पृष्ठ 1
15. वही, पृष्ठ 3
16. पाण्डेय गंगा प्रसाद; महीयसी महादेवी, 1969, पृष्ठ 258
17. वही, पृष्ठ 258
18. वर्मा महादेवी; रश्मि (चतुर्थ संस्करण) साहित्य भवन, इला. 1951, पृष्ठ 10
19. पाण्डेय गंगा प्रसाद, महीयसी महादेवी, 1969, पृष्ठ 279
20. वही, पृष्ठ 297
21. पाण्डेय सुधाकर; (संपा) हिन्दी साहित्य का वृहत इतिहास खण्ड 9 पृष्ठ 225
22. पाण्डेय गंगा प्रसाद; महीयसी महादेवी, 1969, पृष्ठ 297
23. पाण्डेय, सुधाकर; (संपा) हिन्दी साहित्य का वृहत इतिहास खण्ड 9 पृष्ठ 227

24. वही, पृष्ठ 228
25. वर्मा महादेवी; दीपशिखा, किताबिस्तान, इलाहाबाद 1942, पृष्ठ 3
26. वही, पृष्ठ 1
27. चतुर्वेदी रामस्वरूप; हिन्दी गद्य : विन्यास और विकास लोकभारती इला. 1996 पृष्ठ 246
28. वही, पृष्ठ 246
29. वही, पृष्ठ 247
30. वही, पृष्ठ 247-248
31. शरद ओंकार; महादेवी साहित्य (संपा) भाग 1 सेतु प्रका. झांसी 1969 पृष्ठ 6
32. पाण्डेय गंगा प्रसाद; महीयसी महादेवी, 1969, पृष्ठ 325
33. वर्मा महादेवी; अतीत के चलचित्र, प्रका. भारती भण्डार इलाहाबाद, सं. 2098, पृष्ठ 2
    133. वही, पृष्ठ 2
34. शरद ओंकार; महादेवी साहित्य (संपा) भाग 1 सेतु प्रका. झांसी 1969 पृष्ठ 6
35. पाण्डेय गंगा प्रसाद; महीयसी महादेवी, 1969, पृष्ठ 332
36. वर्मा महादेवी; क्षणदा, प्रका. भारती भण्डार इलाहाबाद, सं. 2013, पृष्ठ 1
37. शरद ओंकार; महादेवी साहित्य (संपा) भाग 1 सेतु प्रका. झांसी 1969 पृष्ठ 8
38. पन्त सुमित्रानन्दन; महादेवी अभिनंदन ग्रंथ (संपा) प्रका. भारती परिषद प्रयाग, सं. 2021, पृष्ठ 2
39. वही, पृष्ठ 2-3

रामकुमार वर्मा

निर्माण की जब प्रक्रिया आरम्भ होती है उससे कोई भी क्षेत्र अछूता नहीं रहता। 20वीं शताब्दी के पूर्वार्द्ध में इलाहाबाद में जिस साहित्य निर्माण की प्रक्रिया का प्रारम्भ हुआ उससे कोई भी क्षेत्र अछूता नहीं रहा इस समय के साहित्यिक वातावरण को दो भागों में आसानी से विभाजित किया जा सकता है। एक ओर तो नगर का साहित्यिक वातावरण जिसमें निराला, पन्त, महादेवी जैसे कवि साहित्य साधना कर रहे थे; दूसरी ओर इलाहाबाद विश्वविद्यालय का साहित्यिक वातावरण विश्वविद्यालय से जुड़े साहित्यकारों की गतिविधियों का नगर के अन्य साहित्यकारों की गतिविधियों से पूरा साम्य था।

इस कालावधि में विश्वविद्यालय से जुड़े अनेक साहित्यकार हुए। इन साहित्यकारों में रामकुमार वर्मा का नाम विशेष रूप से लिया जाता है। रामकुमार वर्मा का जन्म 15 सितम्बर 1905 ई. में सागर के गोपालगंज मोहल्ले में हुआ। आपका शैशव मध्य प्रदेश में ही बीता और शैशव में ही अपनी माता जी से काव्य और संगीत के संस्कार पाए।[1]

सन् 1921 में जब भारतीय राष्ट्रीय आन्दोलन अपने पूरे जोर पर था उस समय रामकुमार वर्मा कक्षा 9वीं के छात्र थे, आपने उस समय आन्दोलन में बढ़कर हिस्सा लिया। वह कांग्रेस का सदस्य बनाने के लिए गाँव-गाँव में घूमने लगे। उन्हीं दिनों अनेक राष्ट्रगीत स्वयं लिखे।[2]

आन्दोलन समाप्त होने पर पढ़ाई पुनः प्रारम्भ की और 1925 में जबलपुर के प्रसिद्ध राबर्टसन कॉलेज से इंटर की परीक्षा पास की। इसके बाद अध्ययन के लिए वह इलाहाबाद आ गये। 1927 में बी. ए. और 1929 में एम. ए. की परीक्षा पास की। एम. ए. की परीक्षा में उनका विश्वविद्यालय में स्थान प्रथम था। छात्रावास के सर्वश्रेष्ठ विद्यार्थी होने के कारण 'हालैण्ड स्वर्ण पदक' भी प्राप्त हुआ।[3]

1929 का वर्ष वर्माजी के लिए अत्यधिक महत्त्वपूर्ण था, इसी वर्ष आप विश्वविद्यालय में प्रवक्ता पद पर नियुक्त हुए। अब इलाहाबाद वर्मा जी का स्थायी निवास बन गया। काव्य साधना का अब क्षेत्र विस्तृत हो गया। निराला, पन्त और

महादेवी से सम्पर्क बढ़ा। अध्ययन और अध्यापन की साधना से शीघ्र ही आपकी गणना विश्वविद्यालय के योग्यतम शिक्षकों में होने लगी। 1937 में वरिष्ठ प्रवक्ता और 1948 में रीडर और 1959 में प्रोफेसर, हुए तथा 1966 तक विभागाध्यक्ष रहे।

काव्य

रामकुमार वर्मा के काव्य को आसानी से तीन भागों में रखा जा सकता है। प्रथम काल जिसमें उनकी 1919-29 की अवधि की रचनाओं को सम्मिलित किया जा सकता है। सर्वप्रथम 1922 में वीर हम्मीर लिखा। यह 10 छोटे-छोटे वर्गों में विभाजित है। इस खण्ड काव्य में रणथम्भोर के इतिहास प्रसिद्ध वीर हम्मीर की शरणागत वत्सलता की गाथा है।

इसी अवधि में 1927 में 'चित्तौड़ की चिता' नामक खण्ड काव्य लिखा। इस समय वह प्रयाग आ चुके थे और बी. ए. के विद्यार्थी थे। स्वभावतः यह श्रेष्ठ कृति है, जिसमें देशप्रेम के स्वर दिखाई देते हैं।

रामकुमार वर्मा की श्रेष्ठ काव्य कृतियों का रचना काल 1929 से प्रारम्भ होता है जिसे उनके साहित्य का विकास काल माना जाता है।

अंजलि (**1929**) – अंजलि का प्रकाशन साहित्य भवन प्रा. लि. इलाहाबाद से हुआ। अंजलि का रचना काल 1929 रहा जबकि छायावाद अपने उत्कर्ष पर पहुँच चुका था और छायावादी युग की चार विभूतियों ने युग को प्रभावित कर लिया था। इसलिए रचना पर छायावादी प्रभाव स्पष्ट दृष्टिगोचर होता है किन्तु डा. वर्मा कृति को छायावाद की प्रथम सीढ़ी प्रकृतिवाद में रखना ही पसंद करते हैं।[4]

हृदय की कौतूहल को शांत करने वाली हृदय की भावनाओं को सुख देने वाली अनेक वस्तुओं और उनके काल्पनिक स्वरूपों की सृष्टि प्रकृति के गम्भीर विस्तार में होती है।[5] हृदय की इन भावनाओं को प्रार्थना, ये गजरे तारों वाले, एकान्तगान, ओ समीर प्रातः सगीर, अंतिम संसार, शिशिर संगीत, तिरस्कार, परिचय, विराट रूप, जीर्णग्रह, शीर्षक कविताओं ने साकार किया है।

अभिशाप (**1930**) – कवि की यह कृति 1930 में ओझा बंधु आश्रम प्रयाग से प्रकाशित हुई। इस कृति में लेखक जीवन को नश्वर मानता है–

> "नश्वर स्वर से कैसे गाऊँ,
> आज अनश्वर गीत?
> जीवन की इस प्रथम हार में
> कैसे देखूँ जीत?[6]

रूपराशि (**1931**) – वर्मा जी की यह महत्त्वपूर्ण कृति सरस्वती प्रेस काशी से

प्रकाशित हुई। इस कृति में छोटी-छोटी कविताएँ हैं। इसमें एक लम्बी कविता अपने में ऐतिहासिक सत्य समेटे हुए है। कविता शाहजहां की मृत्यु के बाद दारा, शुजा, मुराद और औरंगजेब के बीच हुए संघर्ष को प्रतिबिम्बित करती है।[7]

निशीथ (1932) – यह कृति विश्व साहित्य प्रकाशन लाहौर से प्रकाशित हुई। यह बारह सर्गों का एक प्रबन्ध काव्य है। कवि के सौन्दर्य और प्रेम विषयक दृष्टिकोण को स्पष्ट करने में बड़ी सहायक है। भावात्मक और कलात्मक उत्कृष्टता से भी यह कृति महत्त्वपूर्ण है।[8]

यह प्रतिकात्मक काव्य है जिसमें नायक सुकुमार और नायिका इंदिरा में परस्पर प्रेम है। इंदिरा की सखी कमला भी सुकुमार से प्रेम करने लग जाती है। विफल मनोरथ होने पर वह एक कुचक्र रचती है। फलतः इंदिरा रमानिवास की झील में कूदकर जान दे देती है और उसे बचाने के चक्कर में सुकुमार भी वहीं डूब जाता है। कृति कल्पना पर आधारित है किन्तु यह कल्पना भी वेदना का परिचायक है–

मेरे मन के भाव बनेंगे रंग तूलिका रूप
उनसे ही खींचा जाएगा ऐसा चित्र अनूप
जिससे होगा जीवित मेरी करुणा का आख्यान
ओर वेदना का विलास नव विरहिणी सा ध्वनि गान।[9]

चित्ररेखा (1935) – चित्ररेखा का प्रकाशन 1935 में चाँद प्रेस इलाहाबाद से हुआ। यह वर्मा की सर्वाधिक महत्त्वपूर्ण कृतियों में से एक है। इसी कृति में वर्मा ने रहस्यवाद की उच्चतर भूमिका प्राप्त की है–

ओसों का हंसता बालरूप, यह किसका है छविमय विलास
विहगों के कंठो में समोद यह कौन भर रहा है मिठास।[10]

कवि की इस संग्रह में श्रेष्ठ भावपरक रचनाएं हैं–

मैं खोज रहा हूं कोकिल स्वर।
बतला दो मेरे नील ब्योम में इस संसृति से हूँ कातर।[11]

चन्द्र किरण (1937) – गंगा ग्रंथागार लखनऊ से 1937 में इस कालजयी कृति का प्रकाशन हुआ। कवि का यह संकलन उसे रहस्यानुभूति की दिशा में पहुँचाने वाला है जहाँ उसकी रहस्यानुभूति और दार्शनिक चिंतन प्रतिफलन के एक बिन्दु पर सिमटते मिलते दीख पड़ते हैं।[12]

संग्रह की कविताओं की पंक्तियों में एक टीस; कसक, वेदना एवं करुणा भरी है–

''मेरे जीवन में एक बार तुम देखो तो अपना स्वरूप।
मैं तुममें प्रतिबिम्बित होऊं तुम मुझमें होना ओ अनूप।।[13]

संकेत (1939) – संकेत का प्रकाशन मेहर चंद लछमन दास नई दिल्ली द्वारा 1939 में किया गया। कविवर वर्मा इस कृति में निराशा के भवर से आशा के संसार में कदम रखते हैं–

सांसों के चंचल समीर में,
जीवन द्वीप जलाऊं
वन प्रकाश की ज्योति
अंधेरे में छिपने को आऊं।[14]

दो क्षण (मिलन और विरह के क्षण) बीत जाने पर स्मृतियों का सार छोड़ जाते हैं। और स्मृतियाँ? जो जलाती और जिलाती दोनों है। दाहक होते हुए भी ये स्मृतियाँ कितनी मधुर होती हैं। प्रिय के वियोग की पीड़ा में प्रिय और भी अधिक भाता है। कवि वर्मा सोचते हैं कि कहीं उसकी बार-बार की पुकार से वह सोया हुआ प्रियतम जाग पड़े तो कितना अच्छा हो। वह उसके मिलनानन्द का अवसर तो पा लेगा। इन्हीं भावों को यह संकलन अपने आप में समेटे हुए है।

आकाश गंगा (1949) – कवि की इस कालजयी कृति का प्रकाशन रामनारायण लाल, इलाहाबाद द्वारा किया गया। इस संग्रह के गीतों में जिस अनुभूति के दार्शन हुए हैं वह चिंतन की दृष्टि से रहस्यवाद की सीमाओं को स्पर्श करने में प्रयत्नशील है।[15]

संग्रह के आलोक मण्डल में प्रबंधात्मक कविताएँ भी हैं। संग्रह की कविताओं में कवि का चिंतन अधिक प्रौढ़, अनुभूति अधिक गहन, सर्वस्व समर्पण का भाव अधिक पूर्ण है, अभिव्यंजना अधिक समर्थ एवं कलात्मक है।[16]

एकांकी / नाटक

डॉ. रामकुमार वर्मा का व्यक्तित्व बहुत आकर्षक और चुम्बकीय था। वे भारतीय मनीषा के संस्कृति पुरुष थे। हिन्दी साहित्य को उन्होंने जो कृतियां दी हैं उसके लिए हिन्दी साहित्य उन्हें सदैव सम्मान देता रहेगा। वे छायावादी काव्य के प्राख्यात कवि थे ऐतिहासिक और सामाजिक नाटकों के रचनाकार थे हिन्दी साहित्य के आलोचनात्मक इतिहास के प्रणेता थे। अनेक समीक्षा ग्रंथों और संस्मरण पोथियों के लेखक थे। इन सबके अतिरिक्त उन्हें सम्पूर्ण हिन्दी संसार ने एक स्वर से हिन्दी एकांकी के जनक के रूप में स्वीकार किया है।[17]

एकांकी के क्षेत्र में डा. वर्मा का प्रादुर्भाव उस समय हुआ जब हिन्दी एकांकी का स्वरूप स्थिर नहीं हो पाया था इसके पूर्व जो भी प्रयास किए गये उन पर बंगला, संस्कृत, अंग्रेजी शैली का बहुत प्रभाव था। डॉ. वर्मा पहले व्यक्ति थे जिन्होंने हिन्दी एकांकी के क्षेत्र में परिवर्तन किया।[18]

डॉ. वर्मा ने अपना पहला एकांकी 'बादल की मृत्यु' (1930) लिखा जो काल क्रम की दृष्टि से पहला एकांकी माना जाता है।[19] डॉ. वर्मा इसको फैंटेसी मानते हैं। इस एकांकी में इस तथ्य को उद्घाटित किया गया है कि सृष्टि का कण-कण चेतना की झंकार से झंकृत है। सभी में एक ही प्रवाह निर्झर की तरह गतिमान है। उसे देखने के लिए आँखें चाहिए। जड़ हो चेतना सभी में एक ही अनन्त सत्ता की आंख मिचौनी हो रही है।

बादल की मृत्यु जड़ प्रवृत्ति का एक सुकोमल उपहार है, उसमें भी वही चेतना प्रवाह है जो मानव की तरह बोल सकता है, प्रेम कर सकता है। वह भी जन्म लेता है और मृत्यु को प्राप्त करता है। बादल संख्या से प्रेम करता है और उसी वियोग में अपने प्राण न्योछावर कर देता है। यह मैतालिंग शैली में लिखा गया एक गद्यरूपक है।[20]

इसी समय डॉ. वर्मा ने 'दस मिनट' (1931) लिखा। इस एकांकी में बताया गया है कि कानून अपराध की सजा देता है न्याय नहीं करता। वह प्रमाण के हाथों बिका हुआ पुतला है।[21]

प्रारम्भिक एकांकी 'नहीं के रहस्य' में यह बताने का प्रयास किया गया है कि नारी प्रकृति का मूल रहस्य है। पुरुष की सहचरी वामा और जननी है। विवाह एक व्यवस्था है सृष्टि विकास का सहयोग और प्राकृतिक सत्य है जो सृष्टि का उद्गाता है।[22] 'एक्ट्रेस' को कला की अभिव्यक्ति कहा जा सकता है। नृत्य एक कला है। कला आत्मा के सौन्दर्य का एक सुन्दर उर्मिल कंचन है। इसी तथ्य की अभिव्यक्ति 'एक्ट्रेस' में है।[23]

इन प्रारम्भिक एकांकियों पर काव्य का रंग चढ़ा हुआ है। उनमें संघर्ष की अपेक्षा संयोग का तत्व मुख्य है। लेखक की प्रवृत्ति रहस्योद्घाटन की ओर अधिक है।[24]

पृथ्वीराज की आँखे (1935)– इस एकांकी संग्रह का प्रकाशन 1935 में आर्य बुक डिपो नई दिल्ली द्वारा किया गया। इस संग्रह में 'पृथ्वीराज की आँखें', 'चंपक', 'नहीं का रहस्य', 'बादल की मृत्यु', दस मिनट शीर्षक एकांकी संकलित है। चंदवरदायी ने अपने ग्रंथ 'पृथ्वीराज रासो' में पृथ्वीराज का कैद होकर गौर जाना लिखा है और अन्त में पृथ्वीराज के बाण से गौरी का वध होना लिखा है। यह बातें ऐतिहासिक तथ्य से परे हैं।[25] इसी आधार पर वर्मा जी ने सुन्दर एकांकी का सृजन किया है।

रेशमी टाई (1941)– डॉ. वर्मा का यह संकलन 1941 में भारती भण्डार इलाहाबाद द्वारा प्रकाशित किया गया। इस संग्रह में 'परीक्षा', 'रूप की बीमारी', '18 जुलाई की शाम', 'एक तोले अफीम की कीमत' और 'रेशमी टाई' शीर्षक एकांकी संकलित हैं।

संग्रह की समस्त एकांकी गम्भीर भावों को लिए है, 'परीक्षा' एकांकी के माध्यम

से लेखक ने यह बताने का प्रयास किया है कि मनुष्य कैसे वैज्ञानिक उपलब्धियों का विस्तार कर मकड़ी के जाल में फंसता है। 'रूप की रानी' डाक्टरों पर गम्भीर व्यंग्य करती है, और '18 जुलाई की शाम' आज की आधुनिकता पर, 'एक तोले अफीम की कीमत' आज की दहेज प्रथा पर तथा 'रेशमी टाई' राजनीति पर सशक्त व्यंग्य है।

इस एकांकी संग्रह का आधार सामाजिक जीवन है। मनुष्य एक सामाजिक प्राणी है। वह समाज में रहता है। वह चेतन प्राणी उसे अपनी आवश्यकताओं की पूर्ति के लिए अनेक संघर्ष करने पड़ते हैं। इस संग्रह का उद्देश्य सामाजिक जीवन की यथार्थ अनुभूति को पाठकों के समक्ष रखना है।[26]

चारुमित्रा (1942) – रामकुमार वर्मा की इस कृति का प्रकाशन साधना सदन इलाहाबाद द्वारा किया गया। इसमें लेखक की 'चारुमित्रा', उत्सर्ग, रजनी की रात, और अन्धकार शीर्षक एकांकी संकलित हैं। 'चारुमित्रा' शीर्षक एकांकी कथानक ऐतिहासिक है जो सम्राट अशोक के काल का है। यह एकांगी अनुपम बलिदान का प्रतीक है। इसमें 'चारुमित्रा' रानी तिष्यरक्षिता की दासी है अपने स्वामी की रक्षा के लिए अपने जीवन के फूल को अपने देवता के मन्दिर में चढ़ा देती है।[27]

उत्सर्ग, एकांकी इस तथ्य को उद्घाटित करती है कि मृत्यु जीवन का अन्त नहीं, एक अर्धविराम है प्रकृति का शाश्वत व्यापार है। अंधकार, पौराणिक और प्रतीकात्मक एकांकी है, जबकि 'रजनी की रात' सामाजिक पृष्ठभूमि पर आधारित एक सामाजिक जीवन की समस्या का निरूपण है। एक सुशिक्षित नारी अपने और इस समाज के संबंध में अपने हृदय में जिन कल्पनाओं को संजोती है उसी की अभिव्यक्ति रजनी की रात है।

शिवाजी (1945) – डॉ. वर्मा की इस कालजयी कृति को सन् 1945 में साहित्य भवन प्रयाग ने प्रकाशित किया। शिवाजी जैसे महान नायक पर नाटक लिखने के पीछे डॉ. वर्मा का उद्देश्य था कि विद्यार्थियों में उनके समान आदर्श के भाव उत्पन्न हों। इसकी भूमिका में डॉ. वर्मा ने लिखा है, "शिवाजी नाटक की रचना विद्यार्थियों के भाव क्षेत्र को अधिक विस्तृत और परिष्कृत करने के दृष्टिकोण से की गई है। इस नाटक का कथानक भारतीय इतिहास का एक अत्यन्त आलोकमय पृष्ठ है। छत्रपति शिवाजी ने अपने चरित्र निर्माण के साथ ही साथ भारतीय आदर्शों के अनुकूल जिस संघशक्ति का निर्माण किया था वह उन्हें महापुरुष की संज्ञा से विभूषित करती है।[28]

इस नाटक के कथानक में शिवाजी ने अपने चरित्र की दृढ़ता में समस्त प्रलोभनों पर विजय प्राप्त की है। कल्याण की लूट में प्राप्त हुई अप्रतिम सुन्दरी गोहरबानू के आकर्षण की हिलोर को दृढ़वृत्ति शिवाजी ने केवल माँ शब्द की दृढ़ कगार से लौटा

दिया। यह चरित्र दृढ़ता मात्र भारतीय है और इन्हीं नैतिक आदर्शों पर चलकर हमारे विद्यार्थियों को उस राष्ट्र का निर्माण करना है जिसमें जीवन प्रतिफल चरित्र दृढ़ता से संचालित होकर कौशल के कर्म करने में प्रतिफलित होता है।[29]

शिवाजी नाटक का कथानक 24 अक्टूबर 1657 की वह घटना है जो शिवाजी के चरित्रबल के दृष्टिकोण से भारतीय इतिहास में अद्वितीय है। कल्याण प्रदेश पर अधिकार करते समय शिवाजी के सेनापति अप्पाजी सोमदेव ने मुल्ला अहमद की पुत्र वधू को भेंट स्वरूप शिवाजी को प्रस्तुत किया, शिवाजी ने जिसे देखकर कहा कास मेरी माँ भी इतनी सुंदर होती।[30] लेखक ने इस ऐतिहासिक घटना को सुन्दर नाटक का रूप दिया है।

सप्त किरण (1947) – सप्तकिरण में डॉ. वर्मा की सात उत्कृष्ट एकांकी संकलित हैं, इसका प्रकाशन 1947 में नेशनल इन्फार्मेशन एण्ड पब्लिकेशन्स लिमिटेड बम्बई द्वारा किया गया। सात एकांकी लेखक के अलग-अलग दृष्टिकोण को प्रस्तुत करते हैं। लेखक ने भूमिका में लिखा है "इन नाटकों की रचना में आप सात अलग-अलग दृष्टिकोण पावेंगे। मैंने मानव जीवन की अन्र्त संवेदनाओं को घटनाओं के संघर्ष में उभारने की चेष्टा की है। संवेदनाओं की रूपरेखा एक मात्र मनोविज्ञान द्वारा खींची गई है।"[31]

इस संग्रह में सात एकांकी का संकलन है राजरानी सीता जो धार्मिक दृष्टिकोण पर आधारित है। औरंगजेब की आखिरी रात, और पुरस्कार राजनैतिक दृष्टिकोण से लिखी गई है। 'कलाकार का सत्य' एकांकी लेखक का आर्थिक दृष्टिकोण प्रस्तुत करती है। फेल्ट हैल्ट, सामाजिक दृष्टिकोण पर आधारित है। छोटी सी बात पारिवारिक दृष्टिकोण पर आधारित है और इस संकलन को अंतिम एकांकी 'आँखों का आकाश' वैवाहिक दृष्टिकोण को प्रस्तुत करती है।

कौमुदी महोत्सव (1949) – लेखक के इस नाटक का प्रकाशन 1949 में साहित्य भवन लि. इलाहाबाद द्वारा किया गया। इस नाटक का कथानक मौर्यकालीन है और चन्द्रगुप्त मौर्य पर आधारित है। कौमुदी महोत्सव से पूर्व चन्द्रगुप्त पर मुख्यतः तीन नाटक लिखे गये, पहला विशाखदत्त कृत मुद्राराक्षस है जो संस्कृत में लिखा गया है। दूसरा द्विजेन्द्र लाल राम रचित चन्द्र गुप्त नाटक है जिसकी रचना बंगला में सन् 1909 में की गई और तीसरा जय शंकर प्रसाद ने हिन्दी में चन्द्र गुप्त नाटक लिखा। इन नाटकों में चन्द्रगुप्त के व्यक्तित्व पर अन्याय किया गया है। केवल एक ही प्रसंग ऐसा है जिसमें चन्द्रगुप्त के व्यक्तित्व का उभरने का अवसर आता है। वह प्रसंग है 'कौमुदी महोत्सव'।[32]

डॉ. वर्मा ने इसी प्रसंग के आधार पर इस नाटक की रचना की है। इस नाटक में उन्होंने चन्द्रगुप्त के उज्जवल पक्ष को उजागर किया है।

रम्य रास (1950) – राम कुमार वर्मा की इस कृति का प्रकाशन आर्य बुक डिपो नई दिल्ली द्वारा 1950 में किया गया। इस कृति में सांस्कृतिक एवं साहित्यिक दोनों प्रकार की एकांकी का संग्रह किया गया है। इसमें जीवन के प्रति स्वस्थ दृष्टिकोण को अपनाया गया है।[33]

इसमें रम्यरास शीर्षक एकांकी सांस्कृतिक दृष्टिकोण के आधार पर लिखी गई है। इसमें रास की एक रोचक एवं आकर्षक घटना का वर्णन किया गया है। भगवान श्रीकृष्ण राधा के कहने पर ही बासुरी बजाते हैं। राजरानी सीता अन्य सांस्कृतिक दृष्टिकोण पर लिखी गई एकांकी इस संकलन में संगृहीत है।

'ज्यों की त्यों धरि दीनी चदरिया' में वर्मा जी ने कबीर के व्यक्तित्व को प्रस्तुत करने का प्रयास किया है। प्रसाद की कला शीर्षक से वर्मा जी ने जयशंकर प्रसाद के नाटकों का समीक्षात्मक वर्णन प्रस्तुत किया है।

डॉ. वर्मा के इसी कालावधि में दो एकांकी प्रकाशित हुए। प्रथम रूप रंग शीर्षक से जिसे चाँद प्रेस इलाहाबाद द्वारा सन् 1948 में प्रकाशित किया गया तथा दूसरा ध्रुवतारिका जिसे 1950 में राजकमल प्रकाशन द्वारा प्रकाशित किया गया।

हिन्दी साहित्य का आलोचानात्मक इतिहास (1938) – रामकुमार वर्मा ने हिन्दी साहित्य का आलोचनात्मक इतिहास लिखा है। यह ग्रंथ राम नारायण लाल इलाहाबाद द्वारा सन् 1938 में प्रकाशित हुआ। इसमें सम्वत् 750 से 1750 तक का इतिहास प्रस्तुत किया गया है।

वर्मा आलोचनात्मक शैली में इतिहास लेखन प्रक्रिया के पक्षधर हैं। उनकी आलोचना भी भारतीय साहित्य के आदर्श को सुरक्षित रखते हुए पश्चिम की आलोचना शैली से प्रभावित है। डॉ. वर्मा ने स्पष्ट किया है कि "साहित्य का इतिहास आलोचनात्मक शैली से अधिक स्पष्ट किया जा सकता है अतः ऐतिहासिक सामग्रियों के साथ कवियों एवं साहित्यिक प्रवृत्तियों की आलोचना करना मेरा दृष्टिकोण है। मैंने साहित्य की संस्कृति का आदर्श सुरक्षित रखते हुए पश्चिम की आलोचना शैली को ग्रहण करने का प्रयत्न किया है। अभी तक की उपलब्ध सामग्री का उपयोग भी मैंने स्वतंत्रतापूर्वक किया है।"[34] वह साहित्य एवं संस्कृति को अपनी ऐतिहासिक दृष्टि देते हैं। उनका विचार है कि वस्तुतः साहित्य एवं संस्कृति एक ही वृत के दो फूल हैं और उनका पोषण एक ही रस से होता है।[35]

डॉ. वर्मा बहुमुखी प्रतिभा के धनी साहित्यकार थे। साहित्य की ऐसी कोई विधा नहीं जिस पर डॉ. वर्मा ने अपनी लेखनी न चलाई हो। डॉ. वर्मा ने आजादी के पहले और बाद दोनों युगों को देखा, बदलती हुई परिस्थितियों को देखा किन्तु वह निरन्तर साहित्य साधना में तल्लीन रहे।

काव्य, एकांकी, नाटक के अतिरिक्त 20वीं, शताब्दी के तीसरे एवं चौथे दशक में शोधग्रंथ, आलोचनात्मक ग्रंथ, संस्मरण प्रकाशित हुए तथा आपने अनेक ग्रंथों का सम्पादन किया।

'कबीर का रहस्यवाद' (1931) और 'संत कबीर' (1947) आदि शोध ग्रंथों को साहित्य भवन इलाहाबाद के द्वारा प्रकाशित किया गया।

आपने साहित्य समालोचना (1930) 'हिन्दी साहित्य का ऐतिहासिक अनुशीलन' (1947) 'विचार दर्शन' (1948) समालोचना समुच्चय (1949) आदि आलोचनात्मक ग्रंथो का प्रणयन किया। उक्त ग्रंथ हिन्दी आलोचना में मील के पत्थर माने जाते हैं।

डॉ. वर्मा संस्मरण लिखने में भी पीछे नहीं रहे। इस अवधि में 'हिम हास' संस्मरण ग्रंथ लिखा जिसे 1936 में भारती भण्डार इलाहाबाद द्वारा प्रकाशित करवाया गया। इसी अवधि में दूसरा संस्मरण ग्रंथ, 'स्मृति के अंकुर' लोक भारती प्रकाशन इलाहाबाद द्वारा प्रकाशित किया गया।

डॉ. वर्मा ने साहित्य लेखन के साथ-साथ साहित्य सम्पादन में भी अपनी महत्त्वपूर्ण भूमिका निभाई। 1932 में उनके संपादकत्व में हिन्दी गीत काव्य प्रकाशित हुआ जिसे रामदयाल अग्रवाल ने प्रकाशित किया। 1937 में कबीर पदावली जैसे ग्रंथ का सम्पादन किया जिसे हिन्दी साहित्य सम्मेलन द्वारा प्रकाशित किया गया। 1942 में आपके संपादकत्व में गद्य परिचय जिसे मिश्र बंधु कार्यालय इलाहाबाद द्वारा प्रकाशित किया गया। हिन्दी साहित्य सम्मेलन द्वारा 1945 में वर्मा जी के सम्पादन में एक और महत्त्वपूर्ण ग्रंथ आधुनिक काव्य संग्रह प्रकाशित हुआ। इसी वर्ष सरस्वती प्रकाशन द्वारा आधुनिक हिन्दी काव्य संग्रह उनके सम्पादन में प्रकाशित हुआ।

रामकुमार वर्मा ने साहित्य के क्षेत्र में अपना अमूल्य योगदान दिया है अनेक उपयोगी ग्रंथो के लेखन के साथ वह साहित्यिक गोष्ठियों, सम्मेलनों में निरन्तर सम्मिलित होते रहते थे। सरस्वती, चाँद, श्री शारदा आदि साहित्यिक पत्रिकाओं में उनकी लेखनी जीवन पर्यन्त चलती रही।

सन्दर्भ

1. श्रीवास्तव राधेकृष्ण (संपा); आज के लोकप्रिय हिन्दी कविः रामकुमार वर्मा प्रका. राजपाल एण्ड संस, नई दिल्ली, 1975, पृष्ठ 5
2. वही, पृष्ठ 7
3. वही, पृष्ठ 7-8
4. वर्मा रामकुमार, अंजलि, साहित्य भवन इला. 1929 पृष्ठ 17-18
5. वही, पृष्ठ 17
6. वर्मा रामकुमार, अभिशाप, ओझा बंधु आश्रम इला. 1930 पृष्ठ 4

7. राज दशरथ, कविवर डा. रामकुमार वर्मा और उनका काव्य, चौखम्बा विद्याभवन वाराणसी, 1966 पृष्ठ 77
8. वही, पृष्ठ 19
9. वर्मा रामकुमार, निशीथ, विश्व साहित्य प्रका. लाहौर, 1932, पृष्ठ 38 (तृतीयसर्ग)
10. वर्मा रामकुमार, चित्रलेखा, चाँद प्रेस इला. 1935, पृष्ठ 10
11. वही, पृष्ठ 31
12. राज दशरथ; कविवर डा. रामकुमार वर्मा और उनका काव्य, चौखम्बा विद्याभवन वाराणसी, 1966, पृष्ठ 22
13. वर्मा, राम कुमार; चन्द्र किरण, गंगा ग्रंथागार लखनऊ, 1937, पृष्ठ 48
14. वर्मा, राम कुमार; संकेत, मेहर चंद लछमन दास, नई दिल्ली, 1939, पृष्ठ 5
15. राज दशरथ; कविवर डा. रामकुमार वर्मा और उनका काव्य, चौखम्बा विद्याभवन वाराणसी, 1966, पृष्ठ 23
16. वही, पृष्ठ 25
17. शर्मा, चन्द्रिका प्रसाद, रामकुमार वर्मा एकांकी रचनावली, भाग 1 किताबघर, नई दिल्ली, 1992, पृष्ठ 5
18. मिश्र मिथिलेश कुमारी, नाटककार रामकुमार वर्मा, आर्य बुक डिपो, नई दिल्ली 1985, पृष्ठ 75
19. सिन्हा सावित्री, हिन्दी साहित्य का बृहत् इतिहास, भाग 6 नगरी प्रचारिणी सभा काशी, सं. 2029 (वि.) पृष्ठ 257
20. मिश्र मिथिलेश कुमारी, नाटककार रामकुमार वर्मा, आर्य बुक डिपो नई दिल्ली, 1985, पृष्ठ 76-77
21. वही, पृष्ठ 76-77
22. वही, पृष्ठ 77
23. वही, पृष्ठ 77-78
24. सिन्हा सावित्री, हिन्दी साहित्य का बृहत् इतिहास, भाग 6 नागरी प्राचरिणी सभा काशी, सं. 2029 (वि.) पृष्ठ 257-258
25. शर्मा चन्द्रिका प्रसाद, रामकुमार वर्मा एकांकी रचनावली, भाग 1 किताबघर, नई दिल्ली 1992, पृष्ठ 119
26. मिश्र मिथिलेश कुमारी, नाटककार राम कुमार वर्मा, आर्य बुक डिपो, नई दिल्ली 1985, पृष्ठ 88
27. वर्मा रामकुमार, चारुमित्र, साधना सदन इला. 1942, पृष्ठ 18
28. वर्मा रामकुमार, शिवाजी, साधना सदन इला. 1942, पृष्ठ 1
29. वही, पृष्ठ 1-2
30. वही, पृष्ठ 7
31. वर्मा रामकुमार, सप्त किरण, नेशनल इनफारमेशन्स एण्ड पब्लिकेशन्स, मुम्बई, 1947, पृष्ठ 1(भूमिका)
32. वर्मा रामकुमार, कौमुदी महोत्सव वही, (तृतीय संस्करण) साहित्यभवन इला. 1952, पृष्ठ 9
33. मिश्र मिथिलेश कुमारी, नाटककार रामकुमार वर्मा, आर्य बुक डिपो, नई दिल्ली 1985, पृष्ठ 88
34. वर्मा रामकुमार; हिन्दी साहित्य का आलोचनात्मक इतिहास (चतुर्थ संस्करण), प्रका. राम नारायण लाल, इलाहाबाद 1958 पृष्ठ 1
35. वही, पृष्ठ 5

हरिवंश राय बच्चन

हरिवंश राय बच्चन का जन्म 27 नवम्बर 1907 को इलाहाबाद के चक्क मोहल्ले में हुआ। कवि बच्चन पिता की छठी सन्तान थे। आरम्भिक शिक्षा उर्दू में हुई। सन् 1925 में कायस्थ पाठशाला इलाहाबाद से हाईस्कूल तथा 1927 में गवर्नमेण्ट इण्टर कॉलेज से इण्टर की परीक्षा उत्तीर्ण की। सन् 1929 में इलाहाबाद विश्वविद्यालय से बी. ए. की परीक्षा उत्तीर्ण की। जब बच्चन बी. ए. प्रथम वर्ष के ही विद्यार्थी थे उनका विवाह रूप नारायण पुर गाँव के निवासी बाबू रामकिशोर की बड़ी पुत्री 'श्यामा' से कर दिया गया।[1]

सन् 1930 में अंग्रेजी में एम. ए. प्रीवियस पास किया। उन्हीं दिनों सत्याग्रह आन्दोलन जोरों से चल रहा था। बच्चन उससे प्रभावित हुए और आगे की पढ़ाई छोड़ दी। 1932 में पायनियर में जिला संवाददाता का कार्य किया। 1933 में अभ्युदय के सम्पादकीय विभाग में सम्मिलित हो गये। 1934 में अग्रवाल विद्यालय में अध्यापक की नौकरी कर ली। इस पद पर उन्होंने तीन वर्ष तक कार्य किया। इन्ही दिनों पत्नी यक्ष्मा से पीड़ित रहने लगी। 1936 में अन्ततः लम्बी बीमारी से संघर्ष के पश्चात् पत्नी श्यामा का देहान्त हो गया। बच्चन के भावुक हृदय पर इस दुर्घटना से गम्भीर आघात पहुँचा। वह संध्या साधारण दिन की संध्या नहीं थी। वह श्यामा के जीवन दिवस की संध्या थी जो मृत्यु की अखण्ड रात में बदल जाने वाली थी।[2]

जुलाई 1937 में मुख्यतः परिस्थितियां बदल डालने के उद्देश्य से पुनः इलाहाबाद विश्वविद्यालय में एम. ए. द्वितीय वर्ष के विद्यार्थी के रूप में भरती हो गये। सन् 1930 एम. ए. कर लेने के बाद बनारस ट्रेनिंग कॉलेज में प्रविष्ट हुए। वहीं उन्होंने एकान्त संगीत की रचना की। ट्रेनिंग का डिप्लोमा ले लेने के बाद 1940 में वह इलाहाबाद में ही स्नातकोत्तर अध्ययन करने लगे। इसी युग में 'आकुल अन्तर', 'विकल विश्व' के कुछ गीतों की भी रचना की थी जो बाद में धार के इधर-उधर में सम्मिलित कर लिए गये।[3]

1942 की 24 जनवरी बच्चन की जिन्दगी का सुनहरा अवसर लेकर आयी। इस दिन बच्चन की सिविल मैरिज (कोर्ट मैरिज) जिला मजिस्ट्रेट मि. डिक्सन ने

अपने बंगले पर की।[4] तेजी लाहौर के एफ. सी. कॉलेज में मनोविज्ञान की अध्यापिका थीं। वह विवाह पति-पत्नी दोनों के लिए पूरक सिद्ध हुआ। विवाह के बाद बच्चन जी इलाहाबाद विश्वविद्यालय में ही अंग्रेजी साहित्य के प्रवक्ता हो गये। इस समय उनकी ख्याति भारत भर में फैल गई थी। परिस्थितियां बदल गईं और उनकी कविता में नया दौर प्रारम्भ हो चुका था।[5] तेजी से विवाह के बाद जीवन का वह दौर समाप्त हो चुका था। अब बच्चन जी ने जीवन का नया अर्थ तलाश किया 'बीत गईं सो बात गयी' जैसी सशक्त कविताएँ उन्होंने लिखनी प्रारम्भ की जिनमें नवजीवन और आत्मविश्वास का असीम संदेश था।[6] 1952 में कवि बच्चन अंग्रेजी साहित्य में डाक्टरेट प्राप्त करने के लिए कैम्ब्रिज विश्वविद्यालय चले गये। वहां महाकवि ईटस पर डाक्टरेट की उपाधि प्राप्त कर 1954 में स्वदेश लौटे और पुनः इलाहाबाद विश्वविद्यालय में अध्यापन कार्य प्रारम्भ किया। सितम्बर 1955 में वह भारतीय आकाशवाणी में हिन्दी प्रोड्यूसर के रूप में नियुक्त हुए। 1955 में ही विदेश मंत्रालय में विशेष कार्य अधिकारी का दायित्व स्वीकार किया।[7]

बच्चन संघर्ष में, सुख-दुःख की धूप-छांव में अपने कर्तव्य पथ से कभी नहीं हटे और निरन्तर साहित्य साधना में रत रहे। बच्चन जी ने हिन्दी साहित्य को अपनी काव्य साधना से समृद्ध बनाया।

तेराहार (1932) – कवि की इस प्रथम कृति का प्रकाशन 1932 में राम नारायण लाल बुक सेलर द्वारा किया गया। इस संग्रह में कवि की अनुभूतियां अति स्वाभाविक ढंग से व्यक्त हुई हैं। उस समय प्रकाशित पत्र-पत्रिकाओं में इस संग्रह की खूब चर्चा हुई। चाँद पत्रिका में छपा कि कविता प्रेमियों को इसे एक बार अवश्य देखना चाहिए। विश्वमित्र ने लिखा था कि इसके रचयिता महोदय का नाम यद्यपि हम हिन्दी में पहली बार देख रहे हैं तथापि कविताएँ पढ़ने से मालूम होता है कि वे इस कला में सिद्धहस्त है।[8]

मधुशाला (1935) – बच्चन की इस कालजयी कृति का प्रकाशन 1935 में सुषमा निकुंज इलाहाबाद के द्वारा किया गया।[9] प्रकाशन से पूर्व ही इस संग्रह की कविताएँ धूम मचा चुकी थी 1933 में सरस्वती पत्रिका में इसकी अनेक रुबाइयाँ प्रकाशित हो चुकी थीं।[10]

प्रकाशन से पूर्व हिन्दी साहित्य क्षेत्र में सबसे अधिक चर्चित और कवि सम्मेलनों में सुना गया कदाचित पहला काव्य संग्रह है। बच्चन जी को जितना नाम इस संग्रह से मिला है अन्य से नहीं। बच्चन और मधुशाला एक दूसरे के पूरक बन गये हैं। बच्चन जी ने स्वयं लिखा है, "शुरू से लेकर आज तक 'मधुशाला' को बुरा कहने वालों उसका उपहास करने वालों उसका अनुकरण करने वालों और उसकी उपेक्षा

करने वालों की कमी नहीं रही। पर उस पर झूमने वाले बहुत रहे हैं।''[11]

मधुशाला बीसवीं शताब्दी की सम्भवतः देश की भिन्न-भिन्न भाषाओं में रची गई सर्वाधिक प्रसिद्ध कृतियों में से एक है। खड़ी बोली की पहली काव्य पुस्तक है जिसका अंग्रेजी में अनुवाद अंग्रेजी की ही कवियत्री मारे जोरि बूलियोन ने किया और स्वर्गीय जवाहर लाल नेहरू ने इस पर अपनी महत्त्वपूर्ण भूमिका लिखी थी।

मधुशाला पर उमर खैयाम की रुबाइयों का प्रभाव स्पष्ट है। इसमें न मदिरा सम्बन्धी रुबाइयां हैं और न आध्यात्मिक अर्थ में ग्रहीत छन्द। यद्यपि उर्दू गजलों में हाला, प्याला, साकी और मधुशाला का अर्थ इन्हीं रूपों में अधिक प्रचारित किया है किन्तु कवि बच्चन की मधुशाला में कवि भी है; सुधारक भी और क्रांतिकारी व्यक्तित्व भी–

मृदु भावों के अंगूरों की आज बना लाया हाला,
प्रियतम, अपने ही हाथों से आज पिलाऊँगा प्याला,
पहले भोग लगा लूँ तेरा फिर प्रसाद लग पाएगा,
सबसे पहले तेरा स्वागत करती मेरी मधुशाला।।1।
प्यास तुझे तो, विश्व तपाकर पूर्ण निकालूँगा हाला
एक पाँव से साकी बनकर नाचूँगा लेकर प्याला,
जीवन की मधुता तो तेरे ऊपर कब का वार चुका,
आज निछावर कर दूँगा मैं तुझ पर जग की मधुशाला।।2।
प्रियतम, तू मेरी हाला है, मैं तेरा प्यासा प्याला,
अपने को मुझमें भरकर तू बनता है पीने वाला,
मैं तुझको छक छलका करता, मस्त मुझे पी तू होता,
एक दूसरे की हम दोनों आज परस्पर मधुशाला।।3।
भावुकता अंगूर लता से खींच कल्पना की हाला,
कवि साकी बनकर आया हैं भरकर कविता का प्याला,
कभी न कण-भर खाली होगा लाख पिएँ, दो लाख पिएँ!
पाठकगण हैं पीनेवाले, पुस्तक मेरी मधुशाला।।4।
मधुर भावनाओं की सुमधुर नित्य बनाता हूँ हाला,
भरता हूँ इस मधु से अपने अन्तर का प्यासा प्याला,
उठा कल्पना के हाथों से स्वयं उसे पी जाता हूँ,
अपने ही में हूँ मैं साकी, पीनेवाला, मधुशाला।।5।
मेहदी रंजित मृदुल हथेली पर माणिक मधु का प्याला,
अंगूरी अवगुंठन डाले स्वर्ण वर्ण साकी बाला,

पाग बैंजनी, जामा नीला डाट डटे पीनेवाले,
इन्द्रधनुष से होड़ लगाती आज रंगीली मधुशाला।।6।
बने पुजारी प्रेमी साकी, गंगाजल पावन हाला,
रहे फेरता अरित गति से मधु के प्यालों की माला
और लिये जा, और पीये जा, इसी मंत्र का जाप करे,
मैं शिव की प्रतिमा बन बैठूं, मदि हो यह मधुशाला।।7।
बाजी न मंदिर में घडियाली, चढ़ी न प्रतिमा पर माला,
बैठा अपने भवन मुअज्जिन देकर मंस्जिद में ताला,
लुटे खजाने नरपतियों के गिरीं गढ़ों की दीवारें,
रहें मुबारक पीनेवाले, खुली रहे यह मधुशाला।।8।...

मधुबाला (1936) – मधुबाला संग्रह का प्रकाशन भी सुषमा निकुंज इलाहाबाद द्वारा ही हुआ। कवि बच्चन की अनुभूतियों में संचित जिन विविधमुखी भावों का क्षरण मधुशाला में हुआ था वह अधूरा था उसका क्षरण मधुबाला में काफी कुछ हो गया और शेष मधुकलश में हुआ। इस संग्रह में बच्चन की उस समय की रचनाएं हैं जब वह गहन संघर्ष की परिस्थितियों से गुजर रहे थे इसकी प्रतिध्वनि भी इस संग्रह में सुनाई देती है "उस दिन मेरी और अपनी अश्रुधारा के संगम पर तूने मुझे विश्वास दिलाया था कि तुझे सूनी अंधेरी और भयावनी मधुशाला से मेरी आर्त पुकार सुन पड़ी थी और तू ही मधुशाला को सागर तट से लौटा लाई थी।"[12] मधुबाला एक ओर भोगेच्छा रूपी नायिका के रूप में मुखरित होने के साथ-साथ नारी के उस उज्ज्वल रूप को भी प्रतिष्ठित करती है जो संसार के कटु यथार्थ से संतृप्त है। इसके साथ-साथ बच्चन युवा पीड़ी का भी प्रतिनिधित्व करते हैं जो थोथले और पाखण्डी पण्डितों द्वारा तैयार पोथी पत्रों की धार्मिकता को मानने के लिए तत्पर नहीं।

मधुशाला में कवि ने जीवन के विभिन्न रंग भरे हैं। प्रकृति के माध्यम से मन के भावों को ध्वनित किया है तो बच्चन ने बिना दुराव-छिपाव के धरा की लाली से प्रकृति को भी रंग दिया है कवि चाहता है कि जिस प्रकार प्रकृति पर कोई बंधन नहीं उसी प्रकार मनुष्य को भी बंधनों से मुक्त होना चाहिए।

मधुकलश (1937) – मधुकलश को भी 1937 में सुषमा निकुंज इलाहाबाद ने प्रकाशित किया। यद्यपि इसका प्रकाशन तो 1937 में हुआ किन्तु इसकी कविताएँ 1935-36 में ही लिखी गई जब बच्चन कठिनतम संघर्ष के दौर से गुजर रहे थे "मेरे जीवन का जो उत्साह उल्लास और उन्माद-गो उसमें एक अभाव, एक असन्तोष एक निराशा की व्यथा भी घुली मिली थी– मधुशाला और मधुबाला में व्यक्त हुआ था, वह अब उतार पर था मेरे भावना स्वप्नों का एक शीशे का संसार यथार्थता और

वास्तविकता की चट्टान से टकराकर चकना चूर हो गया था।''[13]

मधुकलश में बच्चन ने जीवन के कटु यथार्थ को प्रस्तुत किया है। संग्रह के शीर्षक को सार्थक उनकी पहली ही कविता "है आज भरा जीवन मुझमें आज भरी मेरी गागर''[14] सार्थक करती है।

निशा निमंत्रण (1938) – निशा निमंत्रण को सुषमा निकुंज के द्वारा प्रकाशित किया गया। यह काव्य संग्रह कवि बच्चन की काव्य यात्रा का दूसरा महत्त्वपूर्ण मोड़ है। हर तूफान मंद पड़ता है, हर नशा उतरता है। जीवन का पहिया घूम गया था। यौवन की मद मदिरा का उन्मत्त गान पत्नी श्यामा की मृत्यु के साथ डूब गया।

'निशा निमंत्रण' के गीत कवि के महाशोक का विलगन है। कवि का युवा मन समाज का विरोध सहकर भी मजबूत रहा, उल्लास उमंग के गीतों से विषमताओं और बंधनों को काटता रहा किन्तु पत्नी श्यामा की मृत्यु से जीवन में जो रिक्तता और पीड़ा भर गई थी, उससे निराश हुआ। यही कारण है कि 'निशा निमंत्रण' के गीतों में अति मार्मिक तीक्ष्ण उक्तियां हैं–

दिन जल्दी जल्दी ढलता है।
हो न जाए पथ में रात
मंजिल भी तो दूर नहीं–
यह सोच थका दिन का पन्थी भी जल्दी-जल्दी चलता है
दिन जल्दी जल्दी ढलता है।[15]

एकान्त संगीत (1939) – 1939 में इसका प्रकाशन सुषमा निकुंज इलाहाबाद द्वारा हुआ। यद्यपि 'निशा निमंत्रण' एवं 'एकान्त संगीत' की रचना एक ही काल तथा मनोस्थिति में की गई थी। एकान्त संगीत को 'निशा निमंत्रण' की अगली कड़ी कहा जाए तो कोई अतिशयोक्ति न होगी। एकान्त संगीत कवि का एक मात्र ऐसा संग्रह है जिसमें गीत उसी क्रम में रखे गये हैं जिसमें उनकी रचना हुई थी।

एकान्त संगीत के अधिकतर गीतों की रचना उन्होंने बनारस से बी. टी. करते समय वहां कमच्छा बोर्डिंग हाउस में लिखे थे तथा कुछ गीतों की रचना इलाहाबाद लौटकर की थी।[16]

एकान्त संगीत अकेले व्यक्ति के उस अकेलेपन का संगीत है जो निश्चित रूप से उसक निजी है, अपना है। इसका समर्पण भी कवि ने अपने प्रति किया है। इसके संगीत में उसका आत्महान स्वान्तः सुखाय है। इस स्वान्तः सुखाय में उस मानव का प्रतिबिम्ब है जो सामाजिक दृष्टि से चाहे अपनाने योग्य न समझा जाए किन्तु व्यक्तिगत स्तर पर उसका मूल्य है।

आकुल अन्तर (1943) – आकुल अन्तर काव्य संग्रह का प्रकाशन 1943 में भारती

भण्डार इलाहाबाद द्वारा किया गया। कवि बच्चन इस संग्रह में प्रकाश की एक किरण खोजते हैं "मेरी कृतियों के रचनाक्रम में 'आकुल अन्तर' एकान्त संगीत और सतरंगिनी के बीच आता है। निशा निमंत्रण में जिस अवसाद की छाया उतरी थी, उसके अन्तिम और सघनतम रूप को देखने के लिए मैं एकान्त संगीत सुनता हुआ 'आकुंल अन्तर' की गुहा में बैठ गया। जहां अंधकार सघनतम है वहीं प्रकाश की पहली किरण है।"

लहर सागर का नहीं शृंगार उसकी विकलता है।
अनिल अम्बर का नहीं खिलवार उसकी विकलता है।[17]

'आकुल अन्तर' कवि की काव्य यात्रा का तीसरा मोड़ है, इसमें कुल 71 गीत हैं, जिनमें अन्तर की पुकार कल्पना के पर लगाकर स्वप्निल दुनिया में नहीं खो जाती बल्कि प्राकृतिक उपादानों और काव्य कला के अतिरिक्त अन्य कलाओं में भी उसे ढूँढ़ निकालती है।

1943 में ही भारती भण्डार इलाहाबाद ने उनकी प्रारम्भिक रचनाओं जो 'सरस्वती', 'चाँद' इत्यादि पत्रिकाओं में प्रकाशित हो चुकी थीं को दो भागों में प्रकाशित किया।

सतरंगिनी (1945) – सन् 1942-44 में लिखित कविताओं के इस संग्रह का प्रकाशन 1945 में भारती भण्डार इलाहाबाद के द्वारा हुआ। इस काव्य सतरंगिनी में 50 कविताएँ हैं एक प्रवेश गीत है; शेष 49 कविताएँ सात-सात कविताओं के सात खण्डों में विभक्त हैं। प्रकाशन से पूर्व 'खण्ड' शब्द के स्थान पर रंग शब्द कर दिया गया। 'सतरंगिनी के सात रंग', 'प्रत्येक रंग के सात गीत', उसके सात शेड उसकी सात क्रम क्रांतियाँ हैं।

कवि इस संग्रह में गहरे अवसाद से उबर चुका है। यह संग्रह तम भरे, गम भरे बादलों के ऊपर इन्द्र धनुष रचने का प्रयास है–

तूने देखी दुनिया जिस पर उतरी ऊषा की लाली,
तूने देखी दुनियां जिस पर बिखरी किरणों की जाली,
तूने देखी दुनिया जिस पर अंधियाली संध्या छायी,
तूने देखी दुनिया जिस पर फैल गई रजनी काली
किन्तु कभी क्या तूने देखा जागती का रारिगत आनन,
इन्द्रधनुष की छाया में।[18]

हलाहल (1946) – इस संग्रह की कविताएँ 1936 से 1945 के मध्य लिखी गयीं। इसको 1646 में भारती भण्डार ने प्रकाशित किया। यह संग्रह मधुस्वप्न लोक से उतर कर जीवन के यथार्थ धरातल का काव्य है। मधुशाला की तरह यह भी एक प्रतीक काव्य है। इस संग्रह के 50 पद सन् 1936 में लिखे गये थे जिनमें से कुछ पद सरस्वती पत्रिका में प्रकाशित हुए थे। हलाहल के गीतों की रचना उस समय हुई

थी जब कवि भूकम्प के झटकों को सहन कर रहा था "मेरे जीवन में एक भूकम्प का समय था। हलाहल जिन प्रवृत्तियों का प्रतीक बनकर मेरे मन में उदित हुआ था उनको दुलरा कर नहीं बल्कि उनकों चुनौती देकर ही मैं अपने अंदर बल संचित कर सकता था, अपने को सुस्थिर रख सकता था।"[19]

हलाहल की कविता मानव जीवन की कविता है। प्रत्येक व्यक्ति को जीवन में कटुतिक्त और मधुर स्थितियों का सामना करना पड़ता है। मधुशाला ने मानव समाज को काल्पनिक मदिरा के स्वप्नों का सुख और मस्ती का रंग दिया है। हलाहल कर्मप्रेरणा और आस्थामय आशा का संदेश देता है।

बंगाल का काल (1946) – 'बंगाल का काल' शीर्षक लम्बी कविता को भारती भण्डार इलाहाबाद के द्वारा 1946 में प्रकाशित किया गया। 'बंगाल का काल' कवि बच्चन की प्रथम मुक्त छन्द में लिखी लम्बी कविता है। सम्भवतः उससे पूर्व मुक्त छन्द में इतनी लम्बी कविता लिखी भी नहीं गई थी बंगाल में पड़े अकाल से कवि हृदय पीड़ित हुआ था किन्तु उससे भी ज्यादा बंगालवासियों की नपुंसकता कष्ट सहिष्णुता पर उसे क्रोध आया था। बंगाल में होती अकाल मृत्यु, तड़पन और मनुष्य की इतनी हीन अवस्था देख कवि अपनी व्यग्रता को वाणी देने के लिए विवश हो गया। "यह पूरी कविता जो लगभग एक हजार पंक्तियों में है, करीब 36 घण्टों के अनवरत परिश्रम से लिखी गयी। सुबह बैठा तो न नास्ते के लिए उठा, न दिन के खाने के लिए, न चाय के लिए न रात के खाने के लिए। बारह बजे रात को दिमाग चक्कर खाने लगा। मैं थोड़ी देर लेट गया पर नींद नहीं आई फिर बैठकर लिखने लगा। दूसरे दिन अपराह्न में जाकर मैंने रचना के नीचे अपने हस्ताक्षर किए।"[20]

खादी के फूल (1948) – राष्ट्रपिता के चरणों में अर्पित इस कृति को 1948 में भारती भण्डार इलाहाबाद ने प्रकाशित किया। इस संग्रह के सह लेखक पं. सुमित्रानन्दन पन्त है जिनके 15 गीत इस संग्रह के अन्त में हैं। इस संग्रह की प्रेरणा गाँधी जी की हत्या की प्रतिक्रिया मूल है।

इन कविताओं को राष्ट्रवादी, एवं गाँधीवादी दृष्टिकोण से देखा जाए तो उस युग का समग्र चित्र दृष्टिपथ पर झूल जाता है। गाँधी जी की हत्या से कवि मन पर गहरा आघात हुआ है। वह इस शोक को हरने के लिए कवि, साहित्यकारों देवताओं को आवाहन करता है कि वह कुछ कहें–

ओ राष्ट्र महाकवि राष्ट्रनाद मैथिली शरण,
हो गया राष्ट्र के पुण्य पिता का महामरण,
होकर अनाथ यह आर्त जाति माँगती शरण
कुछ कहो देवता-दैन्य शोक संताप हरण।[21]

सूत की माला (1948) – बच्चन की इस कृति को 1948 में सेण्ट्रल बुक डिपो इलाहाबाद ने प्रकाशित किया। इसके प्रणयन की प्रेरणा भी गाँधी जी की हत्या ही है। 'सूत की माला' में बलिदान से सम्बन्धित घटनाओं पर एक सौ ग्यारह गीत हैं। कवि की गाँधी के प्रति आस्था बलवती है।

उठ गये आज बापू हमारे,
झुक गया आज झण्डा हमारा।[22]

मिलन यामिनी (1950) – 1945-49 में लिखित बच्चन का यह संग्रह 1950 में भारतीय ज्ञानपीठ बनारस से प्रकाशित हुआ। मिलन-यामिनी में 99 कविताएँ हैं जिन्हें कवि ने 33-33 के तीन भागों में विभक्त कर दिया है। कवि ने इस कृति को अपनी सह धर्मिणी तेजी को समर्पित किया है–

तेजी को,
जिसके तन की विमल कल्पना
अजित अमित की बन किलकार
पुलक उठी मेरे आंगन में।[23]

मिलन यामिनी, निशा निमंत्रण संग्रह के विपरीत मन की सुखात्मक उद्वेलन से युक्त अनुभूतियों की भावाक्ति है। 'निशा निमंत्रण' की जिस वियोग मयी अंधेरी रात में कवि हल्की सी प्रकाश किरण के सहारे, अपने अन्तर्मन के अवसाद, विषाद को सम्भाले हुए था; वह कवि उस बीती को भूल, वर्तमान में लौ जलाकर भविष्यत की सुनहली कल्पना में खोना चाहता है।

इस संग्रह के गीतों में प्रणय रागिनी की मधुर संगीत ध्वनि गुंजित है। "सुहागरात का वर्णन? मिलन यामिनी मैंने किस लिए लिखी है? कविता जो काम कर चुकी है, गद्य जब उसे करना चाहता है तो उसके हाथ पाँव फूल जाते हैं। आप यहाँ यह पुस्तक बन्द कर मिलन यामिनी खोलकर बैठ जाएँ।"[24]

हरिवंश राय बच्चन का कृतित्व विराट था। वह सही अर्थो में युगपुरूष हैं। कठिनतम संघर्ष किन्तु लेखनी कभी न रुकी।

20वीं शताब्दी के उत्तरार्द्ध में आपके अनेक काव्यसंग्रहों के साथ आलोचना, निबन्ध, कहानियाँ एवं आत्मकथा के तीन खण्ड प्रकाशित हुए। इस समय 'प्रणय पत्रिका', धार के इधर-उधर, आरती और अंगारे, बुद्ध और नाचघर, त्रिभंगिमा, चार खेमे चौंसठ खूंटे, दो चट्टानें, बहुत दिन बीते, कटती प्रतिमाओं की आवाज, उभरते प्रतिमानों के रूप, जाल समेटा इत्यादि कृतियाँ प्रकाशित हुईं।

बच्चन ने अनेक कृतियों का अनुवाद किया जो उनके मौलिक सृजन का ही विस्तार है। उमर खैयाम की रुबाइयां, जनगीता, चौंसठ रूसी कविताएँ, मरकत द्वीप

का स्वर, नागर गीता, भाषा अपनी भाव पराये। शेक्सपियर के चार नाटकों-मैकबेथ, ओथेलो, हैमलेट और किंगलियर का अनुवाद किया।

बच्चन जी ने काव्य के साथ-साथ गद्य लेखन भी किया। आत्मकथा के तीन खण्ड क्या भूलूं क्या याद करूं, नीड़ का निर्माण फिर, और बसेरे से दूर शीर्षक से प्रकाशित हुए। आलोचना सम्बन्धी तीन पुस्तकें कवियों में सौम्य संत सुमित्रानन्दन पन्त, (1960), नये पुराने झरोखे (1962), और टूटी झूटी कड़ियां (1973) प्रकाशित हुईं।

बच्चन जी का जितना विस्तृत काव्य संसार है उतना विस्तृत गद्य संसार तो नहीं है किन्तु जितना भी गद्य का सृजन किया वह उनके काव्य की ही कोटि का है।

सन्दर्भ

1. विद्यालंकार चन्द्रगुप्त, आज के लोकप्रिय हिन्दी कवि हरिवंश राय बच्चन, राजपाल एण्ड सन्स दिल्ली 1960, पृष्ठ 7
2. बच्चन हरवंश राय; नीड़ का निर्माण फिर, राजपाल एण्ड सन्स दिल्ली (पाँचवां संस्करण) 1980, पृष्ठ 14
3. विद्यालंकार चन्द्रगुप्त, आज के लोकप्रिय हिन्दी कवि हरिवंश राय बच्चन, राजपाल एण्ड सन्स दिल्ली 1960, पृष्ठ 9
4. बच्चन हरवंश राय; नीड़ का निर्माण फिर, राजपाल एण्ड सन्स दिल्ली (पाँचवाँ संस्करण) 1980, पृष्ठ 259
5. विद्यालंकार चन्द्रगुप्त, आज के लोकप्रिय हिन्दी कवि हरिवंश राय बच्चन, राजपाल एण्ड सन्स दिल्ली 1960, पृष्ठ 9
6. वही, पृष्ठ 10
7. वही, पृष्ठ 11
8. अरोड़ा ललिता; बच्चन : एक अध्ययन, भारतीय ग्रंथ निकेतन नई दिल्ली 1192, पृष्ठ 25
9. कुमार अजित, (संपा) बच्चन रचनावली भाग-1, राजकमल प्रकाशन, दिल्ली 1983, पृष्ठ 36
10. सरस्वती, दिसम्बर 1933, पृष्ठ 502
11. कुमार अजित, (संपा) बच्चन रचनावली भाग-1, राजकमल प्रकाशन, दिल्ली 1983, पृष्ठ 36
12. बच्चन हरिवंश राय, मधुबाला, सुषमा निकुंज इलाहाबाद, 1936, पृष्ठ 1 (भूमिका)
13. बच्चन हरिवंश राय, मधुकलश, सुषमा निकुंज इलाहाबाद, 1936, पृष्ठ 1 (भूमिका)
14. वही, पृष्ठ 5
15. बच्चन हरिवंश राय, निशा निमंत्रण, सुषमा निकुंज इलाहाबाद, 1938, पृष्ठ 6
16. कुमार अजित, (संपा) बच्चन रचनावली भाग-1, राजकमल प्रकाशन, दिल्ली 1983, पृष्ठ 208
17. बच्चन हरिवंश राय; आकुल अन्तर, भारती भण्डार, इलाहाबाद 1943, पृष्ठ 1
18. बच्चन हरिवंश राय; सतरंगिनी, भारती भण्डार, इलाहाबाद 1945, पृष्ठ 1
19. बच्चन हरिवंश राय; हलाहल, भारती भण्डार, इलाहाबाद 1946, पृष्ठ 1-2 (भूमिका)
20. बच्चन हरिवंश राय; बंगाल का काल, भारती भण्डार, इलाहाबाद 1946, पृष्ठ 5 (भूमिका)
21. बच्चन हरिवंश राय; खादी के फूल, भारती भण्डार, इलाहाबाद 1946, पृष्ठ 4
22. बच्चन हरिवंश राय; सूत की माला, सेन्ट्रल बुक डिपो, इलाहाबाद 1948, पृष्ठ 1
23. बच्चन हरिवंश राय; मिलन यामिनी, भारतीय ज्ञान पीठ बनारस, 1950, पृष्ठ 1
24. बच्चन हरिवंश राय, नीड़ का निर्माण फिर, राजपाल एण्ड सन्स दिल्ली 1980 (पाँचवाँ संस्करण), पृष्ठ 272

युगीन साहित्यकार और उनकी साहित्य साधना

20वीं शताब्दी के पूर्वार्द्ध में इलाहाबाद के साहित्यिक एवं राजनीतिक परिवेश में एक प्रकार की बौद्धिक सम्पन्नता दिखाई देती है।[1] सरस्वती, चाँद पत्रिकाओं ने जिस परिवेश का निर्माण किया उसके परिणाम स्वरूप यहाँ साहित्य निर्माण की अनवरत प्रक्रिया आरम्भ हुई। पं. सूर्यकान्त त्रिपाठी निराला, पं. सुमित्रानन्दन पन्त, महादेवी वर्मा, डा. रामकुमार वर्मा और हरिवंश राय बच्चन के समान अन्य साहित्यकार हुए जिनका कृतित्व उनके समान विराट तो नहीं था किन्तु साहित्य सृजन में उन्होंने भी महत्त्वपूर्ण भूमिका निभाई है। इन साहित्यकारों की रचनाएं निरंतर सरस्वती, चाँद, मर्यादा आदि पत्रिकाओं में प्रकाशित हुईं और अनेक कृतियों का सृजन किया।

रामनरेश त्रिपाठी

रामनरेश त्रिपाठी 20वीं शताब्दी के आरम्भ के साहित्यकार हैं। रामनरेश त्रिपाठी का जन्म सं. 1946 (सन् 1890) को कोइरी पुर ग्राम जिला सुल्तानपुर में एक सरयूपारीण ब्राह्मण परिवार में हुआ था। उनके पिता संस्कृत के पण्डित और धार्मिक ग्रंथों के अध्येता थे।[2] त्रिपाठी जी की शिक्षा का प्रारम्भ उर्दू से हुआ और ग्राम की पाठशाला में कक्षा आठ तक शिक्षा पाई। गरीबी के कारण शिक्षा आगे न हो सकी। शिक्षा के अपूर्ण रहने पर अपने चाचा रामस्वरूप जी के यहाँ कलकत्ता चले गये। कवित की प्रतिभा के कारण शीघ्र ही वहाँ लोकप्रिय हो गये।[3]

सन् 1925 में पिता के देहान्त के पश्चात् प्रयाग आ गये और राष्ट्रीय आन्दोलन में सक्रिय भाग लिया और कठोर कारावास भोगा। जेल से बाहर आने पर हिन्दी मन्दिर की स्थापना की। अब तक वे मिलन और पथिक दो खण्ड काव्यों की रचना कर प्रसिद्धि प्राप्त कर चुके थे। प्रयाग में राष्ट्रीय आन्दोलन में अग्रणी पं. मदन मोहन मालवीय, पुरुषोत्तम दास टण्डन, डॉ. काटजू, जवाहर लाल नेहरू, सर तेज बहादुर सप्रू, सी. वाई. चिन्तामणि से उनकी मित्रता हुई। गाँधीजी और नेहरू को रामायण पढ़ाने का कार्य उन्होंने ही किया था।[4]

त्रिपाठी जी की कविता बहुजन हिताय और बहुजन सुखाय की दृष्टि से लिखी

गई थी। उन्होंने तुलसीदास जी को आदर्श बनाया और काव्य की रचना की। उन्होंने तुलसीदास जी ने कविता के सम्बन्ध में लिखा है–

"कीरति भनति भूति भलि सोई। सुर सरि सम सब कर हित होई।।"

अर्थात् कीर्ति, कविता और सम्पदा वही सराहनीय है जो गंगा जी की तरह सबके लिए हितकारी हो। मैंने सदा इसी भाव से प्रेरित होकर कविता लिखी हैं। उसे चाहे स्वान्तः सुखाय कहिए चाहे बहुजन हिताय।"[5] रामनरेश त्रिपाठी की साहित्य साधना सरस्वती के प्रकाशन के पश्चात् आरम्भ होती है। इस समय देश में बंग-भंग आन्दोलन चल रहा था "मेरा स्मृतिमय जीवन उस समय से शुरू होता है जब देश से बाहर रूस और जापान का युद्ध हो रहा था और देश में बंग-भंग का आन्दोलन जोरों पर था। बंग वासी में देश भक्ति के जो गीत निकलते थे उनका मेरे बाल जीवन पर गहरा प्रभाव पड़ता था। इससे देश प्रेम और दीन दुखियों की सेवा के भाव मेरे हृदय में सबसे अधिक समाए, जो पद्यबद्ध होकर निरन्तर निकलते रहे।"[6] त्रिपाठी की पहली रचना 'हिन्दुओं की हीनता' सरस्वती में प्रकाशित हुई थी।

मिलन (1917) – मिलन काल क्रम की दृष्टि से त्रिपाठी जी का पहला खण्ड काव्य है। इसे उन्होंने इलाहाबाद में उस समय लिखा जब देश में अंग्रेजी राज्य का शिकंजा पूर्णतः कस चुका था "सबसे पहले इलाहाबाद में रहकर मैंने मिलन नाम का एक खण्ड काव्य लिखा, जिसका पहला सर्ग मर्यादा नाम की पत्रिका में प्रकाशित हुआ। साहित्यिक मित्रों में उसकी प्रशंसा हुई थी तब मैंने उसमे चार सर्ग और बढ़ाकर उसे पूरा खण्ड काव्य कर दिया था। उन दिनों देश में अंग्रेजी राज तप रहा था और राष्ट्रीय कविता लिखना एक जुर्म माना जाता था।"[7]

मिलन खण्ड काव्य का कथानक राष्ट्रीय भावनाओं से प्ररित है। काव्य का नायक आनन्द कुमार और नायिका विजया दोनों ही देश प्रेम की भावनाओं से ओतप्रोत हैं। नायक तो देश भक्ति में दीक्षित वीर है–

आहत युवक थक गया तन से
निकल रहा था रक्त।
था तथापि शत्रु मंथन में
पूर्ण रूप आसक्त।[8]

पथिक (1920) – पथिक रामनरेश त्रिपाठी ने रामेश्वर की यात्रा से लौटकर इलाहाबाद में लिखा, "रामेश्वर की यात्रा के बाद इलाहाबाद आया तब सबसे पहले अपना वह नशा उतारने में लग गया और 21 दिनों तक मकान की छत पर टिन के एक छप्पर के नीचे बैठकर और वहीं खा पीकर और सोकर भी मैंने 'पथिक' लिख डाला। 'पथिक' के पद्यों में मैंने प्राकृतिक दृश्यों को जिसे देखा था जगह-जगह

टांक दिया है। पथिक की बड़ी प्रशंसा हुई देश के बड़े-बड़े नेताओं और हिन्दी के सुप्रसिद्ध कवियों ने उसका आदर किया।''[9] महात्मा गाँधी ने पथिक को पढ़ा और इसकी अत्यधिक प्रशंसा की थी।[10]

'पथिक' खण्ड काव्य में तत्कालीन परिस्थितियों का यथार्थ चित्रण है। ब्रिटिश साम्राज्य की कूटनीति तथा राजा और प्रजा के वैमनस्य का यथार्थ चित्र प्रस्तुत होता है। पथिक काव्य का मुख्य स्वर तो देश भक्ति का है किन्तु खण्ड काव्य के नायक पथिक के पारिवारिक जीवन की ओर भी कवि ने ध्यान खींचा है।[11] पथिक व्यक्तिगत जीवन में कठिनाइयों से जूझते हुए भी गाँधी दर्शन के अहिंसक सिद्धांतों को गली-गली, गाँव-गाँव घूमकर प्रचारित करता है।[12]

स्वप्न (**1929**) – त्रिपाठी जी ने 1928-29 में कश्मीर की यात्रा की और कश्मीर से इलाहाबाद लौटकर इस खण्ड काव्य को पूरा किया''1928-29 में मैं कश्मीर गया। कश्मीर तो पृथ्वी का स्वर्ग ही है। वहाँ के प्राकृतिक दृश्यों पर तो मन लहालोट हो ही गया था। वहीं मेरे स्नेहभाजन श्री गोपाल नेवटिया ने पथिक की तरह एक और खण्डकाव्य लिख देने का अनुरोध किया था, जिसे कश्मीर से लौटने के बाद पूरा किया। उसे पूरा करने में तीन महीने लगे क्योंकि इलाहाबाद के संघर्षमय जीवन में मन का शिखर तक पहुँचना और वहाँ देर तक टिकना युग काव्य ही था।''[13]

'स्वप्न' ऐसा काव्य है जिसे त्रिपाठी ने नवयुवकों के लिए देखा है ताकि वह भावी पीढ़ी का निर्माण कर सकें ''इसमें मैंने आजकल के नवयुवकों के दुविधामय हृदय को चित्रित करने का प्रयत्न किया है। आजकल एक ओर तो देश का दुःख दैन्य करुण रस उत्पन्न कर रहा है, दूसरी ओर सौन्दर्य शृंगार और सुख के लिए प्रकृति का प्रोत्साहन है। नवयुवकों का मार्ग शृंगार और करुण के बीच का है। शुद्ध हृदय के लिए दोनों ओर आकर्षण है। किधर जाना चाहिए इसके लिए ही मैंने यह स्वप्न तैयार किया है।''[14]

रामनरेश त्रिपाठी का संख्या की दृष्टि से काव्य अधिक नहीं किन्तु उनके तीनों ही खण्ड काव्य तथा अन्य स्फुट रचनाएं ऐतिहासिक दृष्टि से अत्यधिक महत्वपूर्ण हैं। प्रकृति प्रेम, देशानुराग एवं सामाजिक सुधार उनकी कविताओं के प्रमुख विषय हैं। हास्य और व्यंग्य भी कुछ कविताओं में सहज और सशक्त रूप से मुखरित हुआ है। आचार्य रामचन्द्र शुक्ल ने लिखा है ''कार्य क्षेत्र में जिस स्वाभाविक स्वच्छन्दता (रोमैंटिसिज्म) का आभास पं. श्रीधर पाठक ने दिया था उसके पथ पर चलने वाले द्वितीय उत्थान में त्रिपाठी जी ही दिखाई पड़े।''[15]

उपेन्द्रनाथ 'अश्क'

प्रेमचन्दोत्तर युग के उपन्यासकारों में अश्क का विशिष्ट स्थान है। अश्क ने साहित्य

के प्रत्येक अंग पर लेखनी चलाई है। कविता, नाटक, कहानी, उपन्यास, आदि साहित्य अंगो पर इनकी गति समान रूप से रही है और इनमें से किसी एक साहित्य की एकांगी साधना में संलग्न होकर इन्होंने दूसरे क्षेत्रों में अपनी गति को कुंठित नहीं होने दिया है।[16]

अश्क का जन्म 14 दिसम्बर 1910 को भारद्वाज गोत्र के सारस्वत ब्राह्मण परिवार में जालंधर, पंजाब में हुआ। अश्क माधोराम की 6 संतानों में दूसरे थे। सारस्वत ब्राह्मण सरस्वती नदी के किनारे बसने वाले तथा भारद्वाज ऋषि के आश्रम में शिक्षा पाने वाले ब्राह्मण हैं। अश्क जी मानते थे कि उनके पूर्वज जसरा (इलाहाबाद के समीप) से जालंधर गये होंगे। इलाहाबादी लेखकों के विरोध में अश्क जी कहते थे कि "आप लोगों के जुल्म से मेरे पुरखे पंजाब चले गये होंगे। मैं अपने पूर्व पुरुषों की धरती पर आ गया हूँ और मैंने त्रिवेणी तट पर अपना खूंटा गाड़ दिया है, कोई इसे हिला नहीं सकता।"[17]

अश्क आठ वर्ष तक अपने पिता के साथ, हिसार, बगवाना और सैला खुर्द आदि स्टेशनों पर रहे। पिता ने आरम्भिक शिक्षा घर पर ही दी। पाँच वर्ष की आयु में इन्हें संस्कृत के श्लोक तथा अनेक अंग्रेजी के वाक्य कंठस्थ थे। पिता का तबादला होने पर इनकी माता जालंधर में रहने लगी। यहीं पर 1919 में साई दास संस्कृत एंग्लों हाईस्कूल में कक्षा तीन में प्रवेश लिया। अश्क में काव्य के गुण बचपन से ही दिखाई देने लगे थे। साईं दास संस्कृत एंग्लो हाई स्कूल से ही 1927 में हाईस्कूल की परीक्षा द्वितीय श्रेणी में उत्तीर्ण की। स्कूल के दिनों में अश्क की दशा एक यतीम जैसी थी इसे लेखक ने स्वयं स्वीकार किया। "मेरे चेहरे पर तो स्कूल के दिनों में यतीमी बरसती थी...आकृति पर कुछ अज्ञात सा सहम, घुटा हुआ सिर, तंग माथा, लम्बी चोटी, टखनों से ऊंचा उटंग पायजामा, पांव प्रायः नंगे।"[18]

स्कूल में अश्क प्रायः तुकबंदी करते। 1924 में प्रथम पंजाबी कविता 'की चाही दै गुरू बनाम लगिया' लिखी तथा 1926 में पहली उर्दू नज्म लाहौर के प्रसिद्ध उर्दू दैनिक मिलाप के रविवारीय अंक में छपी। 1927 में उनकी पहली कहानी 'याद है वो दिन' के नाम से प्रकाशित हुई। 1930 में पहला कहानी संग्रह 'नौ रतन' प्रकाशित हुआ। 1933 में दूसरा कहानी संग्रह 'औरत की फितरत' प्रकाशित हुआ इसकी भूमिका मुंशी प्रेमचन्द ने लिखी थी।[19]

1932 में इनका विवाह इनकी इच्छा के विपरीत शीला देवी से कर दिया। इन्होंने अपनी रचनाओं में अपने जीवन के इस महत्त्वपूर्ण मोड़ का औचित्य सिद्ध करने का प्रयास किया है। अश्क का जीवन संघर्षों का जीवन है जब इन्हें अपनी पत्नी से प्यार हुआ तब वह इन्हें छोड़कर चली गई। 1936 में घटित इस घटना ने अश्क

को भीतर तक झकझोर कर रख दिया। इन्होंने मौत से जूझकर भी मौत से पराजित न होने की प्रतिज्ञा की। इनमें अनुभूति की तीव्रता बढ़ने लगी, हृदय संवेदनशील एवं भाव प्रवण हो गया। जीवन में इस एकांकीपन के भार से मुक्त होने के लिए लेखक का हृदय कराह उठा—

> "मैं भी उकता जाता हूँ, निज एकाकी सूनेपन से
> उकता जाता हूँ अपने इस, भार सरीखे जीवन से।"[20]

दुख एवं पीड़ा के इन्ही क्षणों में अश्क ने अपना काव्य संग्रह प्रातप्रदीप पूरा किया। कविताएँ तो अश्क ने पत्नी की मृत्यु से पूर्व भी लिखना आरम्भ कर दिया था और वह छपने भी लगी थी लेकिन प्रातप्रदीप अश्क जी का प्रथम काव्य संग्रह है जो 1938 में प्रकाशित हुआ।[21]

पत्नी की मृत्यु के दुःखमय वातावरण से शीघ्र ही अपने को उबार लिया। दूसरी शादी की किन्तु उनसे वह आजीवन न निभा सके और कौशल्या देवी से विवाह कर लिया जो शिक्षित एवं अध्यापिका थी। आगे चलकर कौशल्या के सहयोग से अश्क ने इलाहाबाद में नीलाभ प्रकाशन की स्थापना की और अथक परिश्रम से उसे सुदृढ़ बनाया।[22]

अश्क ने अपना साहित्यिक जीवन कहानीकार एवं कवि के रूप में आरम्भ किया किन्तु उपन्यास को उन्होंने अपनी साहित्य साधना का प्रमुख क्षेत्र बनाया और वर्षो एकान्त रूप से उपन्यास लिखते रहे। यही नहीं अपने आरम्भिक सफल छोटे उपन्यासों के बाद जिनमें वे एक श्रेष्ठ कलाकार के रूप में सामने आते हैं और चेतन नायक के माध्यम से एक शृंखला ही खड़ी कर देते हैं।[23]

अश्क का प्रथम उपन्यास 'सितारों के खेल' 1940 में प्रकाशित हुआ। आलोचक 'सितारों के खेल' को रूमानी उपन्यास मानते हैं और प्रथम दृष्टया यह उपन्यास रूमानी लगता भी है रावी की लहारों पर जगत और लता की सैरे, उस काली बरसाती, तूफानी रात में बंसीलाल का सिर्फ नल के सहारे लता के मकान की तीन मंजिलें चढ़ जाना, वहां लगभग उसकी घातक छलांग, अमृतराय का लता और राजरानी का अमृतराय से प्रेम और फिर धर्मशाला के वे उदास-उदास प्यार भरे एकांकी दिन, सब एक रोमानी झीने पर्दे में लिपटे दिखाई देते हैं। एक सीमा तक सितारों के खेल रूमानी उपन्यास है किन्तु इसमें यथार्थवाद के स्पष्ट दर्शन होते हैं। जिस यथार्थवाद के दर्शन गिरती दीवारों में होते हैं उसके बीज सितारों के खेल में भी मौजूद हैं।[24]

इस उपन्यास को देखकर लेखक की भावी दिशा का अनुमान लगाना कठिन है और इस उपन्यास की समाप्ति पर स्वयं अश्क ने निर्णय किया कि 'गढ़ा गढ़ाया' उपन्यास अब वह न लिखेंगे। उपन्यास का शीर्षक कहता है कि लेखक को भाग्य पर

अटूट विश्वास है या उपन्यास में नियति को अत्यन्त शक्तिशाली चित्रित किया गया है। यह भी प्रतीत होता है कि लेखक धरती की अपेक्षा आकाश अथवा यथार्थ की अपेक्षा कल्पना को अधिक महत्त्व दे रहा है पर उपन्यास के अनुशीलन से दूसरे ही तथ्य प्रकट होते हैं। अश्क स्वीकारते हैं – "मेरे कच्चे मन में नियति का भी कुछ न कुछ विश्वास अवश्य था।" उपन्यास में चित्रित है कि व्यक्ति की कृपाओं का नियंत्रण नियति करती है और इस तथ्य को प्रकट करने के लिए प्रेम और विवाह की समस्या को उठाया गया है।

इस उपन्यास की प्रेरणा सती अनसूया का पौराणिक आख्यान है। पौराणिक कथा में चित्रित है कि अनसूया का एक अपाहिज व्यक्ति से विवाह कर दिया जाता है और वह उसे पूरे प्रेम और श्रद्धा से अपने साथ रखती है। अश्क के मन को पौराणिक कथा का यह सत्य स्वीकार नहीं था। उनके मन में अनेक प्रश्न उठे कि क्या कोई युवती ऐसा कर सकती है। बस इसी की अभिव्यक्ति के लिए सितारों के खेल की रचना हुई।[25]

अश्क ने एक घटना के माध्यम से एक बड़े मनोवैज्ञानिक सत्य का उद्‌घाटन किया है। लता पूरी आस्था से पंगु वंशी लाल की सेवा करती है। उसकी इस निष्ठा को देखकर डा. अमृत राय उसे प्रेम की दृष्टि से देखने लगता है, पर वही लता जब वंशीलाल को विष दे देती है तो अमृतराय की प्रेम भावना को एक तीव्र झटका लगता है। निष्ठा देखकर लता के प्रति प्रेम उमड़ना स्वाभाविक है तो उसका द्योतक रूप देखकर उसके प्रति विरक्त होना भी उतना ही सत्य है। लेखक इस रचना के माध्यम से एक संदेश देता हुआ प्रतीत होता है। वह मानो लता के माध्यम से कह रहा है कि हे आधुनिक नारी, लता की तरह स्वतंत्र रहकर भटको मत, प्रकृति ने जिस उद्देश्य से स्त्री-पुरुष का सृजन किया है, उसी उद्देश्य की पूर्ति का मार्ग सबसे अच्छा मार्ग है।[26]

उपेन्द्रनाथ अश्क गिरती दीवारों के पश्चात् चर्चित हुए किन्तु एक उपन्यासकार के रूप में सितारों के खेल से उनका परिचय हो गया था। सितारों के खेल की विवेचना में ओंकार शरद ने लिखा है "गिरती दीवारों की इतनी गर्मा गर्म चर्चा रही कि सितारों के खेल का जिक्र बहुत ही कम हो पाया और उपन्यासकार के रूप में अश्क जी गिरती दीवारों के बाद ही सम्मानित हो पाए। यद्यपि जिन्होंने सितारों के खेल पढ़ा था उन्हें इस पहले उपन्यास ने ही अश्क का उपन्यासकार की हैसियत से पूरा परिचय दे दिया था।[27]

अश्क का दूसरा महत्त्वपूर्ण उपन्यास 'गिरती दीवारें' 1946 में प्रकाशित हुआ। "गिरती दीवारें शरबत का गिलास नहीं कि आप उसे एक ही घूंट में कंठ के नीचे उतार लें। काफी के तख्त प्याले की तरह आपको उसे घूंट-घूंट कर पीना होगा।

पर काफी की तल्ख़ शीरीनी (कटुमिठास) का जो शख्स आदी हो जाता है फिर वह शरबत की ओर आँख उठाकर भी नहीं देखता।"[28]

अश्क ने अपने प्रथम उपन्यास 'सितारों के खेल' की समाप्ति पर निर्णय लिया था कि वह ऐसा गढ़ा गढ़ाया उपन्यास फिर न लिखेंगे और इस उपन्यास में उन्होंने अपने निर्णय का पालन किया है। यह एक सामाजिक यथार्थवादी उपन्यास है, जिसमें भारतीय समाज का, विशेष रूप से निम्न मध्यम वर्गीय समाज का विशद चित्रण है तथा तत्कालीन परिस्थितियों का व्यापक वर्णन हैं। निम्न मध्यम वर्ग की आर्थिक चिंताओं का अंकन है। अपनी असफलताओं से कुंठित निम्न मध्यम वर्ग का यथा तथ्य चित्रण है। उपन्यास में पंजाब के प्रसिद्ध नगर जालंधर और उसके चारों ओर फैली बस्तियों, लाहौर और शिमला के मध्यम वर्गीय समाज का जीवन उसकी गतिविधियों, इच्छाओं आकांक्षाओं, लेन-देन, आचार व्यवहार समस्याओं आदि का अत्यन्त सूक्ष्मता से चित्रण किया गया है। लेखक ने बिना किसी संकोच के तथा बिना किसी पक्षपात के अपने इर्द-गिर्द के परिवेश का पूर्ण ईमानदारी के साथ विवरण प्रस्तुत किया है।[29]

गिरती दीवारें उपन्यास का नायक चेतन है, जिसके सम्मुख अन्य निम्न मध्यम वर्गीय युवकों की भाँति जीवन की कोई दिशा स्पष्ट नहीं है। उसका पिता अथवा अन्य कोई व्यक्ति उसका पथ प्रदर्शन भी नहीं करता। चेतन में प्रतिभा है पर उसके सदुपयोग से वह अनभिज्ञ है। वह अपने जीवन निर्माण में संलग्न है, उसका लक्ष्य उच्च है पर रास्ते अस्पष्ट हैं। फलस्वरूप उसे हर मोड़ पर असफलता के दर्शन होने लगते हैं और उसके जीवन में विशृंखलता आने लगती है। वह भटकने लगता है। वह कथाकार, उपन्यासकार, कवि, संगीतज्ञ, चित्रकार, अभिनेता बनना चाहता है पर अनिश्चय की भावना में भटकने के कारण कुछ भी नहीं बन पाता।

गिरती दीवारें आम आदमी के संघर्ष की कहानी है। उपन्यास सामाजिक जीवन के परिप्रेक्ष्य में लिखा गया जहाँ मध्यम वर्ग परिस्थितियों से लड़ता दिखाई देता है। "कहानी उसमें महत्त्व नहीं रखती, महत्व रखता है निम्न मध्यम वर्ग के वातावरण का चित्रण और उस वातावरण के अंधेरे में अपनी प्रतिभा के विकास का पथ खोजने वाले जागरूक अति भाव प्रवण युवक की तड़प और उसका मानसिक विकास।"[30]

निम्न मध्यम वर्गीय जीवन में आने वाली अनेक समस्याओं, सड़े-गले संस्कारों, रूढ़िग्रस्त सामाजिक विषमताओं, पूंजीवादी शोषण के प्रति असहाय विद्रोह छल कपट आदि का पूर्ण रूपेण चित्रण तथा इस चित्रण द्वारा ही व्यक्ति की बहुविधि कुण्ठा की दीवारों को गिराने की सांकेतिक प्रेरणा देना ही इस उपन्यास का मुख्य उद्देश्य है।

गिरती दीवारों के पश्चात अश्क एक श्रेष्ठ उपन्यासकार के रूप में प्रतिष्ठित हो

गये। उपन्यास लेखन को अपने लेखन में प्रमुख रूप से अपना लिया। गिरती दीवारों के पश्चात गर्मराख (1952) प्रकाशित हुआ। बड़ी-बड़ी आँखें, पत्थर अल पत्थर, शहर में घूमता आईना, एक नन्ही किन्दील, बांधो न नाव इस ठांव, निमिषा, छोटे बड़े लोग, चन्द्रा, नीला मुझे माफ कर दो, धौलाघाट की छाया में, आदि महत्त्वपूर्ण उपन्यास प्रकाशित हुए।

अश्क उपन्यासकार के साथ-साथ श्रेष्ठ नाटककार, कुशल कहानीकार एवं कवि भी हैं। गद्य की इन विधाओं में अश्क समानान्तर लिखते रहे। उनकी पहली कहानी 1927 में 'याद है वो दिन' प्रकाशित हुई उसके पश्चात कहानी लेखन निरन्तर जारी रहा। पिंजरा, दो धारा, छींटे, काले साहब, जुदाई की शाम का गीत, सत्तर श्रेष्ठ कहानियाँ, उवाल और अन्य कहानियाँ, बैंगन का पौधा, आकाश चारी, कहानी लेखिका और झेलम के सात पुल, अश्क की श्रेष्ठ कहानियाँ, राचा राम दित्ता, दूरदर्शी लोग, दस प्रतिनिधि कहानियाँ आदि कहानी संग्रह प्रकाशित हुए।

नाटक एवं एकांकी भी उतने ही श्रेष्ठ लिखे जितने उपन्यास। जय पराजय, छठा बेटा, स्वर्ग की झलक, कैद और उड़ान, आदि मार्ग, लौटता हुआ दिन, बड़े खिलाड़ी, पैंतरे, अलग अलग रास्ते, अंजो दीदी, भंवर नाटक लिखे। देवताओं की छाया में, तूफान से पहले, चरवाहे, पर्दा उठाओ पर्दा गिराओ, साहब को जुकाम है, अंधी गली, मुखड़ा बदल गया, श्रेष्ठ एकांकी संग्रह प्रकाशित हुए।

अश्क कहानीकार, नाटककार एवं उपन्यासकार के रूप में सामने आए और सा. हित्य की प्रमुख विधा काव्य को भी अपनाया। कविता तो उनकी हॉवी ही रही।[31]

प्रातप्रदीप (1937) के पश्चात नाटक, उपन्यास, कहानियों के साथ-साथ काव्य यात्रा भी जारी रही, उम्मियां, बरगद की बेटी, दीप जलेगा, चाँदनी रात और अजगर, खोया हुआ प्रभा मण्डल, सड़कों पे ढले साये, अदृश्य नदी, एक दिन आकाश ने कहा, स्वर्ग एक तलघर है आदि प्रसिद्ध कविता संग्रह प्रकाशित हुए।

अश्क का साहित्यिक जीवन जितना उज्ज्वल व्यक्तिगत जीवन उतना ही अंधकारमय। उन्होंने जीवन भर संघर्ष किया। इलाहाबाद में उन्हें व्यक्तिगत एवं साहित्यिक शत्रुओं से संघर्ष करना पड़ा। साहित्यिक शत्रुओं में इलाचन्द्र जोशी ने आरोप लगाया कि अश्क कभी सामाजिक उद्देश्य से प्रतिबद्ध नहीं रहे।[32]

एक ओर कुछ साहित्यकार उनके खिलाफ लिख रहे थे तो इलाहाबाद के अनेक साहित्यिक गुटों ने उनका स्वागत भी किया। नीलाभ प्रकाशन शुरू किया किन्तु आर्थिक स्थिति अच्छी न होने के कारण अश्क स्वयं और पत्नी कौशल्या किताबों का बैग उठाए पूरे देश के दौरे करते थे।[33]

समस्त संघर्षों के बाद भी अश्क की कलम कभी नहीं रुकी और वह जीवन

भर साहित्य साधना करते रहे। साहित्य के लिए अनेक सम्मान प्राप्त हुए। अश्क जी न केवल भारत के बल्कि विश्व के श्रेष्ठतम लेखकों में से एक थे।

इलाचन्द्र जोशी

इलाचन्द्रै जोशी बहुमुखी प्रतिभा के धनी साहित्यकार है। कविता-कहानी, निबन्ध में लेखनी चलाई किन्तु वह एक श्रेष्ठ उपन्यासकार के रूप में प्रतिष्ठित हुए। जोशी का जन्म 13 दिसम्बर 1902 को अल्मोड़ा के एक सुसंस्कृत परिवार में हुआ। इनके पिता पंडित चन्द्र वल्लभ जोशी वन विभाग में चीफ कंजर्वेटर ऑफ फारेस्ट के निजी सचिव एवं प्रसिद्ध संगीतज्ञ भी थे।[34]

जोशी को शैशव काल से ही लिखने का शौक था जब वह सातवीं कक्षा में पढ़ते थे, तब उन्होंने सुधाकर नाम की एक हस्तलिखित पत्रिका निकाली। उस समय सुमित्रानन्दन पन्त इनसे पढ़ाई में कुछ साल आगे थे, उसी स्कूल में पढ़ने के कारण जोशी पन्त से प्रभावित हुए। इस पत्रिका में उन्होंने कविवर पन्त और यशस्वी नाटक कार गोविंद बल्लभ पन्त की रचनाएं प्रकाशित करवाई। इसलिए कविवर पन्त और शरत चन्द्र का साहचर्य उनकी सृजनात्मक प्रतिभा के लिए प्रेरक मंत्र बना जो उन्हें महान साहित्यकार बनाने में उपयोगी सिद्ध हुआ। अन्य साहित्यकारों से भी वह प्रभावित हुए। उन्होंने लिखा है "जो चार महाकवि अपने जीवन और कृतित्व से मेरे साहित्य रहस्यान्वेषी मन को जीवन भर आच्छन्न किए रहे, वे हैं– शेक्सपियर, कालिदास, तुलसीदास और रवीन्द्रनाथ।[35]

जोशी जी पन्त की पीढ़ी के ही साहित्यकार हैं जिन्होंने अल्मोड़ा छोड़कर प्रयाग को अपनी कर्मभूमि बनाया। 1925 से जोशी ने लिखना आरम्भ कर दिया था और हिन्दी साहित्य के क्षेत्र में अपनी काव्य कृति 'विजनवती' के साथ प्रवेश किया।[36] विजनवती में छायावादी शैली की कुछ रूपकमय या प्रतीकमय कविताएँ संकलित हैं। कविताओं में अधिकतर विषादरस की प्रबलता है। जोशी जी की कविताओं में मनोवैज्ञानिक कथा प्रणाली के दर्शन होते हैं। राजकुमार, दमयंती, महाश्वेता, शकुन्तला आदि कविताओं में मनोवैज्ञानिकता, प्रतीकात्मकता, वैयक्तिकता तथा नारी आत्मा के प्रति श्रद्धा और महानता का दृष्टिकोण स्पष्ट दिखाई देता है। अपनी कविताओं के सम्बन्ध में जोशी जी ने लिखा है "विजनवती में मैंने विजन की उस अमूर्त मानस प्रतिमा का ट्रेजिक गीत गाया है जो मेरे लिए किसी मूर्तमती जीवित प्रतिमा से भी अधिक सजीव तथा सत्य है।"[37]

जोशी ने लगभग 100 कहानियाँ लिखी हैं जो "रोमांटिक छाया" डायरी के नीरस पृष्ठ, होली और दीवाली, आहुति, खण्डहर की आत्माएं, धूपलता, आदि संग्रहों

में संकलित है। इनके अतिरिक्त उपनिषदों की कथाएं, महापुरुषों की प्रेम कथाएं नामक दो और कथा संग्रह हैं। जोशी की अधिकांश कहानियाँ भी आत्मचरित शैली में खिली गई हैं। सब में मनोवैज्ञानिकता का आधार और आग्रह है।[38]

जोशी ने अपना साहित्यिक जीवन कवि एवं कहानीकार से प्रारम्भ किया किन्तु बाद में वह उपन्यासकार के रूप में प्रतिष्ठित हुए। मानव उद्वेगों को प्रकट करने के लिए वह कविता एवं कहानी छोड़कर उपन्यासों की ओर आए। उन्होंने लिखा है, "उपन्यास लिखने की रुचि मेरे मन में क्यों जगी इस प्रश्न की ओर मेरा ध्यान इसके पहले कभी नहीं गया। जब पहला उपन्यास लिखने बैठा था तब सिवा लिखते चले जाने के क्यों और कैसे? इस तरह का तो सवाल ही मेरे मन में नहीं उठा। पर जब आज इस प्रश्न पर विचार करता हूँ तब ऐसा लगता है कि मेरी इस रुचि के पीछे निश्चय ही कोई मनोवैज्ञानिक कारण, धारणा या विश्वास अवश्य ही मेरे अनजान में काम कर रहा होगा। विश्लेषण करने पर कई कारणों में से एक कारण सुस्पष्ट रूप से मेरे आगे उभर उठता है घृणामयी जो मेरी पहली औपन्यासिक कृति थी, इसके पूर्व में छुट-पुट कविताएँ या छोटी कहानियाँ लिखा करता था। कहानियों से भी अधिक रुझान कविता लिखने की ओर था पर निरन्तर कटु और कठोर यथार्थ से संघर्ष होते रहने से मुझे (अनजाने में ही) लगा कि स्वयं अपनी और सारे समाज की वास्तविक पीड़ाओं का चित्रण कविता की अपेक्षा मैं उपन्यास के माध्यम से अधिक ईमानदारी और सचाई से कर सकता हूँ। कविता द्वारा केवल सांकेतिक शैली में ही उस मर्मपीड़ा का भावात्मक आभास दिया जा सकता है पर उपन्यास द्वारा उसे जीवन और ज्वलंत सत्य का रूप दिया जा सकता है, साथ ही औपन्यासिक शैली में काव्यगत भाव पक्ष तो निहित है ही।"[39]

जोशी का प्रथम उपन्यास 'घृणामयी' 1929 में प्रकाशित हुआ। घृणामयी को परिष्कृत रूप में 1941 में जोशी ने लज्जा नाम से प्रकाशित किया। इस कृति में उपन्यासकार का प्रमुख लक्ष्य नायिका की आत्म निगर्हना द्वारा अपने भाई की हत्या के कारण उन कार्यों के प्रति प्रायश्चित है जो उसकी दमित वृत्तियों एवं यौन भावना के कारण पूर्ण हुए। भाई की मृत्यु के साथ पिता की मृत्यु भी उसी का परिणाम है। इसका ही पूर्ण चित्र जोशी जी ने उपन्यास में दिया है। कहानी निपट निराशा से आरम्भ होकर गहन विषाद में समाप्त हो जाती है।

जोशी का दूसरा उपन्यास 'संन्यासी' है जो 1941 में प्रकाशित हुआ। यह सर्वप्रथम विश्वामित्र के प्रथम वर्ष के अंकों में धारावाहिक रूप से प्रकाशित हुआ था। मुख्य पात्र नंद किशोर, शांति, वलदेव एवं जयंती है। लज्जा के विपरीत उपन्यास के नायक नंदकिशोर के चरित्र का गठन हुआ है जो कि अपने अहं भाव से ग्रसित है। अहं से

परिचालित होने के कारण उसमें अमानवीय गुण सन्देह से उद्भूत ईर्ष्या, विफलता से उत्पन्न जलन आदि प्रमुख रूप में हैं। नंदकिशोर का चरित्र एक मनोवैज्ञानिक तथ्य का प्रतीक है। उसके चरित्र के समस्त विकास और परिणिति को अंकन करके इलाचन्द्र जोशी एक मनोवैज्ञानिक नियम को स्वरूप प्रदान करते हैं।

जोशी की तृतीय कृति 'पर्दे की रानी' है जो 1941 में प्रकाशित हुई। यह लगभग 220 पृष्ठों का छोटा उपन्यास है। यह उपन्यास भी आत्मकथा शैली में लिखा गया है, पर चार भागों में विभाजित है। पहले भाग में शीला की कहानी है, दूसरे में निरंजना की, तीसरे में शीला की और चौथे में फिर निरंजना की कहानी है। तब पाठक संशय में पड़ जाता है कि उपन्यास में दो पात्रों की अलग अलग कहानियाँ हैं क्या? नहीं वास्तव में कहानी तो निरंजना की ही है, शीला केवल सुनाती है। शीला की कहानी आती भी है तो गौण रूप में आती है पर्दे की रानी उपन्यास के सभी पात्र मुख्य रूप में कुंठित मानसिक तनाव में घिरे हुए हैं और अपने आप में प्रतीक वन गये हैं।

जोशी ने इस उपन्यास में यह दिखाने का प्रयत्न किया है कि हीनता की भावना थोड़ी या अधिक मात्रा में सबमें रहती है। हीनता का बोध, हीनता जनित क्षति पूर्ति की आकांक्षा और आकांक्षा की पूर्ति के लिए शक्ति प्राप्त करने की भावना, इन तीन बातों की शिकार पर्दे की रानी में निरंजना एवं इन्द्र मोहन हैं।

जोशी का उपन्यास 'प्रेत और छाया' सन् 1945 में प्रकाशित हुआ। इस उपन्यास के मुख्य पात्र चार हैं – मंजरी, नंदिनी, भुजौरिया जी और पारसनाथ। अकेले पारस का सम्बन्ध तीन नारियों से होता है। इसी सम्पर्क में उसके कतिपय दुर्गुणों का स्पष्टीकरण होता है। पारसनाथ के मन पर एक विशेष आघात उसकी माँ के चरित्र सम्बन्धी था। इस आघात के फलस्वरूप वह नारी जाति से घृणा करने लगता है और समाज में उन रूढ़ियों को महत्त्व नहीं देता जो आवश्यक है। इस प्रकार नन्द किशोर मानसिक तनाव और कुंठा का शिकार बन जाता है।

जोशी ने लम्बी भूमिका में दृष्टिकोण को अधिक स्पष्ट किया है। उस भूमिका का मूल स्वर यही है कि सभी प्रकार के जीवन चक्रों की मूल परिचालिका शक्ति है विश्व मानव की अज्ञात चेतना, अन्तर्जीवन और अज्ञात चेतना से सम्बन्धित रचनाओं की अपेक्षा करने से काम न चलेगा इत्यादि।

जोशी का उपन्यास 'निर्वासित' 1946 में प्रकाशित हुआ। जोशी इस उपन्यास में भी अन्य उपन्यासों की भाँति मानसिक ग्रंथियों एवं कुण्ठाओं की कथा कहते हैं। निर्वासित में भी उन्होंने अहंमन्यता, स्वरित और आत्म केन्द्रित जैसी हीन भावनाओं को कथा आधार बनाया है। निर्वासित में उन्होंने महीप जो कि प्रमुख पात्र है, उसकी पराभूत मनोवृत्ति और मानसिक जटिलता को कथा का आधार बनाया है। निर्वासित की

भूमिका में उपन्यास की कथा के आधार की ओर संकेत किया गया है– "(उपन्यास का नायक महीप) जीवन के किन जटिल लाज संकुल पंथों से होकर विचरण करता है, किन-किन घटना चक्रों का सामना उसे करना पड़ता है और उनकी क्या-क्या और कैसी प्रतिक्रियाएं उसके भीतर होती हैं, इन्हीं सब बातों का चित्रण करने का प्रयत्न मैंने किया है।"[40]

उपन्यास के प्रमुख पात्र महीप, नीलिमा, प्रतिभा, रूपा, शारदा देवी, डा. लक्ष्मी नारायण सिंह और धीरज सिंह हैं। इन पात्रों की मानसिक स्थितियाँ एक सी मिलती हैं परन्तु गौण पात्रों की भी कमी नहीं, जो कि इन पात्रों की मानसिक दशा को उभारने में सहायक सिद्ध हुए।

मुक्तिपथ जोशी जी का एक अन्य महत्त्वपूर्ण उपन्यास है जो 1950 में प्रकाशित हुआ। यह उनका परवर्ती उपन्यास माना जाता है। आरम्भ के उपन्यासों में वह मनोविज्ञान से अधिक जुड़े हुए थे और मानसिक आघात से समस्याएं कर दिखाते हैं।

यह उपन्यास जोशी का सर्वप्रथम ऐसा उपन्यास है जहाँ आधुनिक मनोविश्लेषण की गहरी छानबीन के द्वारा मानसिक स्तरों को उघाड़ने की चेष्टा कम की गई है। यही कारण है कि यहाँ यौन वृत्तियों एवं मानसिक ग्रंथियों से उत्पन्न समस्याओं का ह्रास हो जाता है एवं व्यक्ति के सबल पक्ष का उभार होता है।

जोशी जी ने उपन्यास लेखन को प्रमुख रूप से अपनाया और वह निरन्तर लिखते रहे। 20वीं शताब्दी के उत्तरार्द्ध में भी अनेक उपन्यास प्रकाशित हुए। सुबह के भूले (1951), जिप्सी (1952), जहाज का पंछी, ऋतु चक्र (1968), कवि की प्रेयसी (1976) प्रमुख है।

जोशी जी ने काव्य, कहानी एवं उपन्यास के अतिरिक्त अनेक समीक्षात्मक निबन्धों का सृजन किया। यद्यपि जोशी जी बहुमुखी प्रतिभा के धनी साहित्यकार रहे हैं किन्तु वह पाठकों के समक्ष एक उपन्यासकार के रूप में ही प्रतिष्ठित हुए।

नरेश मेहता

समकालीन रचनाकारों के मध्य नरेश मेहता उन गिनेचुने लोगों में से हैं जिनके लिए रचना कर्म ही एक मात्र प्रधान कर्म है। शेष सारे कार्य व्यापार अनुषंगिक हैं। नयी कविता में अपनी भाषिक सजगता के कारण नरेश जी अलग खड़े दिखाई देते हैं। काव्य के समानान्तर उनका गद्य साहित्य भी कुछ कम समृद्ध नहीं है किन्तु यह निर्विवाद सत्य है वह कहीं भी अपना कवि व्यक्तित्व छिपा नहीं पाए हैं।

नरेश मेहता का जन्म मालवा के शाजापुर कसबे में 15 फरवरी 1922 को हुआ। बचपन में ही माता का देहान्त हो गया। मालवा व उज्जैन में बाल्यकाल एवं

किशोरावस्था बीती। काव्य प्रतिभा मेहता में बचपन से ही दिखाई देने लगी थी।[41] नरेश मेहता की आरम्भिक कविताएँ छायावादी एवं रहस्यवादी ढंग की थी, किन्तु आगे चलकर इन्होंने उसे कविता कहने से ही इंकार कर दिया। अपनी पिछली कविताओं पर टिप्पणी करते हुए वह लिखते हैं, "अपनी पिछली छायावादी एवं रहस्यवादी कविताओं को कविता नहीं मानता। क्योंकि किसी भी प्रकार के प्रभाव में लिखी गई कविता को द्वितीय श्रेणी का काव्य कहना होगा और यह द्वितीय वाली बात मुझे पसन्द नहीं।"[42]

दूसरा सप्तक नरेश मेहता की दस कविताओं से सज्जित है। ये दसों कविताएँ नरेश की प्रकृति चेतना, प्रेमिल भावना और सांस्कृतिक भूमिका पर कवि की विश्व मानवता वादी दृष्टि की उद्‌बोधक है।

किरन मयी! तुम स्वर्ण वेश में;
स्वर्ण देश में!
सिंचित है केसर के जल से,
इन्द्रलोक की सीमा,
आने दो सैन्धव घोड़ों को
रथ कुछ हल्के धीमा,
पूषा के नभ के मंदिर में
वरुण देव को नींद आ रही,
आज अलक नंदा किरनों की वंशी का संगीत गा रही
अभी निशा का छन्द शेष है, अलसाये,
नभ के प्रदेश में।[43]

दूसरा सप्तक के पश्चात नरेश मेहता का स्वतंत्र रूप से काव्य संग्रह 'बन पाखी सुनो' प्रकाशित हुआ। बन पाखी सुनो, के पश्चात, संशय की एक रात, बोलने दो चीड़ को, मेरा समर्पित एकान्त, शबरी, महाप्रस्थान, तुम मेरा मौन हो, उत्सवा और अरण्या जैसे महत्त्वपूर्ण काव्य प्रकाशित हुए।

काव्य के साथ-साथ नरेश मेहता के नाटक, उपन्यास, कहानी आदि विधाओं में लेखनी चलाई। खण्डित यात्राएं तथा सुबह-सुबह के घण्टे नाटक लिखे। सनोबर के फूल, और पिछली रात की बरफ एकांकी संग्रह प्रकाशित हुए। नरेश मेहता कवि एवं नाटककार के साथ-साथ श्रेष्ठ उपन्यासकार भी हैं। उन्होंने उत्तर कथा, डूबते मस्तूल, दो एकान्त, नदी यशस्वी है, प्रथम फाल्गुन, यह पथ बंधु था, जैसे श्रेष्ठ उपन्यास लिखे।

मेहता ने कहानी एवं निबन्ध लेखन भी किया। मेहता उन कवियों में से एक

हैं जिन्होंने 20वीं शताब्दी के पूर्वार्द्ध एवं वर्तमान कटु यथार्थ को देखा और भोगा है।

जगदीश गुप्त

डॉ. जगदीश गुप्त की सृजन धर्मी अंगुलियां लेखनी उठाती हैं तो कविता रचती हैं, तूलिका पकड़ती हैं तो चित्रांकन करती हैं, विलुप्त भारतीयता के अन्वेषण में भित्तिचित्रों और जमींदोज मूर्तियों का अमूल्य कोष खोज लाती हैं और जीवन की चिंतन व्याख्या की प्रक्रिया में कला समीक्षा के नये प्रतिमान स्थापित करती है। वह मन-प्राण से कलाकार है। काव्य रचना और चित्रांकन एक ही उदग्र चेतना के विभिन्न आयामों की अभिव्यक्ति हैं। यह सच है कि अधिकांश हिन्दी पाठकों की दृष्टि में वह ब्रज भाषा की कोमल कान्त पदावली में छंद से लेकर आधुनिक कविता के सशक्त हस्ताक्षर के रूप में समादृत हैं। गुप्त परिमल के संस्थापकों में से एक हैं।[44]

जगदीश गुप्त का जन्म 3 अगस्त 1924 को शाहावाद हरदोई में हुआ। उच्च शिक्षा इलाहाबाद में प्राप्त की। इलाहाबाद विश्वविद्यालय से एम. ए. डी. फिल. तथा चित्रकला एवं संस्कृत में डिप्लोमा प्राप्त किया। हिन्दी साहित्य सम्मेलन ने साहित्य वाचस्पति की उपाधि से विभूषित किया। अध्ययन पूरा कर 1950 में इलाहाबाद विश्वविद्यालय में अध्यापन कार्य प्रारम्भ किया और यही से 1987-88 में हिन्दी विभागध्यक्ष के रूप में सेवामुक्त हुए।[45]

गुप्त जी कला साहित्य एवं शिक्षा के उन्नयन में अग्रणी भूमिका निभाते रहे हैं। वह उत्तर प्रदेश की सर्वाधिक प्राचीन संस्था हिन्दुस्तानी एकेदमी के सचिव तथा अध्यक्ष रह चुके हैं। इस अवधि में 'हिन्दुस्तानी' शोध पत्रिका के प्रधान संपादक रहे। कला त्रैमासिक और नयी कविता पत्रिकाओं का भी उन्होंने सम्पादन किया। नयी कविता पत्रिका अपने समय में समकालीन कविता की मानक पत्रिका के रूप में प्रतिष्ठित हुई थी।[46]

बहुमुखी प्रतिभा के धनी डॉ. जगदीश गुप्त ने ब्रजभाषा के छन्दों को नयी अभिव्यंजना से मंडित किया है। खड़ी बोली काव्य के युग में अपनी कलात्मकता के कारण उनके छन्द आधुनिक साहित्यकारों के मध्य उसी प्रकार लोकप्रिय हुए जिस प्रकार प्रतिष्ठित छन्दकारों के मध्य हुए थे। आधुनिक भावबोध और वैश्विक चेतना उनकी 'नयी कविता' की अन्तर्वस्तु है। जिसके कारण समकालीन शीर्ष कवियों में उनका महत्त्वपूर्ण स्थान है। भाषा शिल्प और समकालीन कविता की रचनाशीलता के विषय में उनकी समीक्षाएं नये प्रतिमानों की स्थापना करती हैं। छन्द युक्त कविता की अन्तर्लय पर उन्होंने जोर दिया और ऐसी कविता को आप के विघटित

मानव की स्वाभाविक अभिव्यक्ति माना। त्रयी के माध्यम से कई नवोदित कवियों को उन्होंने प्रतिष्ठित किया।

गुप्त जी के साहित्यिक योगदान को देखते हुए उन्हें अनेक सम्मान प्रदान किए गये। 'गुजराती एवं ब्रजभाषा कृष्ण काव्य का तुलनात्मक अध्ययन' नामक शोध ग्रंथ पर ब्रज साहित्य मण्डल का विशिष्ट सम्माद प्रदान किया गया। प्रागैतिहासिक भारतीय चित्रकला तथा वृजभाषा छंद शती उत्तर प्रदेश हिन्दी संस्थान लखनऊ द्वारा पुरस्कृत हुईं। हिन्दी संस्थान ने उन्हें 'साहित्य भूषण' सम्मान से समादृत किया और मध्यप्रदेश शासन द्वारा सर्वोच्च "मैथिलीशरण गुप्त सम्मान" से विभूषित किया गया।

गुप्त जी का रचना संसार विशाल है। नयी कविता, नाव के पांव, लेखक और राज्य, शब्द देश, गुजराती और ब्रजभाषा कृष्ण काव्य का तुलनात्मक अध्ययन, भारतीय कला के पद चिन्ह, रीति काव्य संग्रह, हिमबिद्ध, स्नातकोत्तर हिन्दी शिक्षण शिविर, प्रागैतिहासिक भारतीय चित्रकला, रीतिकाव्य, कृष्ण भक्ति काव्य, आदिम एकान्त, नयी कविता, स्वरूप और समस्याएं, काव्य सेतु, युग्म, कवितान्तर त्रयी 1, 2, 3, शम्बूक, छंदशती, केशवदास, नवधा, गोपा गौतम, बोधिवृक्ष, हिन्दी की प्रकृति और विकास, माँ के लिए, सांझ, कुम्भ दर्शन, जयंत आदि प्रमुख कृतियां हैं जिन्हें उन्होंने माँ भारती के चरणों में अर्पित किया है।

विजयदेव नारायण साही

विजय देव नारायण साही 'परिमल' के संस्थापक सदस्यों में से एक थे। 10 दिसम्बर सन् 1944 को अपने उत्साहपूर्ण विद्यार्थी जीवन में साहित्यिक अभिरुचि रखने वाले कुछ मित्रों ने अनायास ही यह संकल्प किया कि वे मिलजुलकर एक अपरिभाषेय संस्था बनायेंगे, जिसका नाम परिमल होगा...वर्तमान सदस्यों में केवल विजयदेव नारायण साही ही एक मात्र ऐसे हैं जो उसकी सर्वप्रथम गोष्ठी में सम्मिलित हुए थे।[47]

विजयदेव नारायण साही का जन्म 7 अक्टूबर 1921 को वाराणसी में हुआ।[48] अपने अध्ययन काल से ही वह प्रयाग के साहित्यिक वातावरण में घुलमिल गये। 1948 में एम. ए. किया और कुछ समय काशी विद्यापीठ में अध्यापन के पश्चात इलाहाबाद विश्वविद्यालय में अंग्रेजी के प्राध्यापक होकर स्थायी रूप से आ गये। अंग्रेजी के अध्यापक होते हुए भी आप जीवन पर्यन्त हिन्दी के काव्य और आलोचना के सृजनात्मक लेखन में लगे रहे।[49]

संख्या की दृष्टि से प्रकाशित रचनाओं की संख्या ज्यादा नहीं है– तीसरा सप्तक, मछलीघर, छठवाँ दशक, साखी, साहित्य और साहित्यकार का दायित्व आदि कुछ कृतियों को प्रकाशित कराया। आलोचना एवं नई कविता का सम्पादन किया। साही की प्रकाशित रचनाओं की संख्या अवश्य ही कम है किन्तु उन्होंने साहित्य का सृजन

कम नहीं किया दुर्भाग्य से वह प्रकाशित न हो सका। "विजयदेव नारायण साही के बारे में एक भ्रम है कि उन्होंने बहुत कम लिखा है इसमें सच सिर्फ इतना है कि उन्होंने बहुत कम छपाया है कुछ भी प्रकाशित कराने से वे हमेशा कतराते थे लेकिन लिखना और पढ़ना उन्होंने अंतिम सांस तक किया। कम लोगों को पता होगा कि साही ने सशक्त नाटक लिखे, नाटक खेले, प्रमुख भूमिकाओं का निर्देशन भी किया। साही ने कहानियाँ लिखी प्रचुर मात्रा में व्यंग्य, कविता, कहानी, पैरोडी, सड़क साहित्य डायरियां जिनमें अपने वक्त के साहित्यिक एवं राजनीतिक जगत के बड़े ब्योरे हैं उनमें कुछ ऐसे विषय भी हैं जो साही को रात दिन मलते रहते थे।"[50]

धर्मवीर भारती

पत्रकार और प्राध्यापक हेते हुए भी धर्मवीर भारती मूलतः साहित्यकार हैं। सर्वतोमुखी प्रतिभा उन्हें प्रयाग की साहित्यिक धरती से मिली। कौन सी साहित्यिक विधा है जो उनकी प्रतिभा सम्पन्न अभिव्यक्ति से अछूती रही हो? कविता, कहानी, उपन्यास, नाटक, निबन्ध, आलोचना, अनुवाद, रिपोर्ताज सभी को तो उनकी लेखनी से बहुत कुछ मिला।

धर्मवीर भारती का जन्म इलाहाबाद के अतरसुइया मुहल्ले में 24 दिसम्बर 1926 ई. को हुआ। पिता का नाम चिरंजी लाल वर्मा तथा माता का नाम नंदा देवी था।[51] स्कूली शिक्षा के लिए वे डी.ए.वी. हाईस्कूल भेजे गये। आठवीं कक्षा में थे तभी पिता का देहान्त हुआ इस स्थिति में उनके मामा अभय कृष्ण जोहरी ने मदद की और वह आगे पढ़ सके। इन्हीं दिनों के विचार मंथन में अंधायुग लिखने की प्रेरणा दी।[52]

सन् 1945 में भारती ने प्रयाग विश्वविद्यालय से बी. ए. की परीक्षा उत्तीर्ण की। आर्थिक विपन्नता से ही भारती को प्रारम्भ से स्वावलम्बी बनना पड़ा। बी. ए. की पढ़ाई के दौरान वे ट्यूशनें करते। एम. ए. में पढ़ाई करते समय पदमकान्त मालवीय द्वारा सम्पादित अभ्युदय नामक दैनिक पत्र में पत्रकारिता को अपनाया ताकि पढ़ाई का खर्च निकल सके।

एम. ए. करने के पश्चात डा. धीरेन्द्र वर्मा के निर्देशन में सिद्ध साहित्य पर शोध कार्य किया। सन् 1948 में लीडर प्रेस से प्रकाशित 'संगम' नामक साप्ताहिक में सह सम्पादक के रूप में कार्य करना आरम्भ किया। सह सम्पादक वह सिर्फ दो वर्ष रहे। 1950 में उन्होंने अपना शोधकार्य पूर्ण कर लिया और इसी वर्ष इलाहाबाद विश्वविद्यालय में हिन्दी विभाग में प्राध्यापक हो गये।[53]

प्रकाशित रचना की दृष्टि से सबसे पहले 1946 में उनका कहानी संग्रह मुर्दों

का गाँव प्रकाशित हुआ। इसमें भारती की नौ कहानियों का संकलन है – मुर्दों का गाँव, एक आदमी की कीमत, आदमी का गोस्त, बीमारियां, कफन चोर, हिन्दू या मुसलमान, कमल और मुर्दे, एक पत्र, कहानियों से पहले।

मुर्दों का गाँव के अतिरिक्त भारती जी के 'चाँद और टूटे हुए लोग', 'बंद गली का आखिरी मकान' प्रमुख कहानी संग्रह है। भारती ने दो उपन्यास लिखे जिनका उपन्यास साहित्य में महत्त्वपूर्ण स्थान है गुनाहों का देवता और सूरज का सातवाँ घोड़ा।

काव्य को भी भारती की कलम ने स्पर्श किया। ठंडा लोहा, सातगीत वर्ष उनके प्रमुख कविता संग्रह है। कनुप्रिया प्रसिद्ध प्रबंध काव्य है। अंधा युग काव्य नाटक लिखा। नदी प्यासी थी एकांकी संकलन प्रकाशित हुआ।

धर्मवीरभारती सच्चे अर्थों में साहित्यकार थे अनेक स्फुट काव्य लिखा, आलोचना एवं अनेक निबन्ध लिखे तथा संगम, निकष, आलोचना और धर्मयुग जैसी साहित्यिक पत्रिकाओं का सम्पादन किया।

प्रयाग धरती के अन्य साहित्यकारों में उक्त साहित्यकारों के अतिरिक्त केशवचन्द्र वर्मा, लक्ष्मीकान्त वर्मा, रघुवंश, सर्वेश्वर दयाल सक्सेना, विपिन अग्रवाल आदि साहित्यकार सम्मिलित हैं। प्रयाग उस समय साहित्य का केन्द्र था, साहित्यकार संसद, जैसी संस्थाएँ थी जहाँ दूर-दूर से साहित्यकार कवि लेखक आते और साहित्य साधना करते थे।

सन्दर्भ

1. साक्षात्कार डॉ. रामकमल राय, इलाहाबाद, दिनांक 15.09.1999
2. पाण्डेय सुधाकर; हिन्दी साहित्य का बृहत् इतिहास खण्ड 9 ना.प्र.स. 1983, पृष्ठ 365
3. वही, पृष्ठ 365
4. वही, पृष्ठ 366
5. त्रिपाठी रामनरेश; आधुनिक कवि, हिन्दी साहित्य सम्मेलन इलाहाबाद शक. 1884, पृष्ठ 9
6. वही, पृष्ठ 10-11
7. वही, पृष्ठ 10-11
8. त्रिपाठी रामनरेश; मिलन, 1917 पृष्ठ 70
9. त्रिपाठी, रामनरेश; आधुनिक हिन्दी, हिन्दी साहित्य सम्मेलन इलाहाबाद शक 1884 पृष्ठ-11
10. वही, पृष्ठ 12
11. पाण्डेय सुधाकर (संपा) हिन्दी साहित्य का वृहत इतिहास खण्ड IV ना.प्र.स. 1983 पृष्ठ 367
12. वही, पृष्ठ 368
13. त्रिपाठी रामनरेश; आधुनिक हिन्दी कवि, हिन्दी साहित्य सम्मेलन इला. शक. 1884 पृष्ठ 12-13
14. पाण्डेय सुधाकर; (संपा) हिन्दी साहित्य का वृहत इतिहास खण्ड IX ना.प्र.स. 1983 पृष्ठ 371-372

15. शुक्ल रामचन्द्र; हिन्दी साहित्य का इतिहास, नागरी प्रचारिणी सभा सं. 2049 (वि.) छब्बीसवां संस्करण, पृष्ठ 340-341
16. गुप्त कमल; अश्क : व्यक्तित्व और कृतित्व, दीपक पब्लिशर्स जालंधर, 1984, पृष्ठ 9
17. साक्षात्कार श्री नीलाभ अश्क, इलाहाबाद, दिनांक 13.8.2000
18. अश्क उपेन्द्रनाथ; ज्यादा अपनी कम परायी, पृष्ठ 169
19. अश्क उपेन्द्रनाथ; औरत की फितरत, 1933, पृष्ठ 1
20. अश्क उपेन्द्रनाथ; बरगद की बेटी, पृष्ठ 34
21. अश्क उपेन्द्रनाथ; प्रात प्रदीप, 1938, पृष्ठ 1
22. साक्षात्कार श्री नीलाभ अश्क इलाहाबाद दिनांक 13.8.2000
23. गुप्त कुलदीप चन्द्र; उपन्यासकार उपेन्द्रनाथ अश्क, पंचशील प्रकाशन जयपुर 1986 पृष्ठ 1
24. अश्क उपेन्द्रनाथ 'सितारों के खेल, नीलाभ प्रकाशन 1974 (पाँचवाँ संस्करण) पृष्ठ 7
25. आनन्द रवेल चन्द; (संपा) हिन्दी के श्रेष्ठ उपन्यासकार (खण्ड 1) सूर्य प्रकाशन, दिल्ली, 1978, पृष्ठ 193-194
26. वही, पृष्ठ 194
27. अश्क उपेन्द्रनाथ; 'सितारों के खेल' नीलाभ प्रकाशन 1974 (पाँचवाँ संस्करण) पृष्ठ 6
28. अश्क उपेन्द्रनाथ; 'गिरती दीवारें तृतीय संस्करण (मुखय पृष्ठ पर)
29. आनन्द रवेल चन्द; (संपा) हिन्दी के श्रेष्ठ उपन्यासकार खण्ड 1, सूर्य प्रकाशन, दिल्ली, 1978, पृष्ठ 194
30. अश्क उपेन्द्र नाथ; 'गिरती दीवारें, तृतीय संस्करण पृष्ठ 21
31. गुप्त कुलदीपचन्द्र; उपन्यासकार उपेन्द्रनाथ अश्क, 1986, पृष्ठ 7
32. साक्षात्कार श्री नीलाभ अश्क, इलाहाबाद, दिनांक 13.8.2000
33. साक्षात्कार श्री नीलाभ अश्क, इलाहाबाद, दिनांक 13.8.2000
34. जैन राजेन्द्र; पं. इलाचन्द्र जोशी के औपन्यासिक नायक का अन्तर्द्वद्व, सूर्य प्रकाशन, नई दिल्ली 1988, पृष्ठ 97
35. धर्मयुग पत्रिका अंक 16 जनवरी 1977, पृष्ठ 18
36. तिवारी बलभद्र; इलाचन्द्र जोशी के उपन्यास, रणजीत पब्लिशर्स, दिल्ली, 1958, पृष्ठ 78
37. झारी कृष्णादेव; उपन्यासकार इलाचन्द्र जोशी, साहित्यिक प्रकाशन अम्बाला, 1959, पृष्ठ 35
38. वही, पृष्ठ 36
39. साहित्य संदेश, जुलाई-अगस्त 1956, पृष्ठ 77
40. जोशी इलाचन्द्र; निर्वासित 1946 पृष्ठ 5
41. सिंह विद्या; नरेश मेहता का साहित्य एक अनुशीलन, ग्रंथायन अलीगढ़, 1990, पृष्ठ 23
42. अज्ञेय सच्चिदानन्द हीरानंद वात्स्यायन; दूसरा तार सप्तक 1951, पृष्ठ 109
43. वही, पृष्ठ 116
44. गुप्त जगदीश; परिमल स्मारिका (संपा) 1971, पृष्ठ 9
45. साक्षात्कार जगदीश गुप्त इला., 16.8.2000
46. साक्षात्कार जगदीश गुप्त इला., 16.8.2000
47. गुप्त जगदीश; परिमल स्मारिका (संपा) 1971, पृष्ठ 9
48. साही विजयदेव नारायण; छठवा दशक, हिन्दुस्तानी एकेडमी इला., 1987 आवरण पृष्ठ
49. साही विजयदेव नारायण; साहित्य और साहित्यकार का दायित्व, हिन्दी साहित्य सम्मेलन, 1983, पृष्ठ 6

50. वही, पृष्ठ 26
51. वास्कर पुष्पा; धर्मवीर भारती व्यक्तित्व और साहित्यकार, अलका प्रकाशन, कानपुर, 1987, पृष्ठ 17-18
52. वही, पृष्ठ 18-19
53. सोनवणे चन्द्र भानु सीताराम; धर्मवीर भारती का साहित्य; सृजन के विविध रंग, पंचशील प्रकाशन जयपुर, 1979, पृष्ठ 25

पत्र-पत्रिकाएँ और हिन्दी साहित्य

सन् 1900 से 1950 तक के काल को एक विशिष्ट साहित्यिक युग की संज्ञा दी जा सकती है।[1] इस युग को नीतिवादी और इतिवृत्तात्मक प्रधान कहा गया है। उसमें पौराणिकता की ओर रुझान की प्रधानता बतलाई गई है। भाषा शैली की रुक्षता तथ्य वादिता और वरोन्मुखी दृष्टि को भी महत्त्वपूर्ण कहा गया है। यह युग भावों की ही प्रबलता का युग नहीं; यह ज्ञान सम्पादन और सतर्क अभिव्यक्ति का युग है।[2] इसमें क्लासिकल युग होने की क्षमता नहीं है परन्तु मर्यादा औचित्य तथा रचना सौष्ठव पर विशेष ध्यान है। इस युग की पत्र पत्रिकाओं के प्रत्येक अंक में हमें आधुनिक साहित्यिक चेतना के विकास के सूत्र मिलेंगे। अनन्त सम्भावानाओं के बीज जिस युग में मिलते हैं उसे अभिनन्दनीय ही कहा जाएगा।[3]

इस युग के पूर्व हिन्दी पत्र-पत्रिकाओं की स्थिति बड़ी दयनीय थी। प्रथम तो उसके पाठक ही अत्यल्प थे क्योंकि हिन्दी भाषा तब तक उनकी रोजी रोटी से नहीं जुड़ी थी। दूसरे पराधीन देश की पत्र-पत्रिकाओं पर शासक वर्ग का बड़ा नियंत्रण था। जनता का अशिक्षित होना भी एक कारण था। इसके साथ ही जनता को उतना अल्प मूल्य भी देना भारी पड़ता था। जब से पत्र ने सचित्र रूप धारण किया है बराबर चित्र नहीं दे सका, इसके दो विशेष कारण हैं– प्रथम ग्राहकों की लापरवाही अर्थात अस्वीकृति की सूचना न देना और वी.पी. जाने पर लौटकर वृथा हानि पहुँचना।[4]

20वीं शताब्दी की पत्रकारिता पर विचार करते समय जो बात सबसे पहले आकर्षित करती है वह है युग का राष्ट्रीय जागरण।

20वीं शताब्दी की हिन्दी पत्रकारिता साहित्यिक सांस्कृतिक आन्दोलनों का माध्यम बनी और इससे साहित्यिक संवेदना और भाषा संस्कार का धरातल क्रमशः उन्नत होता गया। यद्यपि राष्ट्रीय स्वतंत्रता संग्राम के उस युग में साहित्यिक, सांस्कृतिक चेतना की पत्रिका का भी राजनीति निरपेक्ष रहना सम्भव नहीं था।[5]

इस शताब्दी में धर्म और समाज सुधार के आन्दोलन कुछ पीछे रह गये और जातीय चेतना ने धीरे-धीरे राष्ट्रीय चेतना का रूप ग्रहण कर लिया। फलतः अधिकांश पत्र; साहित्य और राजनीति को लेकर ही चले। इस समय विदेशी सत्ता से संत्रस्त

जनता कांग्रेस के नेतृत्व में स्वशासन की मांग करने लगी थी। बायकाट और स्वदेशी की नीतियों के द्वारा विदेशी सत्ता का परोक्ष विरोध भी किया जाने लगा था ऐसे समय जनता की समाचार तत्व की पिपासा का जाग्रत होना सहज ही था ऐसी स्थिति में जातीय पत्र तथा भाषा जो भूमिका निभा सकते थे वह कर सकने में असफल रहे। इसका सबसे बड़ा कारण था शिक्षित वर्ग का अंग्रेजी की ओर सुझाव, क्योंकि अंग्रेजी उच्च शिक्षा का माध्यम थी। इसके अतिरिक्त हिन्दी पत्रों के पास ऐसे साधन भी नहीं थे कि वे अंग्रेजी पत्रों की ही भांति शीघ्रतापूर्वक समाचार मंगाकर छाप सकें। अतः सामयिकता के क्षेत्र में गौण स्थान हो जाने के कारण अधिकांश हिन्दी पत्र साहित्यिक प्रयासों की ओर उन्मुख हुए।[6]

इन परिस्थितियों में इलाहाबाद में राजनैतिक क्रान्ति के साथ वैचारिक और साहित्यिक उत्थान हुआ और इसका प्रारम्भ करता बालकृष्ण भट्ट को माना जा सकता है। भारतेन्दु मण्डल के सदस्य पं बालकृष्ण भट्ट को माना जा सकता है। भारतेन्दु मण्डल के सदस्य पं. बालकृष्ण भट्ट ने सितम्बर 1877 में प्रयाग से हिन्दी प्रदीप मासिक पत्र निकाला और तैंतीस वर्षों तक घोर आर्थिक संकटों का सामना करते हुए भी उसे निरन्तर चलाया। प्रयाग की हिन्दी प्रबर्धनी सभा के माध्यम से हिन्दी प्रदीप का प्रकाशन हुआ। भारतेन्दु हरिश्चन्द्र ने इस पत्र का उद्घाटन किया। आपने ही इसका सिद्धान्त गद्य भी पद्य में लिखा था जो इसकी नीति का संकेत करने वाला है–

शुभ सरस देश सनेह पूरित प्रकट हैव आनन्द भरे।
बचि दुसह दुजन वायु सौ मीठा दीप सम थिर नहीं टरे।।
सूझे विवेक विचार उन्नति कुमति सब मामें जरें।
हिन्दी प्रदीप प्रकाशि मूरखतादि भारत तम हरें।।

पत्रकारिता की दृष्टि से 'हिन्दी प्रदीप' का जन्म हिन्दी साहित्य के इतिहास में क्रांतिकारी घटना है।[7] इसमें संदेह नहीं है कि 'हिन्दी प्रदीप' ने साहित्य एवं संस्कृति एक वर्ष का दो रूपये और छः मास का एक रुपया। आरम्भ में यह विक्टोरिया प्रेस प्रयाग से छपता था। पर वर्नाक्यूलर प्रेस एक्ट के लागू होते ही इरो भारी कठिनाइयों का सामना करना पड़ा। बाद में यह गोपीनाथ पाठक के बनारस लाइट प्रेस से छपने लगा। इसी प्रेस से 'कवि वचन सुधा' का भी प्रकाशन आरम्भ हुआ। हिन्दी प्रदीप का राष्ट्रीय स्वर निर्भीकता था। प्रेरा एक्ट के सम्बन्ध में भट्ट जी ने सरकार की खुलकर आलोचना की थी ''अखबार वालों की बड़ी हानि की बात इसमें यह है कि जब इस एक्ट के विरुद्ध कोई बात सत्र में छपेगी तो जिले का मजिस्ट्रेट उस अखबार के पब्लिशर या प्रिंटर को लोकल गवर्नमेण्ट की आज्ञा लेकर तलब करेगा

और धमकी दे उससे एक मुचलका लिखवा लेगा कि फिर ऐसी बात इसमें न छापे। वाह क्या न्याय है, जो मजिस्ट्रेट प्रिंटर के लेखकों के बुरा समझे वहीं मुंसिफ बन उससे मुचलका भी लिखवा लेगा भला ऐसा भी कभी सुनने में आया है कि जो किसी को दोष लगावे वह उसका न्याय भी करे।"[8]

जहाँ 'हिन्दी प्रदीप' ने साहित्यिक सांस्कृतिक क्षेत्रों में महत्त्वपूर्ण भूमिका निभाई वहीं दूसरी ओर सरकार की नीतियों का मुखर विरोध भी किया इसलिए सरकार की इस पर बड़ी कड़ी नजर थी और 'हिन्दी प्रदीप' को मुद्रित एवं प्रकाशित करने में भट्ट जी को अनेकानेक कठिनाइयों का सामना करना पड़ा किन्तु वे इससे चिंतित नहीं हुए। अप्रैल 1908 में इसी पत्र में पं. माधव शुक्ल की 'बस क्या है' शीर्षक कविता छपी।[9] सरकार ने इस पर रोक लगा दी। भट्ट जी ने इसे पुनः निकाला पर फरवरी 1910 में सरकारी कोप दृष्टि के कारण इसे बंद करना पड़ा। इसमें हिन्दी साहित्य की प्रभूत सामग्री रहती थी। इसमें सर्वश्री श्रीधर पाठक, अम्बिका दत्त व्यास, काशी प्रसाद जयसवाल, मदन मोहन मालवीय, पुरुषोत्तम दास टण्डन, लाला भगवान दीन, राधाचरण गोस्वामी, महावीर प्रसाद द्विवेदी आदि नियमित रूप से लिखते थे।[10] इस मासिक पत्रिका में विविध विषय पर सामग्री प्रकाशित होती थी।

सरस्वती

सन् 1900 ई. हिन्दी पत्र-पत्रिकाओं के लिए संकट का काल था। उसका समाचार पक्ष अंग्रेजी के समक्ष गौण होता ही जा रहा था, साहित्य पक्ष भी निर्बल न हो जाए इसके लिए सजगता की आवश्यकता थी। ऐसे समय हिन्दी साहित्य जगत में सरस्वती का आविर्भाव इंडियन प्रेस के स्वामी श्री चिंतामणि घोष की अध्यक्षता में तथा नागरी प्रचारिणी सभा, काशी के संस्थापक श्री श्याम सुन्दर दास के सम्पादकत्व में हुआ।[11]

सरस्वती हिन्दी की पहली सार्वजनिक पत्रिका थी जो इस वर्ष निकली, अपनी छपाई, सफाई, कागज और चित्रों के कारण शीघ्र ही लोकप्रिय हो गई।[12] इस पत्रिका के सब सम्पादक नागरी प्रचारिणी सभा के सदस्य थे, जो अवैतनिक थे। प्रथम सम्पादक मण्डल में बाबू राधा कृष्ण दास, बाबू कार्तिक प्रसाद खत्री, बाबू जगन्नाथ दास रत्नाकर, पं. किशोरी लाल गोस्वामी, और बाबू श्याम सुन्दर दास थे। सन् 1903 से पं. महावीर प्रसाद द्विवेदी इसके वैतनिक सम्पादक हुए।[13]

महावीर प्रसाद द्विवेदी ने समय सन्दर्भ की चुनौती को स्वीकार किया। सरस्वती की सामग्री का चयन वे नियामक आचार्य के रूप में करते कराते थे। यद्यपि सरस्वती के माध्यम से आचार्य महावीर प्रसाद द्विवेदी ने एक विशिष्ट साहित्य पीढ़ी का संस्कार

किया : तथापि सरस्वती में प्रकाशित सामग्री के विषय वैविध्य को देखते हुए सीमित अर्थ में साहित्यिक पत्रिका नहीं कहा जा सकता। व्यापक अर्थ में सरस्वती सांस्कृतिक चेतना की पत्रिका थी, यद्यपि भाषा और साहित्य का विकास ही इसका प्रधान लक्ष्य था।[14] द्विवेदी जी के सरस्वती सम्पादन का इतिहास ऐसे अनेक आन्दोलनों का इतिहास है जो उनके व्यक्तित्व और तत्कालीन समाज के विकास का ही इतिहास कहा जा सकता है। सरस्वती के पूर्व, पश्चात हिन्दी में अनेक स्तरीय पत्रिकाओं का प्रकाशन हुआ और उनकी भूमिका भी कम महत्त्वपूर्ण नहीं, पर सरस्वती जैसी लोकप्रियता का एक कारण हिन्दी नव जागरण की अपनी एक शक्ति थी। यह शक्ति बिखरी हुई थी जिसे द्विवेदी जी के सम्पादकत्व में सरस्वती ने एकत्र किया।[15]

सरस्वती के उद्देश्य तथा विषय के सम्बन्ध में पत्रिका के प्रारम्भ में ही उल्लेख है– इसके नवजीवन धारण करने का केवल यही मुख्य उद्देश्य है कि हिन्दी रसिकों के मनोरंजन के साथ ही साथ भाषा के सरस्वती भंडार की अंग पुष्टि, वृद्धि और यथार्थ की पूर्ति हो तथा भाषा सुलेखकों की ललित लेखनी उत्साहित और उत्तेजित होकर विविध भाव भरित ग्रन्थ राशि को प्रसव करें। इस पत्रिका में कौन से विषय रहेंगे यह केवल इसी से अनुमान करना चाहिए कि इसका नाम सरस्वती है। इसमें गद्य, पद्य काव्य, नाटक, उपन्यास, चंपू, इतिहास जीवन चरित्र, हास-परिहास, कौतुक, पुरावृत विज्ञान, शिल्प, कला-कौशल आदि साहित्य के यथावत् विषयों का यथावकाश समावेश रहेगा और आगत ग्रंथादि की यथोचित समालोचना की जाएगी।[16]

इससे स्पष्ट है कि 'सरस्वती' का उद्देश्य बड़ा व्यापक था। वह संकुचित अर्थ में साहित्यिक अभिरुचि सम्पन्न करने के साथ ही उन्हें आधुनिक और प्राचीन ज्ञान-विज्ञान सम्बन्धी लेख देकर ज्ञानवर्धन करना उसका उद्देश्य था। इसके प्रथम अंक में श्री राधाकृष्ण दास, भारतेन्दु हरिश्चन्द्र, पं. किशोरी लाल गोस्वामी, बाबू कार्तिक प्रसाद, बाबू श्याम सुन्दर दास के आलेख थे।[17] अतः इसमें प्राचीन ज्ञान-विज्ञान से लेकर आधुनिक ज्ञान-विज्ञान तक, फोटोग्राफी, यात्रा वृतान्त आदि सभी पर लेख थे किन्तु सबसे महत्त्वपूर्ण भाग साहित्यिक लेखों का ही था।

वह युग ब्रज भाषा के साहित्यिक विकास का युग था और सरस्वती ने प्रथम वर्ष में ही खड़ी बोली में तीन-चार कविताएँ प्रकाशित कीं और आश्चर्य की बात यह है कि सरस्वती में पहली खड़ी बोली की कविता ब्रज भाषा के कवि पं. किशोरी लाल गोस्वामी की लिखी हुई थी। तत्कालीन कविताओं में प्रकृति प्रेम के दर्शन यत्र-तत्र होते थे–

> ''छठा और ही भाँति की देखते हैं।
> जहाँ दृष्टि डालते हैं फेर कर मुँह,

कहीं छंद सुनते कहीं देखते हैं,

कहीं कोकिलों की मनोहर कुहू कुहू।''[18]

सरस्वती ने हिन्दी भाषा और हिन्दी साहित्य के लिए प्रारम्भ से ही एक आन्दोलन खड़ा कर दिया। हिन्दी के दो अर्थ हैं एक हिन्दुओं की भाषा और दूसरा हिन्द (हिन्दुस्तान) की भाषा। ये दोनों अर्थ बहुत व्यापक हैं। दोनों ही यह सूचित करते हैं कि इस देश की प्रधान भाषा हिन्दी ही है। यदि इसे हिन्द की भाषा मानें तो यह सारे देश की भाषा हुई और हिन्दुओं की भाषा माने तो सारे हिन्दुस्तान की भाषा हुई। इसलिए पहले अर्थ में ही हिन्दी की व्यापकता का गौरव कम नहीं है; क्योंकि ऐसा कौन प्रान्त है जहाँ हिन्दू नहीं और ऐसी कौन जाति है जो हिन्दी नहीं समझती। अतः इस देश की कोई एक भाषा हो सकती है तो वह हिन्दी ही है।[19]

इस पत्रिका में जहाँ हिन्दी और हिन्दी साहित्य का प्रबल पक्ष लिया जाता वहीं दूसरी ओर हिन्दी साहित्य को लेकर इस समय भी क्षोभ की स्थिति विद्यमान है वह यह स्वीकार करते हैं कि हिन्दी साहित्य में उत्तम लेखन की आवश्यकता है हिन्दी साहित्य बड़ी दुरवस्था को प्राप्त हो रहा है। उसकी अभिवृद्धि करने की इच्छा से अच्छे-अच्छे ग्रन्थ लिखना इस समय अत्यावश्यक है। हिन्दी बोलने वालों का यह परम धर्म है।[20]

तत्कालीन समय राष्ट्रीय आन्दोलन का था ब्रिटिश सरकार का शिकंजा पूर्ण रूप से कस चुका था, भारत अधोपतन को जा रहा था इसके स्वर 'सरस्वती' में दिखाई देने लगे। 1906 से नाथू राम शर्मा शंकर जैसे कवियों की कविताएँ इसमें छपने लगीं जिनमें भारत की दुर्दशा का स्पष्ट चित्रण होता था–

''शंकर सुखभूल शोक हारी।

हे रुद्र त्रिशमल शक्ति धारी।।

टुक देश दयालु न्याय कारी।

गत गौरव दुर्दशा हमारी।।

कविराज समाज में न बोलें।

प्रतिभाशाली उदास डोलें।।

गुणियों के मुख सरोज सूखे।

फिरते हैं शिल्पकार भूखे।।

जो बात नई निकालते हैं।

भूलों की भूल टालते हैं।।

भटके वे हाय रोटियों को।

चिथड़े न मिले लंगोटियों को।।

पाखण्ड भरी पवित्रता है।
छल बल के साथ मित्रता है।।
अस्थिर मन घर घमण्ड का है,
डर है तो राजदण्ड का है।"[21]

समय क्रम के अनुसार निराला, पन्त, महादेवी वर्मा, हरिवंश राय बच्चन, डा. रामकुमार वर्मा, आदि अनेक महत्त्वपूर्ण साहित्यकारों की यह आवाज बन गई। जहां प्रारम्भ में सूर्यकान्त त्रिपाठी निराला की रचना महावीर प्रसाद द्विवेदी ने लौटा दी थी वहीं वह इसमें कुछ अन्तराल के बाद नियमित रचनाएं भेजने लगे। जब निराला साहित्य के क्षितिज पर प्रकाश मान हो गये तब सरस्वती को भी उनकी रचनाओं का बेसब्री से इन्तजार रहने लगा। हिन्दी के आधुनिक कवियों में श्रीयुत सूर्यकान्त त्रिपाठी निराला का अपना एक विशेष स्थान है। वे कवि ही नही काव्य मर्मज्ञ और वेदान्ती भी हैं हिन्दी में वे गीतों के प्रवर्तक माने जाते। सरस्वती में उन्होंने दो गीत भेजे हैं—[22]

धन गर्जन से भर दो वन,
तरु तरु पादप-पादप तन।[23]

जिस गीत विधा को उन्होंने हिन्दी साहित्य में जन्म दिया वह गीत सरस्वती के पृष्ठों पर सदैव दिखाई देने लगे—

कुछ न हुआ, न हो
मुझे विश्व का सुख, श्री यदि केवल
पास तुम रहो
मेरे नभ से बादल यदि न कटे
चन्द्र रह गया ढका,
तिमिर रात को तिरकर, यदि न आते
लेश गगन मास का,
रहेंगे अधर हंसते, पथ पर तुम
हाथ यदि गहो।[24]

सन् 1930-40 का दशक सरस्वती में निराला के गीतों के लिए जाना जाता है। इस दशक में निराला ने सरस्वती के लिए अनेक गीत लिखें—

1. बुझे तृष्णाशा – विषानल झरे – भाषा अमृत निर्झर,
उमड़ प्राणों से गहन तर-हा गगन लें अवनि के स्वर।[25]
2. अस्ता चल रवि, जल छल-छल छवि,
स्तब्ध विश्व कवि जीवन उन्म;
मन्द पवन बहती सुधि रह रह

परिमल की कह कथा पुरानत।[26]

सरस्वती के दूसरे गीतकार थे प्रकृति के चतुर चितेरे कवि पन्त। कवि पन्त ने अपनी प्रारम्भिक रचनाओं से लेकर प्रौढ़ रचनाओं तक को सरस्वती में भेजा और वह उनकी अभिव्यक्ति का माध्यम बनी–

'प्रिये प्राणों की प्राण!
न जाने किस गृह में अन्जान
छिपी हो तुम स्वर्गीय विधान
नवल कलिकाओं सी बान'[27]

पन्त तो सरस्वती की शोभा ही बन गये और सरस्वती के प्रथम पृष्ठ पर इनकी रचनाएं आने लगी–

लो जग की डाली डाली पर
जागी नव जीवन की कलियाँ
मिट्टी ने जड़ निद्रा तजकर
खोली स्पप्निल पलकावलियाँ![28]

जब कवि पन्त ने अपना निवास स्थान काला कांकर बना लिया तब भी वह सरस्वती में नियमित रचनाएं भेजते रहे–

मेरे निकुञ्ज नक्षत्र वास!
इस छाया मर्मर के वन में
तू स्वप्न नीड़ सा निर्जन में
है बना प्राण पिक का विलास।[29]

सन् 1933 का शायद ही ऐसा कोई अंक हो जिसमें कविवर पन्त की कोई रचना न छपी हो। अप्रैल 1933 में कवि पन्त की कोई रचना न छपी हो। अप्रैल 1933 में कवि पन्त की लहरों का गीत कविता छपी[30] तथा मई के अंक में पन्त का प्रसिद्ध नाटक 'ज्योत्स्ना' छपा।[31] कवि पन्त इस दशक में 'सरस्वती' में छाए रहे नवम्बर 1935 के अंक में प्रसिद्ध कविता 'बढ़ो' प्रकाशित हुई,[32] तथा दिसम्बर 1935 के अंक में ताराकश कविता छपी।[33]

वह समय देश में आजादी के आन्दोलन का था कवि पन्त ने भी सरस्वती के माध्यम से चेतना जगाने का प्रयास किया। मई 36 के अंक में प्रभात शीर्षक कविता लिखी।[34]

गाँधी जी देश के सर्वमान्य नेता थे और वह आजादी के आन्दोलन को चला रहे थे। कवि पन्त ने उनके प्रति श्रद्धा सुमन अर्पित किए। उनकी 'बापू के प्रति' कविता जून 1936 के अंक में छपी–

तुम मांसहीन, तुम रक्त हीन,

हे अस्थि शेष! तुम अस्थि हीन
तुम शुद्ध बुद्ध, आत्मा केवल
हे चिर पुराण! हे चिर नवीन
तुम पूर्ण इकाई जीवन की,
जिसमें आसार भव शून्य लीन
भावी की संस्कृति समीचीन।[35]

तत्कालीन प्रतिष्ठित लेखकों में ऐसा कोई लेखक नहीं जिसकी रचनाएं सरस्वती में न छपी हों। सूर्यकान्त त्रिपाठी निराला, कविवर पन्त के साथ ही साथ महीयसी महादेवी वर्मा का सम्बद्ध भी सरस्वती से रहा उनके अनेक गीत सरस्वती में प्रकाशित हुए–

1. मैं मतवाली इधर, उधर मेरा प्रिय अलबेला सा है।
मेरी आँखों में ढलकन छवि उसकी मोती बन आई।[36]

2. शलभ! मैं शापमय वर हूँ,
किसी का दीप निष्ठुर हूँ।'[37]

कवि हरिवंश राय बच्चन की कविताओं को भी सरस्वती ने उत्साह से छापा। जिस कविता के लिए बच्चन जाने जाते है। अर्थात मधुशाला सबसे पहले वह सरस्वती में ही प्रकाशित हुई–

भावुकता – अंगूरलता से खींच कल्पना की हाला,
कवि बनकर है साकी आया भरकर कविता का प्याला
कभी न कण-कण खाली होगा लाख पिये दो लाख पियें,
पाठक गण है पीने वाले, पुस्तक मेरी मधुशाला।

× × ×

मेरे शव पर वह रोये हो जिसके आँसू में हाला,
आह भरे वह जो हो सुरभित मदिरा पीकर मतवाला
दें मुझको वे कंधा, जिनके पद मद डग-मग होते हों,
और जलूँ उस ठोर, जहाँ पर कभी रही हो मधुशाला।[38]

जहाँ सरस्वती में एक और निराला, पन्त और महादेवी की रचनाओं की त्रिवेणी बह रही थी वहीं दूसरी ओर पाठकों को बच्चन अपनी कविता की हाला पिला रहे थे। समकालीन साहित्यकारों में रामनरेश त्रिपाठी का नाम पूरे सम्मान से लिया जाता है उनकी रचनाओं में ग्रामांचल के दर्शन होते हैं। जिन्हें भी सरस्वती ने बड़े उत्साह से प्रकाशित किया।[39]

रामनरेश त्रिपाठी की प्रसिद्ध कविता आंसू की मिठास भी जनवरी 1929 के अंक में प्रकाशित हुई–

आशा सुख शान्ति की दिखाई पड़ती है नहीं,

जम रहे शोक हम दुःख से सहम रहे।
भूख गई प्यास गई नींद फिर आई नहीं
जीवन के साथी कौन जाने कहां थम रहे
कौन विपदा में सुध लेता है किसी की? हाय!
माना था अपना जिन्हे वो तो निरे भ्रम रहे।
एक बस हम रहे और कुछ गम रहे
साँस आती जाती रही, आंसू हरदम रहे।[40]

रामकुमार वर्मा जैसे कहानीकार, गद्यकार, कवि, लेखक, इस पत्रिका से जुड़े, आपकी रचनाएं सरस्वती में नियमित प्रकाशित होने लगीं। आपकी प्रसिद्ध कविता 'रूपराशि' सरस्वती के अगस्त 1932 के अंक में प्रकाशित हुई।[41]

सरस्वती ने साहित्य के सभी रूपों को आत्मसात कर लिया था जहाँ इसमें एक ओर प्रतिष्ठित कवियों की कविताएँ प्रकाशित होती थीं वहीं इलाचन्द्र जोशी जैसे कहानीकारों की कहानियाँ नियमित प्रकाशित होती थी। इलाचन्द्र जोशी की 'भाभी' कहानी 1928 में छपी।[42] उनकी 'छुटिया' कहानी नवम्बर 1927 के अंक में प्रकाशित हो चुकी थी। कहानियों को इस पत्रिका में पर्याप्त स्थान मिलता क्योंकि, महावीर प्रसाद द्विवेदी श्रेष्ठ गद्यकार थे और आगे चलकर पदुमलाल पुन्नालाल बख्शी इसके सम्पादक हुए।

सरस्वती को साहित्य के शिखर पर पहुँचने में लम्बा संघर्ष करना पड़ा। प्रारम्भ में सम्पादन और प्रकाशित सामग्री के उच्च स्तर का होते हुए भी 'सरस्वती' को उत्साह वर्धक समाचार नहीं मिला। प्रकाशक को अनेक कठिनाइयों का सामना करना पड़ा। पर इतना होने पर भी प्रथम तीन वर्षों में ही 'सरस्वती' ने हिन्दी संसार में अपना स्थान बना लिया था, उस समय वह हिन्दी की सर्वश्रेष्ठ पत्रिका मानी जाने लगी।[43] ऐसे समय सन् 1903 में 'सरस्वती' की कमान महावीर प्रसाद द्विवेदी के हाथों में आई। आरम्भ में द्विवेदी जी को अनेक कठिनाइयों का सामना करना पड़ा। पर धीरे-धीरे उन्होंने 'सरस्वती' के लेखकों का मण्डल बना लिया जिसमें विविध विषयों के विशेषज्ञ थे। द्विवेदी जी सदैव नई प्रतिभाओं की खोज में रहते थे, वे नये और होनहार साहित्य प्रेमी युवकों को हिन्दी में लिखने के लिए प्रोत्साहित करने लगे। उनसे लेख लिखवाते, किन्तु उनकी भाषा उनके मनकी नहीं होती थी तो उसे फिर से लिख देते थे। प्रसिद्ध व्यक्तियों से उनसे लिखने का आग्रह करते थे।[44]

सरस्वती का सम्पादन करने पर द्विवेदी ने अपने लिए कुछ आदर्श निश्चित किए थे। आपने संकल्प किया–

(i) वक्त की पाबंदी, (ii) मालिकों के विश्वास पात्र बनने की चेष्टा, (iii)

अपने हानि-लाभ की परवाह न कर पाठकों के हानि-लाभ का ध्यान और, (iv) न्याय पथ से कभी विचलित न होना।[45]

पत्र संचालकों ने आचार्य द्विवेदी के इन्हीं आदर्शों से प्रभावित होकर उनके सम्पादन स्वातंत्र्य में कभी बाधा नहीं डाली। यह वस्तुतः आपके प्रखर सम्पादक स्वरूप का ही सुपरिणाम था। सरस्वती संचालक बाबू चिन्तामणि घोष से आपका सम्बन्ध अत्यन्त हार्दिक और परिवार के सदस्य जैसा था। सम्पादन कार्य में द्विवेदी जी ने न्यायप्रियता तथा सत्य के पालन का सदा सर्वदा ध्यान रखा। आप न कभी प्रलोभन में पड़े और न किसी धमकी से विचलित हुए।[46]

द्विवेदी जी ने सरस्वती में समय-समय पर महत्त्वपूर्ण टिप्पणियाँ लिखीं। उन्होंने न केवल पाठकों के हानि-लाभ बल्कि लेखकों को हानि-लाभ का भी सदैव ध्यान रखा। उस समय शायद ही किसी लेखक को पारिश्रमिक मिलता हो पं. मदनमोहन मालवीय और महावीर प्रसाद द्विवेदी ने सर्वप्रथम इस पर विचार-विमर्श किया और लेखकों को पारिश्रमिक देने का निश्चय किया।[47]

द्विवेदी जी के साहित्यिक विवादों ने तत्कालीन हिन्दी साहित्य जगत में एक नवीन जीवन उत्पन्न कर दिया था। कालिदास की निरंकुशता भाषा की अस्थिरता आदि ऐसे विवाद थे जिससे साहित्यिक क्षेत्रों में चहल-पहल ही नहीं हुई, इनसे लोगों को साहित्यिक समस्याओं पर स्वतंत्र विचार करने तथा दोनों पक्षों के तर्कों का मूल्यांकन करने की आदत पड़ गई और इसका स्थाई परिणाम बहुत शुभ हुआ।[48]

भाषा के परिष्कार के क्षेत्र में भी सरस्वती ने बहुत बड़ा कार्य किया। इसके पूर्व भाषा में एकरूपता नहीं थी। व्याकरण की बड़ी शिथिलता थी। द्विवेदी जी ने सरस्वती के द्वारा इसका बड़ा विरोध किया। सरस्वती का प्रभाव इतना बढ़ चुका था कि उसके प्रचलित रूपों का प्रचलन हिन्दी क्षेत्र में मान्य हो जाता है।[49]

सरस्वती की एक बहुत बड़ी उपलब्धि थी। इसके द्वारा आधुनिक खड़ी बोली की कविता को प्रतिष्ठा ही प्राप्त नहीं हुई, उसका आशातीत प्रचार भी हुआ। हिन्दी के कितने ही कवियों ने जो आज हमारे मूर्धन्य कवि माने जाते हैं इसी के प्रोत्साहन से ही अपनी काव्य साधना में सफलता प्राप्त की। खड़ी बोली कविता का विकास 'सरस्वती' के अंकों में देखा जा सकता है। महावीर प्रसाद द्विवेदी और रामचरित उपाध्याय की कविताओं से लेकर मैथिलीशरण गुप्त के युग तक पहुँचने का इतिहास इसके अंकों में अंकित है। पं. नाथू राम शर्मा, शंकर राय, देवी प्रसाद पूर्ण आदि कितने ही कवि सरस्वती के द्वारा ही चमके।[50]

कहानियों के क्षेत्र में इसकी सेवाएं अनुपम हैं। वास्तव में आधुनिक हिन्दी कहानी का जन्म ही सरस्वती में हुआ। पं. किशोरी लाल गोस्वामी की 'इन्दुमति'

सर्व सम्मति से हिन्दी की पहली आधुनिक कहानी मानी जाती है। बंग महिला की कहानियों ने उस नूतन प्रवृत्ति को पुष्ट किया। बाबू वृंदावन लाल वर्मा की पहली कहानी 'उसने कहा था' जो कहानी के क्षेत्र में मील का पत्थर मानी जाती है, सरस्वती में ही प्रकाशित हुई।

प्रेमचन्द की पहली हिन्दी कहानी छापने का सौभाग्य भी सरस्वती को प्राप्त हुआ। उस युग में सरस्वती की कहानियों से अनुप्रेरित होकर वे लोग भी, जो कवि या गम्भीर लेखक थे कहानी लिखने का प्रयोग करने लगे। उदाहरण के लिए रामचंद्र शुक्ल ने 'ग्यारह वर्ष का समय' और बालकृष्ण शर्मा ने 'संत' नामक कहानी लिखी थी जो 'सरस्वती' में ही प्रकाशित हुई। फिर तो विशम्भर नाथ कौशिक, सुदर्शन, ज्वाला दत्त शर्मा आदि सभी लेखक कहानी में दिखाई देने लगे।[51]

हिन्दी जनता को दूसरी भाषाओं की कहानियों से परिचित कराने के लिए सरस्वती ने अन्य भाषाओं की कहानियों के अनुवाद भी प्रकाशित किए। यही नहीं रवीन्द्र बाबू की बंगला कहानियों का अनुवाद हिन्दी में ही हुआ। और वह सन् 1902 में सरस्वती में छपा। आरम्भ से ही इसने वैज्ञानिक कहानियों की ओर ध्यान दिया और कितनी ही वैज्ञानिक कहानियाँ प्रकाशित कीं।

सरस्वती ने विविध ज्ञान-विज्ञान विषयक बिखरी हुई चेतना को भी समेटने का कार्य किया। सबसे महत्त्वपूर्ण इसकी सम्पादकीय टिप्पणियाँ हुआ करती थीं जो विविध विषयों पर होती थी। सामाजिक, सांस्कृतिक, साहित्यिक, शिक्षा सम्बन्धी विषयों पर सरस्वती की सम्पादकीय टिप्पणियाँ विचारोत्तेजक होती थीं। साहित्यिक दृष्टि से इसने एक ओर महत्त्वपूर्ण भूमिका निभाई। इसके ही माध्यम से बाल साहित्य तथा स्त्री साहित्य को पत्रिकाओं में उचित स्थान मिला।

सरस्वती में 'बाल बिनोद' शीर्षक ने बाल उपयोगी साहित्य का निर्माण कर बालकों में पत्र-पत्रिकाओं के पठन पाठन में ऐसे समय रुचि उत्पन्न करने का प्रयास किया जबकि बालक के अंग्रेजी माध्यम से शिक्षित माता-पिता तक की हिन्दी पत्र पत्रिकाओं में रुचि न थी। आदर्श नारी जीवन के साथ आख्यायिका, निबन्ध आदि के द्वारा महिलोपयोगी साहित्य का भी समावेश इसमें हुआ। यही नहीं समय-समय पर महिलाओं की रचनाओं को छापकर लिखने की प्रेरणा भी प्रदान की गई। यह वह समय था जब समाज में स्त्री शिक्षा नगण्य थी, अतः स्त्रियां घर की चहार दीवारी तक ही सीमित थी। उनके पास न तो राजनीतिक जीवन था और न सामाजिक प्रतिष्ठा। पैसा, आभूषण, रूढ़िवादिता ही उनका जीवन था। पर देश राजनीतिक दृष्टि से जाग्रत हो चुका था। ऐसे समय समाज के एक अंग का पिछड़ा होना दुर्भाग्य का द्योतक था। सरस्वती ने समाज के इस अंधकार युक्त क्षेत्र को प्रकाशित कर एक

महान कार्य किया। उसका अनुकरण कर फिर तो अनेक पत्रिकाओं ने महिलोपयोगी साहित्य की ओर ध्यान दिया।

सरस्वती ने आरम्भ से ही हिन्दी के प्रचार-प्रसार का व्रत ले रखा था। भाषा की शुद्धता और सौष्ठव की ओर इसका पूर्ण ध्यान रहा। इसके लिए आवश्यकता पड़ने पर इसने निर्भीक आलोचना का सहारा लिया। हिन्दी को उसके उचित स्थान पर प्रतिष्ठित कराने और उसे भारत की सार्वदेशिक भाषा स्वीकार कराने के लिए यह अपने जन्मकाल से ही प्रयत्नशील रही। यही कारण था कि यह सर्वाधिक लोकप्रिय पत्रिका बन गई। इसके लेख शिक्षाप्रद और बड़े ही गम्भीर होते थे। ''सरस्वती का स्थान हिन्दी संसार में बड़ा ऊंचा है। इसका नाम सार्थक है सरस्वती के लेख बड़े गम्भीर, शिक्षाप्रद और उपयोगी रहे हैं।''[52]

स्त्री दर्पणी (1903)

वह स्वीकृत तथ्य है कि सरस्वती इस काल की प्रमुख पत्रिका थी। किन्तु अन्य पत्रिकाओं के साहित्यिक योगदान की भी अवहेलना नहीं की जा सकती। सरस्वती के पश्चात् प्रकाशित होने वाली दूसरी महत्त्वपूर्ण पत्रिका 'स्त्री दर्पणी' थी, जो श्रीमती रामेश्वरी नेहरू के संपादकत्व में निकलती थी।[53] इस युग के लगभग सभी लेखक-लेखिकाएं इसमें लिखते थे। इस पत्रिका का मुख्य उद्देश्य स्त्रियों में चेतना लाना था किन्तु इसमें विविध विषयों के साथ-साथ साहित्यिक रचनाएं भी हुआ करती थीं।[54]

इस पत्रिका के लेखों में संशोधन नहीं किया जाता था और लेखकों द्वारा भेजे गये लेखो को यथावत प्रकाशित कर दिया जाता था। उदाहरण के लिए नवम्बर 1915 के अंक में समाज सुधार विषय पर रुद्र दत्त का लेख 'पर समाज स्त्रियों के सुधार को रोक नहीं सकती। समाज उन्नति की धारा पर कदापि बाँध नहीं बाँध सकती।'[55]

नाटक, कहानी, उपन्यारा, कविता, निबन्ध आदि विविध विषय समन्वित इस पत्रिका में 'सामयिक साहित्य चर्चा' शीर्षक भी एक स्तम्भ रहता था। जिसमें तात्कालीन पत्र-पत्रिकाओं की रचनाओं पर अपनी प्रतिक्रिया व्यक्त की जाती थी। परोक्ष रूप से इस स्तम्भ ने समालोचना साहित्य के विकास में बड़ा महत्त्वपूर्ण योगदान दिया। चतुर्वेदी पत्र के 'ब्रह्म विचार' शीर्षक लेख की कटु आलोचना निम्न भांति की गयी थी– ''किसे कहते हो? और क्या कहते हो? 'ब्रह्म विचार' शीर्षक लेख को पढ़कर उत्पन्न होते हैं। गह लेख आसाढ़ के अंक से निकल रहा है। विषय तो यह योगियों द्वारा ही प्रतिपादित हो सकता है, और इसलिए हमें अधिकार नहीं है कि इस पर हम कुछ निज सम्मति प्रकाशित करें। परन्तु हमें दुःख इस बात का है आज संसार में लेखों का नहीं वरन् लेखक देखकर लेख प्रकाशित किए जाते हैं और वह भी एक ऐसे पत्र में जो जातीय

पत्र होने का दावा करता है। क्या सम्पादक महोदय स्वयं ही अपने हृदय पर हाथ रखकर बतलायेंगे कि चतुर्वेदी समाज जिसके लिए यह 'चतुर्वेदी' पत्र निकाला गया है इसको कुछ भी आवश्यक समझता है।[56]

साहित्यिक दृष्टि से इस पत्रिका का विशेष योगदान अवश्य ही न रहा हो किन्तु तात्कालीन समय में इसने अवश्य ही प्रयाग के साहित्यिक गौरव को बढ़ाया। इस पत्रिका के अंकों में गिरिजा कुमार घोष की 'लक्ष्मी', 'रूप तृष्णा', 'अरबी की यक्ष कथा' आदि अनेक कहानियाँ निकली हैं।

मर्यादा (1910)

मर्यादा का साहित्यिक पत्र-पत्रिकाओं में नाम बड़े सम्मान से लिया जाता है। नवम्बर सन् 1910 में अभ्युदय प्रेस प्रयाग से इसका प्रकाशन आरम्भ हुआ।[57] वास्तव में 'मर्यादा' महामना मदन मोहन मालवीय के सद् प्रयासों का ही प्रतिफल था। जिस प्रकार वह एक उच्च कोटि के राजनैतिक, शिक्षाशास्त्री थे उसी प्रकार एक कुशल पत्रकार भी थे। पत्रकारिता के क्षेत्र में आपने महान परम्पराओं का सृजन किया। आपने राष्ट्रीय जीवन के जिस क्षेत्र पर दृष्टि डाली उसी क्षेत्र में एक वैशिष्ट्य उत्पन्न हो गया।[58]

महामना ने 1907 में वसंत पंचमी के अवसर पर 'अभ्युदय' निकाला। दो साल वह इसके स्वयं सम्पादक रहे। इम्पीरियल कौंसिल का सदस्य होने पर उन्होंने इसका कार्य छोड़ दिया बाद में मालवीय जी के भतीजे कृष्णकान्त मालवीय इसके सम्पादक रहे। मालवीय जी चाहते थे कि अभ्युदय के साथ-साथ साहित्यिक पत्रिका का भी प्रकाशन होना चाहिए उन्हीं की प्रेरणा से 'अभ्युदय प्रेस' से 'मर्यादा' निकली जिसका सम्पादन प्रारम्भ में कुछ दिनों तक बाबू पुरुषोत्तम दास टंडन ने किया था। फिर कृष्णकान्त मालवीय ने उसका सम्पादन भार सम्भाला और वह अन्त तक इसके संपादक रहे।[59]

पं मन्नन द्विवेदी उस समय कवियों में अपना एक स्थान रखते थे। उनकी कविताएँ मर्यादा अंकों में नियमित रूप से निकलती थी–

अर्धरात्रि हो गई शांति का,
अटल राज्य चहुंधा छाया।
शीत सुधा बहु बरसाते निशि
नाथ गगन छबि सरसाया।[60]

पत्रिका कहानी, कविताओं के साथ कवियों के सम्बन्ध में प्रकाशित होता रहता था। इसके साथ-साथ अन्य भाषाओं की कविताओं के अनुवाद, कहानी आदि भी प्रकाशित होते। मई 1912 के अंक में अंग्रेजी कहानी के आधार पर लिखी गई ऋषीश्वर भट्ट की कविता 'शरीर में गड़बड़' शीर्षक प्रकाशित हुई–

मनः शक्तियों ने आपस में
एक बार यों किया विचार।
पेटार्थी यह मानव हमको,
पीड़ा देता विविध प्रकार।।
आलस छोड़ करो आन्दोलन
इसकी करनी के प्रतिकूल
राय इन्द्रियों की भी लेकर
कह उनसे अपना दुःख भूल।[61]

पत्रिका की विशिष्ट पहचान उसका 'साहित्य समालोचना' शीर्षक स्तम्भ था। इस स्तम्भ के अंतर्गत तत्कालीन समय में प्रकाशित होने वाली प्रमुख साहित्यिक पत्रिकाओं के अंकों का मूल्यांकन किया जाता। सरस्वती के सितम्बर अंक की समालोचना करते हुए लिखा था, "सरस्वती (सितम्बर) इस सितम्बर वाले नम्बर में अच्छे दो लेख और चित्र निकले हैं प्रोफेसर रामअवतार शर्मा के एक अंग्रेजी लेख का अनुवाद "कालिदास का समय निरूपण" शीर्षक प्रकाशित हुआ है, यह बड़ा ही उत्तम प्रबंध है। इसके बाद बाबू मैथिलीशरण गुप्त की 'अत्योक्ति पुष्पावली' भी अच्छी हुई है, इस अंक में जो अन्य कविताएँ निकली हैं वे साधारण हैं।"[62]

मर्यादा के अंकों में न केवल हिन्दी की पत्रिकाओं की समीक्षा की जाती बल्कि अंग्रेजी, मराठी आदि भाषाओं की पत्रिकाओं की भी समीक्षा की जाती है। अक्टूबर के अंक में ही सरस्वती के साथ-साथ इन्दु, नागरी हितैषिणी पत्रिका, माडर्न रिव्यू, मराठी मासिक, मनोरंजन की भी इसमें समालोचना की गई।[63]

मर्यादा के अंकों में अयोध्या सिंह उपाध्याय की कविताएँ नियमित प्रकाशित होती थीं। कभी-कभी तो एक ही अंक में उनकी दो दो कविताएँ छपतीं। अक्टूबर 1912 के अंक में उनकी 'शरद शोभा' और 'दशहरा' एक साथ छपी—

उदधि गम्भीर हूँ मैं सरसत नीर हूँ मैं,
शीतल समीर हूँ मैं गुंजत अलीन हूँ मैं
कलित कलीन हूँ मैं गुंजत अलीन हूँ मैं
केलिवी चलीन हूँ मैं ललित लाखयो हैं।[64]

× × ×

वर बितान तले नम नील के,
सिनत प्रभा रजनी पति रंजिता।
विकसिता अति निर्मलता गयी,
दश दिशा नव अंक उमंगिता।[65]

मर्यादा में विविध विषय होते जो मुख्यतः ऐतिहासिक, शैक्षणिक, सांस्कृतिक एवं साहित्यिक होते थे– 'जापान के परलोकगत सम्राट', 'बहमनीराज्य', 'आधुनिक शिक्षा पद्धति' आदि लेख इसमें प्रकाशित हुए।[66]

महंत लक्षमण दास की पौराणिक कथाओं पर आधारित कविताएँ भी 'मर्यादा' के अंकों में छपतीं–

सुनकर जाना विपिन अचानक राम कुंवर का।
जनक सुता भी साथ चन्द्र मुख जिस मनहर का।।
गौर श्याम सुकुमार मारमद हरनी जोड़ी।
तिस पर सीता मृदुल सुमन की मछली न तोड़ी।[67]

मर्यादा के सम्बन्ध में यह निःसंकोच कहा जा सकता है कि यह एक उच्च कोटि की साहित्यिक पत्रिका थी किन्तु यह ज्यादा समय तक न चल सकी 1920 में यह ज्ञान मण्डल वाराणसी को सौंप दी गयी जहाँ यह कुछ समय चलकर बंद हो गई किन्तु इसके साहित्यिक योगदान की अवहेलना नहीं की जा सकती।[68]

सम्मेलन पत्रिका (1913)

'सम्मेलन पत्रिका' प्रयाग से प्रकाशित होने वाली महत्त्वपूर्ण पत्रिकाओं में से एक है। यह पत्रिका हिन्दी साहित्य सम्मेलन द्वारा त्रैमासिक रूप से प्रकाशित की गई। इसके सम्पादन का भार सम्भाला धीरेन्द्र वर्मा ने।[69]

सम्मेलन पत्रिका को साहित्यिक पत्रिका माना जाए अथवा नहीं इस सम्बन्ध में साहित्यकारों में मतभेद हैं कुछ विद्वान इसे सम्मेलन के समाचार पत्र देने वाली पत्रिका मानते हैं तो कुछ विद्वान इसे विविध विषयों वाली पत्रिका मानते हैं। सम्मेलन पत्रिका का स्वरूप 'सरस्वती' या 'चाँद' की तरह साहित्यिक नहीं था किन्तु इसका उद्देश्य साहित्यिक विकास ही था। धीरेन्द्र वर्मा ने इसके सम्पादकीय में लिखा है, "सम्मेलन का मुख्य उद्देश्य हिन्दी भाषा, साहित्य तथा देवनागरी लिपि की उन्नति तथा प्रचार करना है। यह प्रचार तथा उन्नति किस प्रकार हो सकती है, उसके साधनों तथा कठिनाइयों पर गम्भीरता पूर्व विचार करने का माध्यम 'सम्मेलन पत्रिका' होना चाहिए। पत्रिका का उद्देश्य तथा नीति इस आवश्यकता की पूर्ति करना ही रहेगा।"[70]

धीरेन्द्र वर्मा ने यह तो पहले ही स्पष्ट कर दिया था कि इसमें सरस्वती की तरह रचनाएं तथा चित्र नहीं होंगे किन्तु हिन्दी भाषा नागरी लिपि तथा साहित्य पर विचार किया जाएगा, तथा इन अंगों की उन्नति पर समुचित ध्यान दिया जाएगा।[71] और इसके लिए उन्होंने लेखकों तथा विद्वानों का आवाहन किया कि वह 'सम्मेलन पत्रिका' में लेख भेजें।[72]

पत्रिका में 'साहित्यावलोकन' शीर्षक हुआ करता था जिसमें विभिन्न पुस्तकों, कविताओं, कहानियों की समीक्षा की जाती थी। इसके प्रथम अंक में ही– मोहन लाल महतो, गया लाल 'वियोगी' की 'एकतारा', शान्तिप्रिय द्विवेदी की 'मधु संचय' राम कृष्णदास की 'भावुक', अयोध्या सिंह उपाध्याय की 'पद्य प्रसून' लक्ष्मी नारायण मिश्र की 'आर्त जगत' कविताओं का मूल्यांकन किया गया।[73]

'सम्मेलन पत्रिका' में हिन्दी साहित्य सम्मेलन से सम्बन्धित समाचार अवश्य होते थे किन्तु इसके साथ ही साहित्यिक विषयों पर भी लेख होते थे। अपने द्वितीय अंक में सम्मेलन पत्रिका ने श्रीधर पाठक, 'हिन्दी गद्य का विकास सं. 1925 तक' तथा विश्वनाथ प्रसाद मिश्र का लेख, 'हिन्दी साहित्य में छायावाद की प्रगति' प्रकाशित किए।[74]

अतः 'सरस्वती' अथवा चाँद की तरह तो नहीं किन्तु सम्मेलन पत्रिका का उद्देश्य सदैव हिन्दी भाषा एवं साहित्य की श्री वृद्धि करना ही रहा इसलिए इस पत्रिका के साहित्यिक योगदान को भी नहीं नकारा जा सकता।

चाँद (1922)

सन् 1900 से 1922 तक हिन्दी साहित्य के क्षेत्र पर सरस्वती का एकछत्र राज्य रहा उसे टक्कर देने वाली कोई दूसरी पत्रिका नहीं थी। सरस्वती के समकक्ष साहित्यिक मूल्यों को संजोए हुए सन् 1922 में 'चाँद' का प्रकाशन एल्गिन रोड इलाहाबाद से प्रारम्भ हुआ।[75]

इसके सम्पादक मण्डल में रामरख सहगल, चण्डी प्रसाद हृदयेश, पं. बनारसी दास जी 'चतुर्वेदी' सम्मिलित थे। इसके प्रथम अंक के प्रधान संपादक रामरख सहगल और रामकृष्ण मुकुन्द लघाटे थे।[76] रामरख सहगल जी चाँद को 1920 में ही प्रारम्भ करना चाहते थे। किन्तु आर्थिक कारणों से वह इसे 1920 में प्रकाशित न कर सके उन्होंने प्रथम अंक के सम्पादकीय वक्तव्य में लिखा है, ''चूंकि इस देश की अनेक सामाजिक कुरीतियों ने हमारे दिल पर चोट पहुँचाई थी और हमारी आत्मा बार-बार इस बात के लिए प्रेरित कर रही थी कि हम अपनी तुच्छ बुद्धि से देश के समाज सुधारकों का हाथ बँटावें अतएव हमने करीब दो वर्ष पहले स्त्रियों का 'चाँद' नामक मासिक पत्र निकालना निश्चित किया था।

पत्र का डिक्लेरेशन देते समय हमने सरकार को यह विश्वास दिला दिया था कि हमारा पत्र केवल 'सामाजिक तथा साहित्यिक विषयों की चर्चा करेगा, प्राचीन अथवा अर्वाचीन राजनीति से इसका कोई सम्बन्ध न होगा।' पर इतने पर भी प्रान्तीय सरकार ने 1500 रु. भेंट करने की जमानत माँगी, चूंकि हम सरकार को 1500 रु. भेंट करने में असमर्थ सिद्ध हुए अतएव हमें पत्र प्रकाशन का विचार कुछ

समय के लिए स्थगित कर देना पड़ा।"[77]

'चाँद' महिलाओं की पत्रिका थी इसके पृष्ठ पर लिखा भी रहता था "भारतीय महिलाओं की सचित्र मासिक पत्रिका, और इसने महिलाओं की उन्नति के लिए सदैव प्रयत्न भी किया किन्तु महिलाओं की उन्नति के प्रयत्नों के साथ-साथ यह साहित्यिक जगत की प्रमुख पत्रिका बन गई। हमारे पत्र का उद्देश्य स्त्रियों का अज्ञान, परदे की कुप्रथा, इत्यादि सामाजिक बुराइयों को दूर करना स्त्रियों को उपयोगी तथा उनके हितों की बातों से उनका परिचय कराते रहना। पत्र की भाषा यथा शक्ति सरल होगी। छोटे-छोटे किस्से कहानियाँ और गल्प आदि भी समय-समय पर ऐसे रहेंगे जिनका सामाजिक सुधारों से विशेष सम्बन्ध होगा।"[78]

सम्पादक महोदय पत्रिका की भूमिका में छोटे-छोटे कहानियाँ होने की बात करते हैं किन्तु यह छोटे-छोटे कहानियाँ और किस्से विस्तृत गद्य एवं पद्य साहित्य बन गये।

इसके प्रथम अंक में ही तत्कालीन निम्न साहित्यकारों के नाम नियमित लेखकों के रूप में प्रकाशित किए गये थे – श्रीमती सरला बाई नायक, कु. एस. दुरा, कु. सी. वी. पूविहा, कु. ज्योतिर्मयी गांगुली, श्रीमती चन्द्र प्रभा देवी, श्रीमती सुशीला देवी निगम, श्रीमती शारदा कुमारी देवी, श्रीमती मंगला देवी, श्री सन्तराम, परमानन्द, कु. विद्यावती सेठ, लाला गंगा प्रसाद, डॉ. एम. एल. मलिक, डॉ. हेमचन्द्र घोष, सी. एस. रंगा लय्यर, प्रेमचंद, विशम्बर नाथ शर्मा कौशिक, लाला मन्नू मल, प्रो. दयाशंकर दुबे, बद्री नाथ भाटिया, जी. पी. श्रीवास्तव, मुन्शी नारायण प्रसाद जी अस्थाना, प्रो. खन्ना, जी. ए. सुन्दरम, सुभद्रा कुमारी चौहान, महादेवी वर्मा, श्रीधर पाठक, मैथिली शरण गुप्त, रामचरित उपाध्याय, रामकुमार वर्मा, राम नारायण चतुर्वेदी मयंक, स्नेह आदि।[79]

उक्त लब्ध प्रतिष्ठित साहित्यकारों ने 'चाँद' के साहित्यिक सौन्दर्य में चार चाँद लगा दिए। इसके अंक का प्रारम्भ ही रामकुमार वर्मा की कविता 'कामना' से हुआ–

करुणा मय! इस तुच्छ विनय पर तनिक ध्यान हो।
जगती लाल पर नारि जाति का पुनः मान हो।।
उसके यश का नित्य प्रेम से मधुर गान हो।
पूर्व दशा का पुनः हृदय में पूर्ण ज्ञान हो।।
सब क्लेश कटे क्षण में नहीं मन में कुछ उन्माद हो
पथ-प्रणय प्रदर्शन के लिए 'चाँद' मनोहर 'चाँद' हो।[80]

'चाँद' के प्रथम अंक से ही यह विदित हो गया कि इसका स्वरूप साहित्यिक ही होगा। इसके प्रथम अंक में महादेवी वर्मा की 'चन्द्रोदय' रामचरित उपाध्याय की 'संसार की सिरमौर' सुभद्रा कुमारी चौहान की 'समर्पण' कविता प्रकाशित हुई।[81]

'चाँद' में गद्य, पद्य प्रचुर मात्र में प्रकाशित होने लगा, नवम्बर 1925 में तो 'चाँद' ने अन्य साहित्यिक पत्रिकाओं को पीछे छोड़ते हुए प्रेमचंद के उपन्यास 'निर्मला' को धारावाहिक रूप में प्रकाशित किया।[82] 'चाँद' के 1920 के अंकों से सूर्यकान्त त्रिपाठी निराला और महादेवी वर्मा की रचनाएं साथ-साथ दिखाई देने लगी। मार्च 1920 के अंक में निराला की 'वेदना' प्रकाशित हुई–

छेड़ो अब तार!
        चुप हैं कर दो विकल,
बहने दो कल-कल-कल
        सरिता की कविता में खर तर स्वर धार
छेड़ो अब तार-तार
        दिवसन विरहा शासी
पदम विकच भाषासी
        जगती के चुन प्रसून गूँथो स्वर हार
छेड़ो अब तार!! [83]

चाँद के अगले ही अंक में महादेवी वर्मा की लोकप्रिय कविता 'प्रतीक्षा' प्रकाशित हुई–

मौर धरे मस्तक पर लाल।
        सजाकर नर जालों की माल।।
सजाकर पीताम्बर से गात।
        बने वर से दिनेश इस काल।।
×   ×   ×
चल दिए अस्ता चल की ओर
        प्रेयसी को लेके दिनमान
प्रतीक्षाओं में तक से ही देव
        हो रहे व्याकुल मेरे प्राण।[84]

महादेवी वर्मा 'चाँद' की प्रमुख कवयित्री थी। शायद ही कोई अंक हो जिसमें महादेवी वर्मा की कोई न कोई कविता न हो। 'तब' शीर्षक कविता, 'एकान्त' शीर्षक कविता चाँद में प्रकाशित हुई। उनकी प्रसिद्ध कविता 'आँसू की माला' दिसम्बर 1927 के अंक में छपी–

उच्छ्वासों की छाया में,
        पीड़ा के आलिंगन में,
निश्वासों के रोदन में,
        सूने मानस मन्दिर में

स्वप्नों की मुग्ध हँसी में,
आशा के मग्न हृदय में,
बीते की चित्र पटी में,
इस मीठी सी पीड़ा में,
डूबा जीवन का प्याला
उसमें लिपटी उतराती,
मेरी आँसू की माला।[85]

एक ओर चाँद दिन दूनी रात चौगुनी तरक्की कर रहा था तो देश में आजादी की हवा चल रही थी। चाँद पत्रिका भी अपने आपकों इस आँधी में न रोक सकी और नवम्बर 1928 का अंक 'फांसी' अंक के रूप में प्रकाशित किया फलतः इसे सरकार का कोप भाजन बनना पड़ा और इसके फांसी अंक को जब्त कर लिया गया।[86]

इस घटना से 'चाँद' प्रकाशक रामरख सहगल और अनेक पाठकों को धक्का तो अवश्य लगा किन्तु चाँद बन्द न हुई और यह प्रहार सह गई। चाँद के अंक नये उत्साह से फिर निकलने लगे। दो माह पश्चात् अर्थात जून 1929 तक फांसी अंक के जब्ती की बात भूल सी गई और इसकी लोकप्रियता न केवल पाठकों में बढ़ी बल्कि स्कूल कालेजों आदि के लिए अनुशंसित की जाने लगी।[87]

इस अंक (जनवरी 1929) का प्रारम्भ महादेवी वर्मा की कविता 'वरदान' से हुआ–

तरल आंसू की लड़ियाँ गूंथ,
इन्हीने काटी काली रात।
निराशा का सूना निर्माल्य
चढ़ाकर देखा फीका प्रात!

× × ×

आज आए हो हे करुणेश,
इन्हे जो तुम देने वरदान
गलाकर मेरे सारे अंग
करो दो आँखों का निर्माण।[88]

इसी अंक में महादेवी वर्मा की एक अन्य कविता 'देव' प्रकाशित हुई–

सोकर मूक व्यथा में अपने,
मुझे जाग लेने दे।
अहम् भाव की चिर समाधि पर
देव! त्याग लेने दे।।[89]

'चाँद' का मुख्य उद्देश्य तो स्त्रियों का कल्याण करना ही रहा, किन्तु चाँद की

विशेषता यह होती कि उनसे सम्बन्धित कुप्रथाओं पर प्रहार भी पद्य के माध्यम से किया जाता। वृद्ध विवाह पर व्यंग्य निम्न भांति किया गया—

तन में आई अगर बुढ़ाई तो क्या? मन है अभी जवान
रमणी झूठ नहीं सकती है, चाहे निकल जाये यह जान
यही सोचकर मन में विधि से वृद्ध महोदय करते ब्याह
कुटुम्बियों को, पड़ोसियों को दिखलाने को गंदी राह

× × ×

वृद्ध छोड़ पत्नी को आखिर गये नरक के धाम
उनके घर में इस घटना से मचा बड़ा भारी कुहराम

पर क्या होता, रंग यही तो लाता बूढ़ेपन का ब्याह
धन वृद्धि है उनकी जो जन, करते मन में ऐसी चाह।[90]

अतः चाँद ऐसी पत्रिका बन गई जिसने महिलाओं की दशा सुधारने के लिए साहित्य को माध्यम बनाया—

दिखा दो प्रभो! मुक्ति की राह
मैं हिन्दू विधवा हूँ, मेरा कैसा हो निर्वाह?
जान न पाई विधि करतब मैं,
विधवा हुई न जाने कब मैं,
कहते हैं परिजन सब मेरे कभी हुआ था ब्याह।
पति सुख मैंने कभी न जाना,
नहीं किसी को पति ही माना,
विधवा हुई कहाँ जब मुझ पर,
पड़ी न पति की छांह।[91]

चाँद स्त्रियों का दुःख-दर्द दूर करती तथा समाज के सामने सदैव एक प्रश्न उपस्थित करती। बाल विवाह, वृद्ध विवाह तथा अन्य सामाजिक कुरीतियों पर तीव्र प्रहार किए। महादेवी वर्मा के साथ एक ओर उच्च कोटि के साहित्यकार प्रोफेसर रामकुमार वर्मा भी सदैव 'चाँद' में लिखते रहे—

भारती भव्य भाव भण्डार,
सजा दो शब्दों का सुकुमार।
हृदय उनकों चुन-चुन कर चारू
गूंथ डाले कविता का हार।

× × ×

सरस्वती, सरस स्वरों से सजा,

सजग सरिता सा कविता तार।
हिला दे हिल कर विश्व विराट,
छलक जावे पल-पल में प्यार।[92]

जहाँ चाँद ने उच्चकोटि का काव्य प्रकाशित किया वहीं तात्कालीन श्रेष्ठ कहानीकारों की कहानियाँ इसमें नियमित प्रकाशित होने लगीं। जनवरी 1933 के अंक में प्रेमचन्द की 'बेटों वाली विधवा' तथा फरवरी 1933 के अंकों में 'वेश्या' कहानी प्रकाशित हुई।[93]

क्या कहानी, क्या निबन्ध, क्या कविता और क्या उपन्यास सभी को 'चाँद' ने प्रकाशित किया। एक ओर इसने स्त्रियों में जागृति लाने के लिए सतत प्रयत्न किया तो दूसरी ओर उच्च कोटि का साहित्य प्रकाशित कर हिन्दी साहित्य की श्री वृद्धि की; अतः साहित्यक पत्रिकाओं में यदि सरस्वती के समकक्ष अन्य किसी पत्रिका को रखा जाएगा तो वह चाँद होगी।

हिन्दुस्तानी (1931)

श्रेष्ठ साहित्यिक मूल्यों को स्थापित करने, साहित्य में उच्च श्रेणी के शोध को प्रतिपादित करने के उद्देश्य से हिन्दुस्तानी एकेडमी ने 'हिन्दुस्तानी' नामक त्रैमासिक पत्रिका प्रकाशित की। यह जनवरी 1931 से निकाली गई और इसमें साहित्य के विभिन्न अंगो का विवेचन किया गया।[94]

इसके सम्पादक मण्डल में तत्कालीन प्रयाग की विद्वत् मण्डली को रखा गया। इसके सम्पादक मण्डल में थे – रामचन्द्र टण्डन, डॉ. तारा चन्द्र, बेनी प्रसाद, डा. राम प्रकाश त्रिपाठी और धीरेन्द्र वर्मा।[95] हिन्दुस्तानी के स्वरूप के सम्बन्ध में सदैव मतभेद रहा है कुछ विद्वान इसे शोध पत्रिका मानते हैं जबकि कुछ इसे पूर्ण साहित्यिक पत्रिका मानते हैं। हरिमोहन मालवीय इसे पूर्ण साहित्यिक पत्रिका स्वीकार करते हैं।[96]

हिन्दुस्तानी पत्रिका के उच्च आदर्श थे। इसके सम्पादकीय वक्तव्य में कहा गया समय बदलता है। अंग्रेजी शिक्षा नये विचारों को उपस्थित करती है, नये भावों को जगाती है। जातीयता का एक नवीन अनुभव होता है। देश में एक नई जागृति होती है। पुरानी कृतियों की याद, जापान के आश्चर्यजनक विजयों की कथा, यूरोप के आंतरिक कलह, हिन्दुस्तान के क्षितिज पर आशाओं के असीम दृश्यों की झलक हमारे हृदयों को उमंगों से परिपूर्ण कर देते हैं। जाति की प्रतिष्ठा के, उस अधिकारों के और उसके व्यक्तित्व को स्थिर करने के विचार लोगों के मस्तिष्कों में घूमते हैं और स्वभावतः लोगों के दिल भाषा और साहित्य की उन्नति की ओर आकर्षित होते हैं। एक ऐसी संख्या की आवश्यकता प्रतीत होती है जो इस उद्देश्य को पूरा करने में सहायक हो।[97]

हिन्दी लेखकों का एक बहुत बड़ा वर्ग साहित्य के प्रत्येक अंग की प्रगति करने

के लिए प्रयत्नशील था किन्तु उसके लिए प्रकाशन का कोई उचित माध्यम नहीं मिल पा रहा था। साहित्य की दृष्टि से उस समय नाटकों, उपन्यासों, समालोचना और इतिहास जैसे अंगो पर अपेक्षाकृत कम लिखा जा रहा था, कविता में भाषा की प्रौढ़ता नहीं थी अतः साहित्य में उक्त कमियों को दूर करने के लिए एक ऐसी पत्रिका की आवश्यकता महसूस हो रही थी जो उक्त समस्याओं को दूर कर सके और 'हिन्दुस्तानी' ने इसका प्रयास भी किया।[98]

देश का अधिकांश जनमानस अशिक्षित था, साहित्य उसके लिए कल्पना की वस्तु थी, लेकिन वह भी इसका अधिकारी है, यह बात लम्बे समय से महसूस की जा रही थी, लेकिन विद्वानों का एक वर्ग यह मानने को तैयार ही नहीं था कि किसी संस्था के समन्वित प्रयासों से श्रेष्ठ साहित्य का निर्माण हो सकता है जो जन-जन का बन सके, उनका विचार था कि कवि और साहित्यकार बनाने से नहीं बनते, किन्तु इस तर्क का खण्डन तारा चन्द्र ने अपने सम्पादकीय वक्तव्य में किया 'साहित्य जिन भावों, रसों, कल्पनाओं और विचारों को आश्रय देता है वह सभी मनुष्यों में कम या अधिक पाए जाते हैं। ऐसा न होता तो साहित्य का प्रभाव इतना सर्वव्यापी न होता और कुछ थोड़े मनुष्यों तक परिमित रहता। इन भावों, कल्पनाओं, प्रेरणाओं को एक रचनात्मक रूप देने की योग्यता अवश्य परिमित है।'[99]

हिन्दुस्तानी एकेडमी का उद्देश्य था भाषा को संवारना, साहित्य को अलंकृत करना, कवि एवं लेखकों को प्रोत्साहन देना, ऐसा साहित्य उत्पन्न करना जो जन-जन का बन सके और इसी उद्देश्य की पूर्ति के लिए एकेडमी ने त्रैमासिक पत्रिका 'हिन्दुस्तानी' का प्रकाशन किया।[100]

'हिन्दुस्तानी' अपने उद्देश्यों को पूर्ण करने में सफल हुई, इसने साहित्य को एक नई दिशा प्रदान की। घोर आर्थिक संकट के बावजूद आज भी इसका प्रकाशन हो रहा है।

20वीं शताब्दी का पूर्वार्द्ध निर्माण की प्रक्रिया का आरम्भिक युग था और जब निर्माण की प्रक्रिया आरम्भ होती है तो उसके लिए देशकाल वातावरण उपस्थित करता है और समाज का संकल्प नई मूर्ति गढ़ना आरम्भ करता है। मूर्ति की रचना में केवल समाज का ही संकल्प सहायक नहीं होता अपितु समाज की मनीषा को कांतिदान करने वाले साहित्यकार का अवदान भी कम महत्त्वपूर्ण नहीं होता, और इस युग में जो साहित्यकार हुए वे देश की दशा और समाज की स्थिति से पूर्णतः परिचित थे। वे समाज से कटे हुए केवल एकान्तवादी बौद्धिक चमत्कार के व्यक्तिवादी रचनाकार नहीं थे अपितु समाज के भीतर रहकर उसका सुःख दुःख आशा और निराशा और संकल्प को भोगने वाले और संवारने वाले लोग थे और इन लोगों के साहित्य को संवारा तत्कालीन समय में प्रकाशित होने वाली पत्र-पत्रिकाओं ने। इस

युग में जितनी पत्र-पत्रिकाओं के प्रकाशन हुए वे सब की सब विविध विषयों से विभूषित थी। विशेष वर्ग के लोगों को प्रोत्साहन देने के लिए बालकों और स्त्रियों से सम्बद्ध पत्र-पत्रिकाएँ भी निकली। इनके माध्यम से उन विभूतियों का प्रादुर्भाव हुआ जिन्होंने हिन्दी साहित्य को अनन्य श्री प्रदान की।[101]

देश के कोने-कोने से पत्रिकाओं का प्रकाशन आरम्भ हुआ और इसमें इलाहाबाद का स्थान अग्रणी रहा, यहाँ से 'सरस्वती' और 'चाँद' जैसी उच्च कोटि की साहित्यिक पत्रिकाएँ प्रकाशित हुईं; और इन पत्रिकाओं के माध्यम से, गुलेरी, प्रेमचन्द, प्रसाद, किशोरी लाल गोस्वामी, वृंदावन लाल वर्मा, पदम् सिंह शर्मा, श्यामसुन्दर दास, मिश्र. बंधु, शिवपूजन सहाय, हरिऔध, बालमुकुंद गुप्त, महावीर प्रसाद द्विवेदी, गंगा प्रसाद अग्निहोत्री, गोविंद नारायण मिश्र, पाण्डेय बचेन शर्मा उग्र जैसे गद्यकार और श्रीधर पाठक, हरिऔध, रामचरित उपाध्याय, रामनरेश त्रिपाठी, मैथिलीशरण गुप्त, प्रसाद, पन्त, निराला, महादेवी और रामकुमार वर्मा जैसे कवि प्रकट हुए।[102]

अतः उपलब्धियों की दृष्टि से यह युग (1900-1950) हिन्दी साहित्य के लिए अत्यंत महत्त्वपूर्ण है। इस युग में कविता, कहानी, निबन्ध, रेखाचित्र, समालोचना, उपन्यास, नाटक सभी साहित्य विधाओं का विकास हुआ। तत्कालीन पत्र-पत्रिकाओं ने इन विधाओं के विकास के लिए ठोस पृष्ठभूमि का कार्य किया।

विकास का श्रीगणेश, महावीर प्रसाद द्विवेदी ने सरस्वती के माध्यम से किया और मर्यादा, चाँद, स्त्रीदर्पण, हिन्दी प्रदीप, सम्मेलन पत्रिका और हिन्दुस्तानी ने इस कार्य को आगे बढ़ाया। सरस्वती के द्वारा खड़ी बोली काव्य भाषा के रूप में प्रतिष्ठित हुई। प्रारम्भ में यह भाषा अत्यधिक और भावों को वहन करने में अक्षम थी, पर धीरे-धीरे द्विवेदी जी के प्रयत्नों से इसका परिष्कार हुआ। पत्र-पत्रिकाओं के माध्यम से जब खड़ी बोली का विस्तार हुआ तो काव्य के साथ-साथ गद्य की भी निबन्ध, नाटक, उपन्यास, कहानी आलोचना जैसी विधाएं साहित्यिक क्षेत्र में प्रतिष्ठित होने लगीं।

पत्रिकाओं द्वारा बहुमुखी विकास प्रक्रिया में अनेक विधाओं का जन्म ही हुआ, जिनमें रेखाचित्र भी एक है; यह निबन्ध की सीमा रेखा को छूता हुआ एक नया साहित्यिक रूप है। इतिहासकारों ने 'मर्यादा' (सन् 1918 ई.) में प्रकाशित बनारसी दास चतुर्वेदी के 'औरंगजेब' शीर्षक रेखाचित्र को हिन्दी का प्रथम रेखाचित्र माना है।

इन पत्रिकाओं के माध्यम से ही सर्वप्रथम पारंपरिक विषयों, रूढ़ियों और अन्धविश्वासों का उच्छेदन कर जीवन के साथ समीक्षा का अविच्छेद सम्बन्ध स्थापित हुआ। कहने का अभिप्राय यह है कि साहित्य का ऐसा कोई क्षेत्र नहीं, ऐसा कोई कोना नहीं जिसका स्पर्श इन पत्र-पत्रिकाओं ने न किया हो अतः साहित्यिक योगदान में पत्र-पत्रिकाओं के साहित्यिक योगदान की अवहेलना नहीं की जा सकती।

सन्दर्भ

1. पाण्डेय सुधाकर; (संपा), हिन्दी साहित्य का बृहत् इतिहास, खण्ड– 9, नागरी प्रचारिणी सभा (सं. 2034), पृष्ठ 283
2. वही, पृष्ठ 283
3. वही, पृष्ठ 283-284
4. अबला हितकारक; सम्पादकीय, मई 1912, पृष्ठ 3
5. मिश्र कृष्ण बिहारी; हिन्दी पत्रकारिता, लोकभारती, इला. 1994, पृष्ठ 62
6. पाण्डेय सुधाकर; (संपा), हिन्दी साहित्य का बृहत् इतिहास, खण्ड-9, नागरी प्रचारिणी सभा (सं. 2034), पृष्ठ 285
7. भटनागर राम रतन; राज एंड ग्रोथ आफ हिन्दी जर्नलिज्म, इलाहाबाद, 1947, पृष्ठ 478
8. हिन्दी प्रदीप, मई 1878, पृष्ठ 2-3
9. हिन्दी प्रदीप, मई 1908, पृष्ठ 11-12
10. वैदिक वेद प्रताप; हिन्दी पत्रकारिता विविध आयाम (भाग 1) हिन्दी बुक सेण्टर, 1997, पृष्ठ 286
11. पाण्डेय सुधाकर; (संपा), हिन्दी साहित्य का बृहत् इतिहास, खण्ड-9, नागरी प्रचारिणी सभा (सं. 2034), पृष्ठ 286
12. वाजपेयी अम्बिका प्रसाद; समाचार पत्रों का इतिहास, ज्ञानमण्डल सं. 2010, पृष्ठ 238
13. वही, पृष्ठ 238
14. मिश्र कृष्ण बिहारी; हिन्दी पत्कारिता, लोकभारती, इला. 1994, पृष्ठ 63
15. रामस्वरूप चतुर्वेदी का 1993 में इलाहाबाद संग्रहालय में दिया गया व्याख्यान।
16. सरस्वती, जनवरी 1900 ई., पृष्ठ 1-3
17. सरस्वती भाग 1, खण्ड 1, जनवरी 1900 ई.
18. वागीश्वर मिश्र, सरस्वती, मई-जून 1902, पृष्ठ 179
19. सरस्वती, फरवरी-मार्च 1903 ई., पृष्ठ 92
20. वही, पृष्ठ 94
21. नाथू राम शर्मा 'शंकर', हमारा अद्यःपतन, सरस्वती मई 1906, पृष्ठ 192
22. सरस्वती, नवम्बर 1935 ई., पृष्ठ 431
23. वही, पृष्ठ 431
24. सूर्यकान्त त्रिपाठी 'निराला'; उक्ति शीर्षक कविता, सरस्वती, नवम्बर 1933, पृष्ठ 450
25. सरस्वती, जनवरी 1936 ई., पृष्ठ 91
26. सरस्वती, फरवरी 1936 ई., पृष्ठ 145
27. सरस्वती, जुलाई 1927, भाग-2, खण्ड-2 पृष्ठ 761
28. सरस्वती, जुलाई 1933, पृष्ठ-1
29. सरस्वती, अक्टूबर 1933, पृष्ठ 289
30. सरस्वती, अप्रैल 1933, खण्ड 1 (भाग 34), पृष्ठ 441
31. सरस्वती, मई 1933, खण्ड 1 (भाग 34), पृष्ठ 558
32. सरस्वती, नवम्बर 1935, पृष्ठ 385
33. सरस्वती, दिसम्बर 1935, पृष्ठ 385
34. सरस्वती, मई 1936, खण्ड 1, पृष्ठ 433
35. सरस्वती, जून 1936 खण्ड 1, पृष्ठ 576

36. सरस्वती, सितम्बर 1936, पृष्ठ-193
37. सरस्वती, मार्च 1936 पृष्ठ 241
38. सरस्वती, दिसम्बर 1933, भाग 34 (खण्ड-2), पृष्ठ 502
39. रामनरेश त्रिपाठी; ग्राम्यगीत शीर्षक कविता, सरस्वती नवम्बर 1927, भाग 28 (खण्ड 2), पृष्ठ 1280-1281
40. सरस्वती, जनवरी 1929, पृष्ठ 146
41. सरस्वती, अगस्त 1932, पृष्ठ 121
42. सरस्वती, जुलाई 1928, पृष्ठ 93
43. पाण्डेय सुधाकर; (संपा) हिन्दी साहित्य का बृहत् इतिहास खण्ड नागरी प्रचारिणी सभा (सं. 2034), पृष्ठ 287
44. वही, पृष्ठ 288
45. वैदिक वेद प्रताप; हिन्दी पत्रकारिता विविध आयाम, भाग-1, हिन्दी बुक सेण्टर, 1997, पृष्ठ 126
46. वही, 126
47. पं. मदन मोहन मालवीय का महावीर प्रसाद द्विवेदी को पत्र दिनांक 26.02.1916 पी.के. मालवीय संग्रह रा.अ. नई दिल्ली
48. पाण्डेय सुधाकर; (सपा.) हिन्दी साहित्य का बृहत् इतिहास, खण्ड 9, नागरी प्रचारिणी सभा, (सं. 2034), पृष्ठ 288
49. वही, पृष्ठ 288
50. वही, पृष्ठ 288-289
51. वही
52. वही, पृष्ठ 290
53. श्रीवास्तव सालिगराम; (सपा), प्रयाग प्रदीप, हिन्दुस्तानी एकेडमी, 1937, पृष्ठ 161
54. उत्तर प्रदेश, फरवरी 1984, अंक-1, पृष्ठ 146
55. स्त्री दर्पण, नवम्बर 1995, पृष्ठ-329
56. स्त्री दर्पण, नवम्बर, 1915, पृष्ठ 371
57. उत्तर प्रदेश (प्रयाग विशेषांक) फरवरी 1984, पृष्ठ 146-147
58. त्रिपाठी आर. एन.; तीस दिन मालवीय जी के साथ, 1942, पृष्ठ 53
59. श्रीवास्तव सालिगराम (संपा) प्रयाग प्रदीप, हिन्दुस्तानी एकेडमी 1937, पृष्ठ 160
60. मर्यादा, अगस्त 1912, पृष्ठ 283
61. मर्यादा, मई 1912, पृष्ठ 30
62. मर्यादा, अक्टूबर, 1912, पृष्ठ 405-408
63. वही, पृष्ठ 406-408
64. मर्यादा, अक्टूबर 1912, पृष्ठ 394
65. मर्यादा, अक्टूबर 1912, पृष्ठ 397
66. बनारसी दास चौबे, मर्यादा, नवम्बर 1912, पृष्ठ 20
67. विदुषी सुमित्रा; मर्यादा, फरवरी 1913, पृष्ठ 210-211
68. उत्तर प्रदेश, फरवरी 1984, पृष्ठ 146-147
69. सम्मेलन पत्रिका भाग 1, अंक 1 माघ 1985 (विक्रय)
70. सम्पादकीय वक्तव्य, सम्मेलन पत्रिका भाग 1, अंक 1, माघ 1985 (विक्रम), पृष्ठ 1
71. वही, पृष्ठ 1

72. वही, पृष्ठ 1
73. सम्मेलन पत्रिका, भाग 1, अंक 1, माघ (वि), पृष्ठ 66-67
74. सम्मेलन पत्रिका, भाग 1, अंक 2, ज्येष्ठ 1986 (वि), पृष्ठ 34
75. चाँद, नवम्बर 1922, वर्ष 1, अंक 1
76. वही, पृष्ठ (पत्रिका का मुख पृष्ठ)
77. चाँद, नवम्बर 1922, पृष्ठ 2
78. चाँद, नवम्बर 1922, पृष्ठ 3
79. चाँद, नवम्बर 1922, पृष्ठ 1-2 (भूमिका पृष्ठ)
80. चाँद, नवम्बर 1922, पृष्ठ 1
81. चाँद, नवम्बर 1922, पृष्ठ 29
82. चाँद, नवम्बर 1922, पृष्ठ 14
83. चाँद, मार्च 1925, पृष्ठ 561
84. चाँद, अप्रैल 1926, पृष्ठ 658
85. चाँद, दिसम्बर 1927, पृष्ठ 201-202
86. In exercise of the power conferred by section 99' A of the code of criminal procedure, 1898 (Act v of 1898) the Governor in council hereby declares to be forfeited to his majesty every copy of the special 'Phansi' Ank (Capital Punishment Number) of the Hindi Chand Magazine issued in November 1928, edited by Sri Chatur Sen Shastre And printed And published by R. Sehgal At the fine Art printing cottage 28, Elgin Road, Allahabad, on the ground that the said number contains matter, the publication of which is punishable under section 124/A of the Indian Penal code.
- Gazette of United provinces, Govt. of UP No. 3774/VIII. 100 Dated, Dec. 15, 1928.
87. चाँद, जनवरी 1929, पृष्ठ 1
88. चाँद, जनवरी 1929, पृष्ठ 2
89. चाँद, जनवरी 1929, पृष्ठ 529
90. चाँद, जनवरी 1929, पृष्ठ 501-508
91. चाँद, फरवरी 1929, पृष्ठ 658
92. स्मरण के दो शब्द 'चाँद', जनवरी 1933, पृष्ठ 273
93. चाँद, फरवरी, 1933, पृष्ठ 404
94. श्रीवास्तव सालिगराम; (संपा) प्रयाग प्रदीप, प्रका. हिन्दुस्तान एकेडमी, 1937, पृष्ठ 160
95. हिन्दुस्तानी, जनवरी 1931, पृष्ठ 1 (भूमिका)
96. साक्षात्कार, हरिमोहन मालवीय, संपा, हिन्दुस्तानी, दिनांक 29.03.2000, हिन्दुस्तानी एकेडमी इलाहाबाद
97. हिन्दुस्तानी, जनवरी 1931, पृष्ठ 124
98. वही, पृष्ठ 124
99. वही, पृष्ठ 124-125
100. वही, पृष्ठ 126-127
101. पाण्डेय सुधाकर; (संपा) हिन्दी साहित्य का बृहत् इतिहास, खण्ड 2, नागरी प्रचारिणी सभा (सं. 2034), पृष्ठ 24
102. वही, पृष्ठ 27

साहित्यिक संस्थाएँ

निर्माण की प्रक्रिया जब आरम्भ होती है तो उसके लिए देश काल वातावरण प्रस्तुत करता है और समाज का संकल्प नई मूर्ति गढ़ना आरम्भ करता है। रचना में केवल समाज का ही संकल्प सहायक नहीं होता अपितु समाज की मनीषा को कांतिदान करने वाले साहित्यकार का अवदान भी कम महत्त्वपूर्ण नहीं होता।

इस युग में जो साहित्यकार हुए वे देश की दशा और समाज की स्थिति से पूर्णतः परिचित थे। वे समाज से कटे हुए केवल एकान्तवादी बौद्धिक चमत्कार के व्यक्तिवादी रचनाकार नहीं थे अपितु समाज के भीतर रहकर उसका सुख-दुःख, आशा-निराशा और संकल्प को भोगने और संवारने वाले लोग थे। वे यह महसूस कर रहे थे कि जिस कार्य को एक व्यक्ति कर सकता है यदि उस कार्य को कुछ व्यक्ति मिलकर करें तो कार्य उत्तम और शीघ्र किया जा सकता है।[1]

मौलिक व्यक्तित्व के धनी साहित्यकार जो व्यक्तिगत अनुभूतियों का समाज को दान देते हैं, वे संगठन के कच्चे होते हैं फिर भी इस युग का साहित्यकार उठा और अन्य क्षेत्रों में जिस प्रकार का संगठन हो रहा था उसके लिए सक्रिय हुआ। प्रारम्भ में बड़ा संगठन बनाना कठिन कार्य था इसलिए मित्र मण्डलियों के बीच साहित्य रचना का कार्य आरम्भ हुआ। पत्र-पत्रिकाओं का प्रकाशन आरम्भ हो चुका था इसलिए प्रायः साहित्यकार प्रकाशन करते थे। उनके भीतर एक दूसरे के सहयोग की भावना थी क्योंकि वे सभी मौलिक तो थे ही, निर्माण की शक्ति भी उनमें थी।[2]

इलाहाबाद में इस समय देश के प्रमुख साहित्यकार उपस्थित हो चुके थे और इलाहाबाद साहित्यिक गतिविधियों का केन्द्र बन गया था। हिन्दी रंगमंच पर मदन मोहन मालवीय का पदार्पण हो चुका था। बाबू श्यामसुन्दर दास और महावीर प्रसाद द्विवेदी सम्पर्क सूत्रधार बन चुके थे। हिन्दी प्रदीप और सरस्वती ने एक वातावरण का सृजन किया जिससे इलाहाबाद में अनेक साहित्यिक संस्थाओं का जन्म हुआ और जिन्होंने भारतीय साहित्य के विकास में महत्त्वपूर्ण भूमिका निभाई।[3]

हिन्दी साहित्य सम्मेलन (1910)– हिन्दी साहित्य सम्मेलन की स्थापना उस प्रक्रिया का परिणाम, उस साहित्यिक आन्दोलन का परिणाम था जिसकी नींव 19वीं

शताब्दी के उत्तरार्द्ध में पड़ी। सर्वप्रथम राजा लक्ष्मण सिंह ने 1863 में हिन्दी आन्दोलन की नींव डाली और वे आजीवन उस पर दृढ़ रहे।

उन्होंने फारसी-अरबी रहित शुद्ध हिन्दी की वकालत की, प्रजाहितैषी, नामक अखबार निकाला जो पाँच वर्ष तक चला। आगे चलकर महर्षि दयानन्द और भारतेन्दु बाबू हरिश्चन्द्र तथा उनकी मण्डली के सदस्यों ने उक्त आन्दोलन को संगठित रूप प्रदान किया।

इन महारथियों की मृत्यु के बाद आन्दोलन में कुछ शिथिलता आयी किन्तु इस आन्दोलन का सूत्र पकड़कर 'काशी नागरी प्रचारिणी सभा' का गठन हुआ। शैक्षणिक जगत पर मालवीय का पदार्पण हुआ। इसके पूर्व मालवीय जी प्रयाग में 1884 में 'हिन्दी उद्धारिणी प्रतिनिधि सभा' का गठन कर चुके थे।[4]

मालवीय जी ने राष्ट्रभाषा आन्दोलन को एक नयी दिशा प्रदान की तथा अदालतों में प्रयुक्त होने वाली फारसी लिपि की जगह देवनागरी लिपि की वकालत की उन्होंने स्पष्ट कहा कि "यदि मान लिया जाए कि फारसी लिपि में अधिक तीव्रता से काम चलता है तो भी नागरी के गुणों को नहीं भुलाया जा सकता। शिकस्त लिखने में अदालत का यदि कुछ समय बच जाता है तो उन्हीं कागजों को पढ़ने में बहुत समय नष्ट हो जाता है, और अन्त में नामों आदि के बारे में संदेह रह जाता है।"[5] उन्होंने आंकड़ों के आधार पर यह सिद्ध किया कि इस प्रान्त में प्राइमरी स्कूलों में हिन्दी पढ़ने वाले छात्रों की संख्या उर्दू पढ़ने वाले छात्रों से दुगुनी-तिगुनी है। मालवीय जी की सभा के कार्यकर्ता प्रान्त के विभिन्न भागों से हिन्दी के पक्ष में 60 हजार हस्ताक्षर कराकर लाए। इसके पश्चात् एक प्रभावशाली प्रतिनिधि मण्डल जिसमें सर सुन्दरलाल तथा अयोध्या, मांडा, आवांगढ़ और सुरमन के राजा सम्मिलित थे, उक्त ज्ञापन पत्र को लेकर 2 मार्च 1898 को युक्त प्रांत के छोटे लाट ऐटंनी पैट्रिक मैक्डॉनल से मिला। मैक्डॉनल आयरिश थे और उन दिनों आयरलैण्ड भी ब्रिटेन के अधीन था। उसकी कुछ समस्याएं भारत की कुछ समस्याओं से मिलती-जुलती थीं। एक व्यावहारिक तथा कुशल राजनीतिज्ञ मालवीय जी ने, समस्याओं के इस समय से लाभ उठाया। मैक्डॉनल पर उनका पहले से प्रभाव था ही गवर्नर ने प्रार्थना पत्र स्वीकार कर लिया।[6]

अतः 14 अप्रैल 1900 ई. को गवर्नर ने अदालतों में फारसी लिपि के साथ नागरी लिपि के चलन की आज्ञा जारी कर दी। अतः हिन्दी भाषा-साहित्य प्रेमियों का उत्साहित होना स्वाभाविक ही था। इस सफलता से उत्साहित होकर काशी नागरी प्रचारिणी सभा ने यह निश्चय किया कि हिन्दी साहित्य सम्मेलन किया जाए। इस समाचार के प्रकाशित होते ही एक आन्दोलन उठ खड़ा हुआ और प्रत्येक जगह से

समर्थन मिलना आरम्भ हो गया। अतः काशी नागरी प्रचारिणी सभा ने एक स्वागत कार्यकारिणी बनाई जिसमें सम्मिलित थे– बाबू कालिदास माणिक, पं. केशव देव शास्त्री, राय कृष्ण चन्द्र, राय कृष्ण जी, कृष्ण राम मेहता, राव गोपाल दास, बाबू बलभद्र दास, बाल मुकुन्द वर्मा, राव बैजनाथ दास, बाबू माधव प्रसाद, पं. रामचन्द्र शुक्ल, रामनारायण मिश्र, गोस्वामी रामपुरी, राव शिव प्रसाद, शिवप्रसाद गुप्त, डॉ. शोभाराय मेहता, बाबू श्यामसुन्दर दास, सिद्धेश्वर शर्मा, सुधाकर द्विवेदी, सुरेन्द्र नारायण शर्मा।[7]

समिति ने सर्वसम्मति से यह तय किया कि सम्मेलन 10 अक्टूबर 1910 को हो तथा इसके सभापति मदन मोहन मालवीय जी को बनाया जाए।[8] सम्मेलन मालवीय जी की अध्यक्षता में आरम्भ हुआ इसमें आठ प्रस्ताव पारित किए गये–

1. अदालतों में नागरी का प्रचार
2. विश्वविद्यालय शिक्षा में हिन्दी का आदर
3. हिन्दी पाठ्य पुस्तकों में चुनाव का प्रबंध
4. राष्ट्र भाषा और राष्ट्र लिपि
5. स्टाम्पों और सिक्कों पर नागरी अक्षर
6. प्रान्तीय कान्फ्रेंसों द्वारा नागरी का आदर
7. बड़ोदा नरेश को धन्यवाद,
8. नृपतिगणों से नागरी प्रचार की प्रार्थना।

अतः नागरी अक्षरों और हिन्दी भाषा के प्रचार पर अधिक ध्यान दिया गया।[9] मालवीय जी ने अपने लम्बे व्याख्यान में हिन्दी भाषा के उत्थान के लिए आह्वान किया। उन्होंने कहा "हिन्दी साहित्य सम्मेलन के लिए यह समय बहुत ही उपयुक्त है। हिन्दी की दशा इस समय शोचनीय हो रही है। हिन्दी साहित्य के इस शमन की अवस्था में सरस्वती शयन कैसा? इस ध्यान से हमारे हिन्दी प्रमियों में बहुत से लोगों का यदि यह विचार है कि सरस्वती शयन कर रही है तो इससे क्या होता है? हमलोग इस सम्मेलन में उपयुक्त यत्न कर सरस्वती को जगाएं। बात भी ऐसी ही है। जहां रात होती है वहां सूर्य नारायण की लालिमा दिखाई देती है। रात के अंधकार के बाद प्रातः काल होता है तो उसकों देखना अच्छा लगता है। ऐसी अवस्था में इस सरस्वती शयन का समय मुझको आशा देता है कि हिन्दी भाषा के शयन के समय में जब साहित्य सम्मेलन होता है तब इस सरस्वती शयन के साथ के उपरान्त जैसे विजयादशमी का दिन आता है वैसे ही मुझकों विश्वास है कि सोई हिन्दी भाषा, हिन्दी साहित्य के जागने का समय निकट है।"[10]

उन्होंने जनता से हिन्दी भाषा सीखने, अंग्रेजी ग्रंथों के हिन्दी अनुवाद करने

तथा सरल, सहज भाषा के प्रयोग का सुझाव दिया। उन्होंने कहा हिन्दी में फारसी अरबी के बड़े-बड़े शब्दों व्यवहार जैसा बुरा है, हिन्दी को अकारण ही संस्कृत के शब्दों से गूंथ देना भी बुरा हैं हमारी भाषा के शब्द ऐसे हों जिससे सभी प्रदेशों के लोग लाभ उठा सकें। जितनी भाषाएं हैं हमारी हैं। बंगाली हमारी भाषा हैं अब इसके विचार से किसी भाषा को बुरा कहना गलत है। हिन्दी अपनी बहिनों में सबसे प्राचीनतम और बड़ी बहन है, और माता का रूप और प्रकृति उससे बहुत मिलती है। आप भी ऐसा यत्न करें जिससे हिन्दी वाङ्मय समृद्ध हो सके और हिन्दी भाषा, राष्ट्रभाषा बन सके।[11]

सभा के प्रथम सम्मेलन के गर्भ से 'हिन्दी साहित्य सम्मेलन' का जन्म हुआ। यह सभा की राजनीतिक शाखा थी और इसने प्रारम्भ से ही अपना लक्ष्य रखा राष्ट्र लिपि देवनागरी और राष्ट्रभाषा हिन्दी का प्रचार प्रसार, हिन्दी को अन्तर्प्रान्तीय भाषा बनाना, सरकारी प्रबंधों, कार्यालयों कचहरियों आदि में इसके प्रवेश के लिए आन्दोलन करना, विश्वविद्यालयों में शिक्षा का माध्यम बनाने के लिए यत्न करना।[12]

दूसरा साहित्य सम्मेलन 1911 में प्रयाग में हुआ। इसकी अध्यक्षता पं. गोविन्द नारायण मिश्र ने की। दूसरे सम्मेलन के लिए हिन्दी साहित्य सम्मेलन नामक एक समिति बनाई गई, और यही समिति हिन्दी साहित्य सम्मेलन संस्था के रूप में स्थापित हुई।[13]

अपने जन्म के आरम्भ से ही इस संस्था ने हिन्दी भाषा और साहित्य के उत्थान के लिए प्रयत्न आरम्भ कर दिए। वार्षिक सम्मेलनों की अनवरत शृंखला आरम्भ हुई जिससे समस्त देश के कवि साहित्यकार एवं विद्वान एक मंच पर एकत्र होने लगे। भाषा साहित्य और उसकी आवश्यकताओं पर तत्कालीन तथा बाद के भी सभापतियों ने निरन्तर पहले हिन्दी भाषी जनता और कलान्तर में भारतीय जनता का ध्यान आकर्षित किया। सम्मेलन के मालवीय युग और गाँधी युग में कुछ तात्विक अन्तर था। मालवीय युग में सम्मेलन का प्रचार, प्रसार तथा रीतिनीति किसी सीमा तक हिन्दी प्रदेशों तक सीमित थी। लेकिन इसका यह तात्पर्य नहीं था कि हिन्दी को समग्र भारतीयता की वाहिका भाषा के रूप में उस काल में लोग नहीं जानते थे। वास्तविकता यह थी कि हिन्दी क्षेत्रों में ही कोर्ट कचहरी शिक्षा आदि सरकारी महकमों में हिन्दी को कोई स्थान नहीं प्राप्त था और जब कुछ स्थान मिला, तो हिन्दी के उस अधिकार की व्याख्या स्वरूप को सरकारी अहलकारों तथा हिन्दी द्वेषी लोगों के द्वारा उपेक्षा या गलत ढंग से प्रस्तुत करने की चेष्टा की गई। अतः रागेलन के लिए यह आवश्यक था कि ब्रिटिश भारत के हिन्दी भाषी प्रान्तों तथा हिन्दी भाषी देशी रियासतों में सबसे पहले हिन्दी को उसका उचित स्थान दिलवाया जाए। इसके लिए

प्रस्ताव पारित करके सम्बन्धित सरकारों से बारम्बार निवेदन करना, ध्यान आकर्षण, आदि ही किया जा सकता था।[14]

प्रथम दो सम्मेलनों के सभापतियों को राजनीतिक कहा जा सकता है, किन्तु वह भाषा एवं साहित्य के उत्थान के लिए समर्पित थे। सम्मेलन का प्रांतीय अधिवेशन जो कलकत्ता में हुआ प्रसिद्ध साहित्यकार पं. बदरी नारायण चौधरी 'प्रेमघन' को बनाया गया।[15] प्रेमघन जी ने हिन्दी भाषा और साहित्य के विकास पर अत्यधिक बल दिया 'देववाणी' क्रमशः व्याकरण और साहित्य के विविध अंगों-प्रत्यंगों से युक्त होकर इतनी उन्नत अवस्था में पहुँची कि आज भी संसार की भाषाएं अनेक अंशों में उसके आगे सिर झुका रही हैं। आरम्भ में यही यहाँ की सामान्य भाषा या राष्ट्रभाषा थी। फिर राजभाषा अथवा नागरी भाषा हुई। अतः सर्वप्रथम कार्यालयों को अपनी भाषा के प्रदेश का उद्योग करना चाहिए। दूसरा कर्तव्य यह होना चाहिए कि भाषा की शिक्षा में सुधार हो उसका साहित्य समृद्ध हो।[16]

पं. बदरी नारायण चौधरी प्रेमघन ने साहित्य के विकास का आह्वान किया और द्वितीय सम्मेलन में तय किए गये उद्देश्य पर चलने की आवश्यकता बताई। द्वितीय सम्मेलन हिन्दी साहित्य सम्मेलन के इतिहास में मील का पत्थर है इसमें उद्देश्य निर्धारित किए गये और पुरुषोत्तम दास टण्डन द्वारा निर्मित नामावली स्वीकृत की गई–

1. हिन्दी साहित्य सम्मेलन के सब अंगों की पुष्टि और उन्नति का प्रयत्न करना।

2. देशव्यापी व्यवहारों और कार्यों को सुलभ करने के लिए राष्ट्रलिपि देवनागरी और राष्ट्र भाषा हिन्दी का प्रसार करना।

3. नागरी लिपि को मुद्रण सुलभ और लेखन सुलभ बनाने की दृष्टि से उसे अधिक विकसित करने का प्रयत्न करना।

4. हिन्दी भाषा को अधिक सुगम, मनोरम, व्यापक और समृद्ध बनाने के लिए समय-समय पर उसके अभावों को पूरा करना और उसकी शैली में संशोधन और त्रुटियों को दूर करने का प्रयत्न करना।

5. सरकारी, अर्द्ध सरकारी कार्यालयों, निगम, प्रतिष्ठानों में हिन्दी के प्रयोग का प्रयत्न करना।

6. हिन्दी के ग्रंथकारों, लेखकों, कवियों, पत्र-संपादकों, प्रचारकों और सहायकों को समय-समय पर पारितोषिक, प्रशंसापत्र, पदक उपाधि आदि से सम्मानित करना।

7. सारे देश में हिन्दी के प्रति अनुराग उत्पन्न करने और उसकी श्री वृद्धि के लिए प्रयत्न करना।

8. हिन्दी भाषा द्वारा उच्चतम शिक्षा देने के लिए महाविद्यालय, विश्वविद्यालय,

शिक्षण और शोध संस्थान तथा विश्वविद्यापीठ स्थापित करना।

9. जहाँ आवश्यकता समझी जाए, वहाँ पाठशाला-समिति तथा पुस्तकालय स्थापित करने-करने का उद्योग करना तथा इस प्रकार वर्तमान संस्थाओं की सहायता करना।

10. हिन्दी साहित्य की श्री वृद्धि के लिए मानविकी, समाज शास्त्र, वाणिज्य, विधि तथा विज्ञान और तकनीकी विषयों की पुस्तकों को लिखवाना और प्रकाशित करना।

11. हिन्दी की हस्तलिखित और प्राचीन सामग्री तथा हिन्दी भाषा और साहित्य के निर्माताओं के स्मृति चिह्नों की खोज करना और इनके तथा प्रकाशित पुस्तकों के संग्रह और रक्षा के निमित्त सम्मेलन की ओर से एक बृहत् संग्रहालय स्थापित करना।

12. हिन्दी भाषा और साहित्य सम्बन्धी अनुसंधान के लिए प्रेरित करना।

13. गैर हिन्दी भाषी प्रदेशों में वहां की प्रदेश सरकारों, बुद्धिजीवियों, लेखकों, साहित्यकारों आदि से सम्पर्क करके उन्हें देवनागरी लिपि में हिन्दी के प्रयोग के लिए तथा सम्पर्क भाषा के रूप में अंग्रेजी के स्थान पर हिन्दी के प्रयोग के लिए प्रेरित करना और उन प्रदेशों में हिन्दी के प्रचार और प्रसार के लिए हर प्रकार से सहायता करना।

14. अन्य भाषाओं के साहित्य को हिन्दी में अनुवाद करना।

15. न्यायालयों में हिन्दी के प्रयोग का प्रयत्न करना।[17]

उक्त उद्देश्यों के दृष्टिगत रखते हुए साहित्य सम्मेलन ने सतत प्रयास आरम्भ किए। षष्ठ हिन्दी साहित्य सम्मेलन प्रयाग के सभापति बाबू श्यामसुन्दर दास ने इस पर अत्यधिक बल दिया और राष्ट्र निर्माण के लिए साहित्य निर्माण आवश्यक बताया।

साहित्य क्या हमें राष्ट्र निर्माण में सहायता नहीं दे सकता, क्या हमारे देश की उन्नति करने में हमारा पथ प्रदर्शक नहीं हो सकता? अवश्य हो सकता है यदि हम लोग जीवन के व्यवहार में उसे अपने साथ-साथ लेते चलें, उसे पीछे न छूटने दें। यदि हमारे जीवन का प्रवाह एक ओर जा रहा है और हमारे साहित्य का प्रवाह दूसरी ओर को है, तब तो हमारा-उसका प्रकृत संयोग ही नहीं हो सकता।[18]

बाबू श्यामसुन्दर दास ने श्रेष्ठ साहित्य पर बल दिया "मेरे विचार से इस समय हमें विशेष कर ऐसे साहित्य की आवश्यकता है, जो मनोवेगों का परिष्कार करने वाला, संजीवनी शक्ति का संचार करने वाला, चरित्र को सुन्दर सांचे में ढालने वाला तथा बुद्धि को तीव्रता प्रदान करने वाला हो। साथ ही इस बात की भी आवश्यकता है कि साहित्य परिमार्जित, सरस और ओजस्विनी भाषा में तैयार किया जाए।"[19]

सम्मेलन के उद्देश्यों को पूरा करने के लिए यह आवश्यक था कि सम्मेलन में

प्रथक से साहित्य विभाग हो अतः साहित्य विभाग की स्थापना की गई। साहित्य विभाग साहित्यिक गतिविधियों और प्रकाशनों की व्यवस्था करता है। इस विभाग का मूल उद्देश्य हिन्दी साहित्य सम्बन्धी ग्रंथों के साथ-साथ ज्ञान की अनुपलब्ध और महत्त्वपूर्ण कृतियों के प्रकाशन सम्बन्धी कार्यों को विकसित करना है।[20] साहित्य विभाग ने भारतीय साहित्य के विकास में महत्त्वपूर्ण भूमिका निभाई और अनेक महत्त्वपूर्ण ग्रंथों का प्रकाशन किया। साहित्य के क्षेत्र में प्राचीन काव्य संग्रह और आधुनिक कविमाला के तहत उल्लेखनीय ग्रंथ प्रकाशित किए—

प्राचीन काव्य संग्रह

1. काव्य संग्रह-प्रथम भाग — संपा., श्री करुणापति त्रिपाठी
2. तुलसी सुषमा — संपा., डॉ. रामप्रकाश अग्रवाल
3. नवीन तुलसी संग्रह — संपा., माता प्रसाद गुप्त
4. बिहारी वैभव — संपा., विजयपाल सिंह
5. बिहारी संग्रह — संपा., डॉ. वियोगी हरि
6. बृजमाधुरी सार — संपा., डॉ. वियोगी हरि
7. मीराबाई की पदावली — संपा., आचार्य परशुराम चतुर्वेदी
8. विद्यापतिका (पद संग्रह) — संपा., डॉ. राममूर्ति त्रिपाठी
9. सूफी काव्य संग्रह — संपा., आचार्य परशुराम चतुर्वेदी
10. सूर पद पंचशती — संपा., आचार्य सीताराम चतुर्वेदी
11. सूर पदावली — संपा., श्री गिरिजादत्त शुक्ल
12. सूर सुषमा — संपा., डॉ. मुंशीराम शर्मा
13. विद्यापति पद संग्रह — संपा., सतीश चन्द्र राय
14. दक्खिनी हिन्दी काव्य — संपा., डॉ. रहमत उल्लाह

आधुनिक कविमाला

1. आधुनिक कवि भाग 1 — श्रीमती महादेवी वर्मा
2. आधुनिक कवि भाग 2 — सुमित्रानन्दन पन्त
3. आधुनिक कवि भाग 3 — डॉ. रामकुमार वर्मा
4. आधुनिक कवि भाग 4 — गोपाल शरण सिंह
5. आधुनिक कवि भाग 5 — अयोध्या सिंह उपाध्याय 'हरिऔध'
6. आधुनिक कवि भाग 6 — माखन लाल चतुर्वेदी
7. आधुनिक कवि भाग 7 — हरिवंश राय बच्चन

8. आधुनिक कवि भाग 8 — रामनरेश त्रिपाठी
9. आधुनिक कवि भाग 9 — नरेन्द्र शर्मा
10. आधुनिक कवि भाग 10 — श्री भगवती चरण वर्मा
11. आधुनिक कवि भाग 11 — रामेश्वर शुक्ल 'अंचल'
12. आधुनिक कवि भाग 12 — श्री गुरुभक्त सिंह भक्त
13. आधुनिक कवि भाग 13 — श्री बाल कृष्ण राव
14. आधुनिक कवि भाग 14 — जानकी वल्लभ शास्त्री
15. आधुनिक कवि भाग 15 — लक्ष्मीकान्त वर्मा
16. आधुनिक कवि भाग 16 — केदार नाथ अग्रवाल
17. आधुनिक कवि भाग 17 — श्याम नारायण पाण्डेय
18. आधुनिक कवि भाग 18 — उपेन्द्रनाथ 'अश्क'
19. आधुनिक कवि भाग 19 — गुलाब खण्डेलवाल
20. आधुनिक कवि भाग 20 — रामगोपाल शर्मा 'दिनेश'
21. आधुनिक कवि भाग 21 — नरेश मेहता
22. आधुनिक कवि भाग 22 — श्रीपाल सिंह 'क्षेम'

साहित्य विभाग ने अनेक कहानी संग्रह, जीवनी साहित्य, नाटक एवं एकांकी साहित्य, पत्र साहित्य, लेख एवं निबन्ध संग्रह प्रकाशित किए। सुमित्रानन्दन पन्त की कालजयी कृति 'हार' (उपन्यास) को भी 'साहित्य विभाग' ने प्रकाशित किया।[21]

हिन्दी साहित्य सम्मेलनों की जो परम्परा 1910 में प्रारम्भ हुई वह अनवरत चलती रही, जिसमें काशी, प्रयाग, कलकत्ता, भागलपुर, लखनऊ, प्रयाग, जबलपुर, इंदौर, बम्बई, पटना, कलकत्ता, लाहौर, कानपुर, दिल्ली, देहरादून, वृंदावन, भरतपुर, मुजफ्फरपुर, गोरखपुर, झांसी, ग्वालियर, दिल्ली, इंदौर, नागपुर, मद्रास, शिमला, काशी, पूना, बोहर, हरिद्वार, जयपुर, करांची, बम्बई, मेरठ, हैदराबाद, कोटा और 1950 में पुनः प्रयाग में अधिवेशन हुआ। और इन अधिवेशनों का सभापतित्व 'मदन मोहन मालवीय', गोविन्द नारायण मिश्र, बदरी नारायण चौधरी 'प्रेमघन', महात्मा मुंशी राम, श्रीधर पाठक राय बहादुर बाबू, श्याम सुन्दर दास, पं. रामअवतार शर्मा, मोहन दास कर्मचन्द गाँधी, मदन मोहन मालवीय (पुनः बम्बई अधिवेशन 1918) विष्णुदत्त शुक्ल, डॉ. भगवान दास, जगन्नाथ प्रसाद चतुर्वेदी, पुरुषोत्तम दास टंडन, अयोध्या सिंह उपाध्याय 'हरिऔध', माधव सप्रे, अमृत लाल चक्रवर्ती, गौरीशंकर हीराचंद ओझा, पद्म सिंह शर्मा, गणेश शंकर विद्यार्थी जगन्नाथ दास रत्नाकर, किशोरी लाल गोस्वामी, श्याम बिहारी मिश्र, सयाजीराव गायकवाड़, मोहन दास कर्मचंद गाँधी (पुनः 1935 इंदौर) डॉ. राजेन्द्र प्रसाद, सेठ जमनालाल बजाज, बाबू राव विष्णु पराडकर, अम्बिका प्रसाद वाजपेयी, सम्पूर्णानंद, अमरनाथ झा, माखन लाल

चतुर्वेदी, गोस्वामी गणेश दत्त, कन्हैयालाल माणिक लाल मुंशी, श्री वियोगी हरि, राहुल सांकृत्यायन, गोविन्द दास, आचार्य चन्द्रवली पाण्डेय, जय चन्द्र विद्यालंकार, डॉ. श्री नाथ सिंह जैसे विद्वानों ने किया।[22]

हिन्दी साहित्य सम्मेलन ने अपने उद्देश्यों में ही इस बात का उल्लेख किया है कि हिन्दी भाषा और साहित्य की महत्त्वपूर्ण सेवा करने वालों को पुरस्कृत और सम्मानित करेगा। इसके लिए हिन्दी साहित्य सम्मेलन ने सबसे पहले 1922 से 'मंगलाप्रसाद पारितोषिक' देना आरम्भ किया।[23]

मंगलाप्रसाद पारितोषिक पाने वाले विद्वानों में प्रमुख हैं– पद्म सिंह शर्मा, गौरी शंकर हीरा चंद ओझा, प्रो. सुधाकर, त्रिलोकी नाथ वर्मा, श्री वियोगी हरि, प्रो. सत्यकेतु, गंगा प्रसाद उपाध्याय, डॉ. गोरख प्रसाद, डॉ. मुकुन्द स्वरूप,

जयचंद्र विद्यालंकार, चन्द्रावती लखन पाल, रामदास गौड़, अयोध्या सिंह उपाध्याय, मैथिलीशरण गुप्त, जयशंकर प्रसाद, रामचन्द्र शुक्ल, वासुदेव उपाध्याय, सम्पूर्णानंद, बलदेव उपाध्याय, महावीर प्रसाद श्रीवास्तव, शंकर लाल, श्रीमती महादेवी वर्मा, डॉ. हजारी प्रसाद द्विवेदी, डॉ. रघुवीर सिंह, कमलापति त्रिपाठी, वासुदेव शरण अग्रवाल प्रमुख हैं।[24]

सम्मेलन ने 1938 से हिन्दी भाषा और साहित्य की सेवा करने वालों को सम्मेलन की सर्वोच्च मानद उपाधि 'साहित्यवाचस्पति' देना आरम्भ किया। यह अलंकरण अधिवेशन के अवसर पर प्रदान किया जाता है। इसे प्राप्त करने वालों में मदन मोहन मालवीय, महात्मा गाँधी, अयोध्यासिंह उपाध्याय 'हरिऔध', गौरी शंकर, हीरा चंद ओझा, ग्रियर्सन, श्यामसुन्दर दास, महावीर प्रसाद द्विवेदी, मैथिलीशरण गुप्त, माखन लाल चतुर्वेदी, डॉ. सम्पूर्णानंद, राहुल सांकृत्यायन, हजारी प्रसाद द्विवेदी, स्वनाम धन्य आदि उल्लेखनीय है।[25]

भाषा और साहित्य के विकास में इस संस्था ने महत्त्वपूर्ण भूमिका निभाई है। इसका वर्तमान में भी नियमित वार्षिक अधिवेशन होता है, इसके क्रियाकलापों से आभास होता है कि हिन्दी आन्दोलन के लिए जो कुछ महात्मा गाँधी, महामना मालवीय, पुरुषोत्तम दास टंडन जैसे कर्मठ तपस्वियों ने किया था, उसकी तेजस्विता कहीं से भी खण्डित नहीं हुई है और वह अपनी समस्त समिधाओं के साथ आहूत करने पर किसी भी यज्ञ संकल्प की पूर्ण आहूति के लिए आज भी उतनी ही कटिबद्ध है, जितनी कि उनके जीवन काल में थी।

हिन्दुस्तानी एकेडमी (**1927**) – हिन्दुस्तानी एकेडमी की स्थापना 1927 में हुई। इसके अनेक वर्ष पूर्व से ही एक ऐसी संस्था की आवश्यकता का अनुभव किया जा रहा था जो आधुनिक भारतीय भाषाओं को सम्पन्न करने की दिशा में निश्चित

पग उठाए। "देश में एक नई जागृति होती है। पुरानी कृतियों की याद, जापान के आश्चर्यजनक विजयों की कथा, यूरोप के आंतरिक कलह हिन्दुस्तान के क्षितिज पर आशाओं के असीम दृश्यों की झलक से हमारे हृदयों को उमंगों से परिपूर्ण कर देते हैं। जाति की प्रतिष्ठा के, उसके अधिकारों की ओर उसके व्यक्तित्व को स्थिर करने के विचार लोगों के मस्तिष्कों में घूमते हैं और स्वभावतः लोगों के दिल भाषा और साहित्य की उन्नति की ओर आकर्षित होते हैं। एक ऐसी संस्था की आवश्यकता प्रतीत होती है जो इस उद्देश्य को पूरा करने में सहायक हो।"[26]

तत्कालीन समय में हिन्दी और उर्दू दोनों की स्थिति अच्छी नहीं थी। साहित्य के क्षेत्र में कुछ कार्य अवश्य हुआ था, लेखक साहित्य सर्जन के लिए तत्पर थे परन्तु ज्ञान की बहुत सी शाखाओं में पुस्तकों का अभाव था। उर्दू भाषा के विषय में कही गई बात – 'गेसुए उर्दू अभी मिन्नत पिजीरे शाना है।' हिन्दी भाषा के लिए भी यथार्थ थी। उर्दू और हिन्दी दोनों ही भाषाओं में ऐसे नाटकों, उपन्यासों और गल्पों की कमी थी जो साहित्य की दृष्टि से ऊँचा स्थान रखते हों।

विद्वानों के समक्ष दूसरा महत्त्वपूर्ण प्रश्न था कि क्या संगठित संस्थाओं द्वारा साहित्य की उन्नति हो सकती है?

यह सत्य है कि साहित्यकार बनाने से नहीं बनते किन्तु साहित्य जिन भावों, रसों कल्पनाओं और विचारों को आश्रय देता है वह सभी मनुष्यों में कम अथवा अधिक पाए जाते हैं। ऐसा न होता तो साहित्य का प्रभाव इतना सर्वव्यापी न होता और कुछ थोड़े मनुष्यों तक परिमित रहता। इन भावों कल्पनाओं और प्रेरणाओं को रचनात्मक रूप देने की योग्यता अवश्य परिमित है। लेकिन इतनी परिमित भी नहीं है, जितना समझा जाता है। प्रोत्साहन की कमी के कारण बहुत से मनुष्य जिनमें यह योग्यता मौजूद है, उसको प्रगट करने में अशक्त हैं। उर्दू और हिन्दी इसके स्वयं साक्षी है। यद्यपि उर्दू और हिन्दी में कविता कम से कम चार-पाँच सौ बरस पहले से हो रही है लेकिन दोनों भाषाओं में गिलक्राइस्ट के समय से पहले जो गद्य मौजूद था वह कदापि ऐसा नहीं था कि साहित्यिक कहला सके। परन्तु गिलक्राइस्ट का आश्रय पाकर पाँच सात बरस में वह गद्य उत्पन्न हुआ जिस पर हमें गर्व है। उसके प्रयत्नों से लल्लू लाल, सदल मिश्र, लुत्फ अली वेग, मीर शेरअली अफसोस, मीर अमन देहलवी, सैयद हैदरबख्श, हैदरी जैसे साहित्यकार कलकत्ते में एकत्र हुए।[27]

यदि आजकल ऐसी संस्था हो जिसके सदस्यों को साहित्य की आवश्यकताओं का पूर्ण अनुभव हो और जो उसकी उन्नति की यथार्थ कल्पना कर सकें जिनके आदर्श एक हों, जिनकी रुचि निर्दोष और दृष्टि विस्तृत हो, जिनके हृदय साहित्यिक तथा अन्य पक्षपातों से दूर हों, और कला और कलाकारों के लिए सहानुभूति से भरे

हो, जो साहित्य सेवा के लिए शुद्ध भाव से तत्पर हों, साथ ही साथ जिनको साहित्य के प्रचार के लिए पर्याप्त धन प्राप्त हो।[28]

इन्हीं सद्प्रयासों का प्रतिफल हिन्दुस्तानी एकेडमी की स्थापना के रूप में हुआ। इस दिशा में पहला निश्चित प्रस्ताव वाराणसी के स्वर्गीय यज्ञ नारायण उपाध्याय ने सन् 1925 के दिसम्बर में प्रान्तीय धारा सभा में रखा। उस प्रस्ताव में मांग की गई थी कि संसार के उत्कृष्ट साहित्य का हिन्दी और उर्दू अनुवाद प्रस्तुत करने की व्यवस्था की जाए। उन्होंने कहा कि संस्था का उद्देश्य यह होना चाहिए कि प्रान्तीय भाषा में वह आधुनिक विज्ञान तथा ज्ञान के विविध अंगों पर उपयोगी पुस्तकें के अनुवाद उपलब्ध करे। उन्होंने शासन से यह भी मांग की कि वह इस कार्य के लिए एक लाख रुपया वार्षिक दें। इस प्रस्ताव को धारा सभा ने एक मत से स्वीकार किया। शासन की ओर से शिक्षामंत्री राय राजेश्वर वली ने बताया कि इस प्रकार का विचार उनके मन में उठ चुका है और उन्होंने कुछ सज्जनों से विचार विमर्श भी किया है। उन्होंने प्रस्तावक को आश्वासन दिलाया कि योजना का व्यावहारिक पक्ष शासन के विचाराधीन है और उसे शीघ्र ही कार्यान्वित करने का प्रयत्न किया जाएगा।[29]

अप्रैल 1926 में स्वर्गीय हाफिज हिदायत हुसैन ने प्रान्तीय सभा में एक और प्रस्ताव रखा जिसमें हिन्दी और उर्दू साहित्य की वृद्धि के उद्देश्य से शासन से 'हिन्दुस्तानी एकेडेमी' नाम की एक संस्था के लिए कहा गया था। पूर्व प्रस्ताव की अपेक्षा इसका कार्यक्षेत्र विस्तृत था। इसके अन्तर्गत हिन्दी उर्दू के पुराने साहित्य के सम्पादित पाठों तथा संदर्भ ग्रंथों और वैज्ञानिक पर्याय कोशों का आयोजन, उच्च कोटि की साहित्यिक तथा वैज्ञानिक रचनाओं को पुरस्कृत करना और लेखकों को आर्थिक सहायता देना भी था।[30]

शिक्षा मंत्री के प्रयासों से इस संस्था के लिए 25 हजार रु. की राशि पहले ही रख दी गई थी। शासन ने 22 जनवरी, 1927 को हिन्दुस्तानी एकेडमी की स्थापना के विषय में अपना निश्चय प्रकाशित किया।[31]

हिन्दुस्तानी एकेडेमी का उद्घाटन मार्च 29, 1927 को तत्कालीन प्रान्तीय गवर्नर 'सर विलियम मैरिस' द्वारा हुआ। इस संस्था के निर्माण में शिक्षामंत्री राय राजेश्वर बली ने महत्त्वपूर्ण भूमिका निभाई।[32]

हिन्दुस्तानी एकेडमी का उद्देश्य प्रारम्भ से लेकर सन् 1957 तक हिन्दी और उर्दू साहित्य की रक्षा वृद्धि तथा उन्नति करना रहा है। इस उद्देश्य की पूर्ति के लिए—(i) भिन्न-भिन्न विषयों की उच्च कोटि की पुस्तकों पर पुरस्कार देने, (ii) पारिश्रमिक देकर या अन्यथा दूसरी भाषाओं के ग्रंथों के अनुवाद प्रकाशित करने, (iii) विश्वविद्यालयों तथा अन्य साहित्यिक संस्थाओं को सहायता देकर मौलिक साहित्य या अनुवादों

को प्रकाशित करने के लिए उत्साहित करने, (iv) प्रसिद्ध विद्वानों तथा लेखकों को एकेडेमी का अधिसदस्य चुनने, (v) एकेडेमी के हितैषियों को सम्मानित सदस्य चुनने, (vi) पुस्तकालय की स्थापना और संचालन करने, (vii) प्रतिष्ठित विद्वानों के व्याख्यानों का प्रबंध करने, (viii) ऊपर कहे गये उद्देश्यों की सिद्ध के लिए और जो उपाय आवश्यक हो उन्हें व्यवहार में लाने का प्रयत्न किया जाए।[33]

एकेडेमी ने उक्त उद्देश्यों को ध्यान में रखकर भारतीय साहित्य के विकास के कार्य करना आरम्भ किया। इसका प्रथम अध्यक्ष सर तेजबहादुर सप्रू और प्रथम सचिव डॉ. ताराचंद को बनाया गया।[34] दोनों ही विद्वानों ने तथा अन्य परवर्ती विद्वानों ने साहित्य के विकास के लिए व्याख्यान मालाओं, पुरस्कार, प्रकाशन, आयोजन और सम्मेलनों का सहारा लिया। व्याख्यान मालाओं में देश के लब्ध प्रतिष्ठित विद्वानों को आमंत्रित किया गया। मौलाना अब्दुल यूसुफ अली, गौरी शंकर हीराचंद ओझा, मौलाना सैयद सुलेमान नदवी, डॉ. तारा चंद, डॉ. जाकिर हुसैन, पद्मसिंह शर्मा, राहुल सांकृत्यायन, बाबूराम सक्सेना, वासुदेव शरण अग्रवाल, फादर कामिल बुल्के, प्रो. देवेन्द्र नाथ शर्मा, डॉ. राजेन्द्र प्रसाद के व्याख्यान उल्लेखनीय हैं।[35]

पुरस्कारों के माध्यम से एकेडेमी ने अनेक साहित्यकारों को पुरस्कृत कर प्रोत्साहित किया। एकेडेमी का पुरस्कार प्राप्त करने वालों में प्रमुख रहे हैं। मुंशी प्रेमचंद, जगन्नाथ दास रत्नाकर, मौलाना सैयद अली नदवी, बाबू गुलाब राय, राम नरेश त्रिपाठी, रामचंद्र शुक्ल प्रमुख रहे।[36]

एकेडेमी ने भाषा एवं साहित्य के क्षेत्र में उल्लेखनीय कार्य अपने प्रकाशनों के माध्यम से किया। एकेडेमी के प्रायः सभी प्रकाशनों को भाषा और साहित्य के क्षेत्र में सम्मान मिला है एकेडेमी ने काव्य, नाटक, साहित्यिक समालोचना, जीवनी, पत्र साहित्य, भाषा शास्त्र तथा इतिहास एवं विज्ञान विषयों सम्बन्धी ग्रंथों को भी प्रकाशित किया है। वेलि किसन रुक्मणी, सतसई सप्तक (सं. श्यामसुन्दर दास), रामचरित मानस (सं. माताप्रसाद गुप्त), मेधावी (रांगेय राघव), अमृत की खोज (डॉ. रामकुमार वर्मा), तुलसी ग्रंथावली, जायसी ग्रंथावली (सं. माता प्रसाद गुप्त), उर्दू काव्य की एक नई धारा (उपेन्द्रनाथ अश्क) कवि रहस्य (गंगानाथ झा), साहित्य की मान्यताएं (भगवती चरण वर्मा), रामकथा और तुलसीदास (फादर कामिल बुल्के) जैसे साहित्यिक ग्रंथों को प्रकाशित किया है। आगरा जिले की बोली, हिन्दी भाषा और लिपि (धीरेन्द्र वर्मा), दक्खिनी हिन्दी (बाबूराम सक्सेना), ब्रजभाषा (धीरेन्द्र वर्मा), हिन्दी उर्दू और हिन्दुस्तानी (पद्म सिंह शर्मा) जैसे भाषा शास्त्र सम्बन्धी ग्रंथों को हिन्दुस्तानी एकेडेमी ने प्रकाशित किया है।[37]

अनेक मूल्यवान ग्रन्थों के प्रकाशन के साथ-साथ हिन्दुस्तानी नामक त्रैमासिक

शोध पत्रिका का प्रकाशन जो 1931 से प्रारम्भ हुआ और 1948 तक नियमित चला। 1948 में आर्थिक कठिनाइयों के कारण पत्रिका का प्रकाशन बन्द करना पड़ा। 1958 में पत्रिका का प्रकाशन पुनः आरम्भ हुआ जो वर्तमान में जारी है। हिन्दुस्तानी के अब तक सूर, प्रेमचन्द, नाट्य समीक्षा, लोक साहित्य, भाषा तथा लोकतंत्र विशेषांक प्रकाशित हुए हैं जिनका विशेष महत्त्व है।

हिन्दुस्तानी एकेडेमी ने स्वतंत्रता के पहले और बाद में हिन्दी-उर्दू के साहित्य के विकास में महत्त्वपूर्ण भूमिका निभाई है। वर्तमान में राष्ट्र भाषा की सर्वांगीण उन्नति के लिए योजनाबद्ध होकर कार्य करना अत्यन्त आवश्यक है। देश की राष्ट्र की भाषा को विश्व की प्रमुख भाषाओं के समकक्ष बिठाना निश्चय ही एक पवित्र संकल्प है, किन्तु देश की प्रतिभा राष्ट्रभाषा के माध्यम से उत्तरोत्तर विकासमान होती रहे यह स्वयं ही एक महत्वपूर्ण कार्य है। हिन्दुस्तानी एकेडेमी इस दिशा में प्रयत्नशील है।

सुकवि समाज (1930) – सन् 1920-30 का दशक इलाहाबाद के साहित्य में महत्त्वपूर्ण है। विश्वविद्यालय तथा विश्वविद्यालय के बाहर साहित्य के उत्थान के लिए प्रयत्न किए जा रहे थे। इस समय इलाहाबाद में कवि सम्मेलनों एवं मुशायरों की धूम रहती।[38] पद्मकान्त मालवीय भी इस समय तक एक साहित्यकार के रूप में प्रतिष्ठित हो चुके थे। उनकी रचनाएं सरस्वती, चाँद आदि पत्रिकाओं में नियमित छप रही थी। सन् 1929 के सरस्वती अंक में उनकी कविता सुख-दुख छपी जिससे विश्वविद्यालय के बाहर के साहित्यकारों में उनका स्थान महत्त्वपूर्ण माना जाने लगा।[39]

पद्मकान्त मालवीय को ऐसी संस्था की आवश्यकता महसूस हुई जिसमें विश्वविद्यालय एवं विश्वविद्यालय से बाहर दोनों जगह के व्यक्ति सम्मिलित हों, और विचार गोष्ठियों के माध्यम से दोनों में परस्पर तालमेल हों तथा साहित्य के उत्थान के लिए प्रयत्न किए जाएं। पद्मकान्त मालवीय के सद्प्रयासों से 'सुकवि समाज' की स्थापना की गई। इसमें इलाहाबाद विश्वविद्यालय एवं इलाहाबाद विश्वविद्यालय के बाहर दोनों जगह के व्यक्तियों को सम्मिलित किया गया। महादेवी वर्मा, पद्मकान्त मालवीय और डा. रामकुमार वर्मा को इसका सचिव बनाया गया।[40]

सुकवि समाज की पाक्षिक बैठकें होती थीं इसका कार्यालय डॉ. राम कुमार वर्मा का घर बनाया गया।[41] सुकवि समाज का प्रमुख उद्देश्य था कवि एवं साहित्यकारों को एक मंच पर लाया जाए। युवा कवियों को प्रोत्साहित किया जाए, साहित्य, समाज एवं संस्कृति पर नियमित चर्चा की जाए। सुकवि समाज की नियमित बैठकें होतीं, साहित्य के विभिन्न स्वरूपों पर चर्चाएं होतीं, इसके माध्यम से युवा कवि महादेवी वर्मा, और डॉ. रामकुमार वर्मा जैसे साहित्यकारों का सान्निध्य प्राप्त करते। इलाहाबाद के साहित्यिक उत्थान में इस संस्था ने महत्त्वपूर्ण भूमिका निभाई।

हिन्दी लेखक संघ (1935) – 1935 में साहित्यिक क्षेत्र में निराला, महादेवी, पन्त जैसे साहित्यकार साहित्य साधना में रत थे किन्तु लेखकों का कोई मंच दिखाई नहीं देता। सत्य जीवन वर्मा ने इस दिशा में प्रयास किया और 'हिन्दी लेखक संघ' नामक संस्था बनाई।[42]

यह संस्था उच्च साहित्यिक आदर्शों से ओतप्रोत थी। इसने साहित्य के उत्थान के लिए अपने पाँच उद्देश्य रखे–

1. वर्तमान तथा सामयिक साहित्य की श्री वृद्धि तथा उसकी प्रगति का संचालन करना।

2. हिन्दी साहित्य सेवियों तथा लेखकों के हितों की रक्षा करना, उनका उचित सम्मान करना तथा उन्हें हर संभव सहायता पहुँचाना।

3. हिन्दी साहित्य सेवियों में भ्रातृ भाव तथा परस्पर सहयोग का भाव उत्पन्न करना।

4. हिन्दी लेखकों को अपनी कला के सीखने तथा उन्हें अपने व्यवस्था में कुशलता और सफलता प्राप्त करने में सब प्रकार की सहायता पहुँचाना।

5. हिन्दी भाषा, हिन्दी साहित्य, हिन्दी पाठक तथा शिक्षित समुदाय के हित तथा देश और जाति के हित की कामना करते हुए ऐसे प्रयत्न करना जिनसे उन्हें लेखन कला द्वारा लाभ पहुँच सके।[43]

हिन्दी लेखक संघ ने उक्त आदर्शों से प्रेरित होकर साहित्य के उत्थान के लिए कार्य करना आरम्भ किया। सत्य जीवन वर्मा ने अनेक लेखकों एवं साहित्यकारों को अपने संगठन से जोड़ा। हिन्दी लेखकों के उचित पारितोषिक प्रकाशकों से उचित रायल्टी आदि के मसलों पर नियमित विचार-विमर्श होता। अच्छे लेखकों को प्रोत्साहित करने के लिए संस्था द्वारा समय-समय पर उनका सम्मान किया जाता।[44]

हिन्दी लेखक संघ ने प्रकाशन के क्षेत्र में भी कार्य किया। संस्था द्वारा एक मासिक पत्र निकालना प्रारम्भ किया गया जिसका नाम रखा गया 'लेखक'। लेखक में हिन्दी लेखक संघ के सदस्यों की रचनाओं के साथ-साथ अन्य वरिष्ठ साहित्यकारों की रचनाओं को भी प्रकाशित किया जाता।[45]

कुछ समय तक इस संगठन ने साहित्यिक उत्थान के लिए प्रयास किया किन्तु समय क्रम के अनुसार 1940 तक आते-आते इसका कार्य कुछ शिथिल पड़ गया। आजादी का आन्दोलन, संघर्ष की अवस्था में यह संस्था ज्यादा दिन तक न चल सकी और समय के गर्त में विलीन हो गई।

भारतीय हिन्दी परिषद (1942) – भारतीय हिन्दी परिषद् की स्थापना इलाहाबाद विश्वविद्यालय, हिन्दी विभाग के तत्कालीन अध्यक्ष डॉ. धीरेन्द्र वर्मा की सुनिश्चित तथा

सुसंगठित योजना के फलस्वरूप हुई एवं संगठन 3-4 अप्रैल 1942 को मिश्र बंधुओं की अध्यक्षता में हुआ। इलाहाबाद विश्वविद्यालय के उपकुलपति डॉ. अमरनाथ झा ने 4 अप्रैल 1942 को हिन्दी विभाग में इसका संस्था के रूप में उद्घाटन किया।[46]

इस समय हिन्दी के प्रचार-प्रसार के लिए अनेक संस्थाएँ स्थापित हो चुकी थीं जिनका स्वतंत्र अस्तित्व था। जिन्होंने हिन्दी के प्रचार-प्रसार को व्यापक रूप से आगे बढ़ाया किन्तु भारतीय हिन्दी परिषद का योगदान भी कम नहीं है। सन् 1942 में जब परिषद् का संगठन किया गया तो कुल मिलाकर इसके सदस्यों की संख्या 40 थी जिनमें 13 मान्य सदस्य थे, 15 विश्वविद्यालयों के हिन्दी अध्यापक तथा 12 अन्य हिन्दी विद्वान। परिषद् का प्रथम अधिवेशन रविवार 5 अप्रैल 1942 को इलाहाबाद विश्वविद्यालय में हुआ।[47]

भारतीय हिन्दी परिषद् ने 'भाषा साहित्य तथा संस्कृति के अध्ययन तथा खोज को प्रोत्साहित करना तथा उसकी प्रगति का विशेष रूप से निरीक्षण करना' उद्देश्य बनाया।[48] उक्त उद्देश्य की प्राप्ति के लिए संस्था ने 'विचार विनिमय' प्रकाशन, विद्वानों के सहयोग का आयोजन को अपना माध्यम बनाया।

संस्था का संगठन त्रिस्तरीय था, साधारण सभा – जिसमें विश्वविद्यालयों के हिन्दी अध्यापक आजीवन सदस्य तथा साधारण सदस्य होते थे। अन्य विषयों के अध्यापक जिन्हें हिन्दी से प्रेम हो वह भी इसके सदस्य हो सकते थे। तथा संस्था को 500 रु. या अधिक सहायता देने वाले व्यक्ति इसके प्रतिष्ठित सदस्य होते थे। सदस्यों के अतिरिक्त कार्य समिति होती थी जिसके साथ एक प्रतिनिधि मण्डल होता था, सभापति, उप सभापति, कोषाध्यक्ष, प्रधानमंत्री तथा साहित्य मंत्री प्रमुख पदाधिकारी थे।[49]

परिषद् ने हिन्दी साहित्य के संकीर्ण वातावरण से ऊपर उठकर भाषा तथा साहित्य के सम्बद्ध मानवीय सम्पर्क सामाजिक चेतना तथा राष्ट्रीय मनोवेश के निर्माण में महत्त्वपूर्ण भूमिका निभाई। भाषा, साहित्य तथा संस्कृति की कार्य शक्ति को समृद्ध करने वालों साधकों को एक मंच प्रदान किया। संस्था के कार्य क्षेत्र की व्यापकता को देखकर संस्था को रजिस्टर्ड किया गया।[50]

भारतीय हिन्दी परिषद् के मान्य सदस्यों में इस समय तक अनेक स्वनामधन्य व्यक्ति जुड़ गये, महात्मा गाँधी, मदन मोहन मालवीय, डॉ. भगवान दास, बाबू शिव प्रसाद गुप्त, श्याम बिहारी मिश्र, श्यामसुन्दर दास, गौरी शंकर हीरा चंद ओझा, शुकदेव बिहारी मिश्र, अयोध्या सिंह उपाध्याय 'हरिऔध' जगन्नाथ प्रसाद भानु, नलिनी मोहन सान्याल, डॉ. राजेन्द्र प्रसाद, पुरुषोत्तम दास टंडन, मैथिलीशरण गुप्त, डॉ. सम्पूर्णानंद, आचार्य शिवपूजन सहाय, सेठ गोविन्द दास, बाबूराम सक्सेना इसके मान्य सदस्य रहे।

परिषद् के विभिन्न अधिवेशनों में डॉ. वासुदेव शरण अग्रवाल, देवी प्रसाद शुक्ल, कमला कान्त वर्मा, सुमित्रानन्दन पन्त, प्रो. टर्नर, बाबू गुलाब राय, रामनरेश त्रिपाठी, रामधारी सिंह दिनकर, रविशंकर शुक्ल, राहुल सांकृत्यायन, जैसे अनेक विद्वानों ने समय-समय पर भाग लिया।[51]

अप्रैल 1942 से मार्च 1946 तक डॉ. धीरेन्द्र वर्मा सभापति, शुकदेव बिहारी मिश्र उपसभापति, डॉ. रामकुमार वर्मा प्रधानमंत्री, डॉ. माता प्रसाद गुप्त साहित्य मंत्री तथा बाबू राम सक्सेना इसके कोषाध्यक्ष रहे। 1946-1947 इसके सभापति पं. केशव प्रसाद मिश्र, उप सभापति धीरेन्द्र वर्मा, प्रधानमंत्री बाबू राम सक्सेना, साहित्य मंत्री डॉ. राम कुमार वर्मा, कोषाध्यक्ष डॉ. सत्यप्रकाश रहे। आजादी के बाद 1947 से 1950 तक सभापति डॉ. धीरेन्द्र वर्मा, उपसभापति दीन दयाल गुप्त, प्रधानमंत्री माता प्रसाद गुप्त, साहित्य मंत्री लक्ष्मी सागर वार्ष्णेय, कोषाध्यक्ष सुश्री चंद्रवती त्रिपाठी रहीं।[52]

हिन्दी का भाषागत साहित्यिक उन्नयन संस्था का प्रमुख कार्य रहा है। तथा संस्था ने उच्च स्तरीय अध्ययन अध्यापन एवं अन्वेषण को प्रोत्साहित किया है। भाषा के संदर्भ में भारतीय हिन्दी परिषद् ने अपने प्रथम अधिवेशन में (अप्रैल 5, 1943) भाषा के आंतरिक गठन, प्रवेश निर्धारण, पारिभाषिक शब्द निर्माण कोष व्याकरणिक एकरूपता आदि को सन्दर्भ में रखकर प्रमुखता से उठाया। पारिभाषिक शब्द निर्माण के लिए परिषद् ने एक समिति का गठन किया।

पारिभाषिक शब्दावली निर्माण की सन् 1942-43 में कार्यान्वित यह योजना सम्भवतः हिन्दी साहित्य के इतिहास की प्रथम वैज्ञानिक योजना है। पारिभाषिक शब्दावली निर्माण का यह कार्य दिशा में प्रथम ढंग से क्रियान्वित हुआ और इस योजना के ठीक समानान्तर उसके दूसरे वर्ष अर्थात सन् 1944 में कोश योजना को व्यवस्थित करने का प्रस्ताव अधिवेशन में रखा गया। भारतीय हिन्दी परिषद् के मुख्य पत्र 'हिन्दी अनुशीलन में' अंग्रेजी हिन्दी वैज्ञानिक शब्दकोश का उदाहरण प्रस्तुत किया गया।[53] 1948 में इसका प्रथम खण्ड 30,000 शब्दों से सम्बद्ध प्रकाशित हुआ।

कोश एवं शब्दावली निर्माण सम्बन्धी योजना के साथ-साथ भारतीय हिन्दी परिषद् ने विश्वविद्यालयों में हिन्दी माध्यम के पाठ्यक्रम योजनाओं पर कई प्रकार का सुझाव प्रस्तुत किया। सन् 1942-43 में प्रयाग अधिवेशन में इस समस्या को एक प्रस्ताव के रूप में रखकर भारतीय हिन्दी परिषद् ने इस दिशा में व्यावहारिक तथा ठोस निर्णय लेने का निश्चय किया। सन् 1943 में भारतीय हिन्दी परिषद् ने इस कार्य के लिए एक समिति स्थापित की किन्तु समिति शीघ्र ही कोई निर्णय नहीं दे सकी। उच्च स्तरीय हिन्दी के अध्ययन-अध्यापन की समस्या को नियोजित एवं

संयमित करने की दृष्टि से डॉ. माता प्रसाद गुप्त ने हिन्दी अनुशीलन में विस्तृत लेख प्रस्तुत किया।[54]

सन् 1942-43 के अधिवेशन में रखे गये सुझावों में जिन्हें परिषद् ने कार्यान्वित करना चाहा था – एक प्रमुख सुझाव यह भी था कि हिन्दी भाषा में आदर्शीकरण हो। इस आदर्शीकरण का अर्थ था शब्दभण्डार, शब्दकोश, अक्षर विन्यास, लिपि, व्याकरण, उच्चारण, वर्तनी आदि को एक व्यवस्थित रूप प्रदान करना ताकि हिन्दी भाषा परिष्कृत, मधुर, सभ्य तथा सर्वसाधारण के लिए एक समान हो।

राष्ट्रभाषा तथा राजभाषा के सम्बन्ध में भी भारतीय हिन्दी परिषद् का महत्त्वपूर्ण योगदान रहा। उसने भारत की केन्द्रीय तथा प्रान्तीय सरकार को इसकी सम्भावनाओं और जटिलताओं की ओर उकृष्ट किया साथ ही वह उनकी एतद् विषयक उदासीनता तथा उपेक्षा दृष्टि का भी खुलकर विरोध करने में कभी भी नहीं हिचका। सन् 1942-43 में सर्वप्रथम 'भारत सरकार के पास परिषद् ने अपना प्रथम प्रस्ताव भेजा था कि सरकार के प्रत्येक हिन्दी सम्बन्धी प्रकाशन को अपने देश की हिन्दी या अन्य संस्थाओं को भेजने की व्यवस्था करनी चाहिए। इसी प्रस्ताव के समय सेण्ट्रल एडवाइजरी बोर्ड आफ एजूकेशन' के इस निर्माण का इसने खुलकर विरोध किया कि भारतीय वैज्ञानिक शब्दावली में अंग्रेजी पारिभाषिक शब्दावली का प्राधान्य रहे। सन् 1948-49 में संयुक्त प्रदेश सरकार को इसने हिन्दी को राजभाषा तथा देवनागरी लिपि को राजलिपि मानने के लिए बधाई ही नहीं प्रेषित की अपितु बिहार, मध्य प्रांत विन्ध्य प्रदेश आदि राज्यों के पास अनुरोध पत्र भेजा कि हिन्दी को राजभाषा तथा देवनागरी को राज लिपि के रूप में वे भी स्वीकार करें। सन् 1949-50 में परिषद् ने केन्द्रीय सरकार से इस विषय में अपना प्रस्ताव रखा कि शीघ्र ही, वह घोषणा करे कि स्वतंत्र भारत की राष्ट्रभाषा हिन्दी और राष्ट्र लिपि देवनागरी हो साथ ही वह इसकी व्यवस्था भी कराए जिससे राष्ट्रभाषा हिन्दी एवं राष्ट्रलिपि देवनागरी में समस्त केन्द्रीय तथा प्रान्तीय कार्य किए जा सकें। इसी के साथ इसी वर्ष उसका हिन्दी भाषा-भाषी प्रान्तों से यह भी अनुरोध रहा कि हिन्दी के प्रसिद्ध दिवंगत कवियों तथा लेखकों के स्मृति संरक्षण को ध्यान में रखते हुए उनसे सम्बन्धित विशेष स्थानों पर शीघ्र ही समुचित स्मारक निर्मित कराए तथा उनसे सम्बन्धित उपलब्ध सामग्रियों का संग्रहालय भी उपस्थित करे।[55] सन् 1949-50 के अधिवेशन के समय ही राजर्षि पुरुषोत्तम दास टंडन की अध्यक्षता में एक विशाल गोष्ठी का आयोजन 'एशिया की अन्तर्राष्ट्रीय भाषा हिन्दी होनी चाहिए' विषय पर हुआ और इस प्रश्न पर अनेक सारगर्भित भाषण तथा सुझाव प्रकाश में आए।[56]

हिन्दी साहित्य, भाषा, उच्च स्तरीय अध्ययन-अध्यापन, राजभाषा आदि से सम्बद्ध समस्याओं के अतिरिक्त भी भारतीय हिन्दी परिषद् ने अनेक ऐसे व्यावहारिक सुझाव

को हिन्दी प्रेमियों तथा विद्वानों तथा विद्वानों के बीच रखा जो भाषा के आन्तरिक गठन तथा समृद्धि के लिए नितान्त अनिवार्य है।[57]

इस रूप में जनपदीय बोलियों 'हिन्दी शोध' तथा हस्तलिखित ग्रंथों की समस्याओं के प्रश्न महत्त्वपूर्ण हैं।

सन् 1948-49 में अधिवेशन में सर्वप्रथम डॉ. धीरेन्द्र वर्मा ने हिन्दी प्रदेश के जनपदों (बोली के प्रदेश) का भाषा तथा साहित्य सम्बन्धी केन्द्रीयकरण श्रेयस्कर है अथवा विकेन्द्र करण विषय का उद्घाटन किया। इस अधिवेशन में विद्वानों ने अपने-अपने मत रखे। राहुल सांकृत्यायन, धीरेन्द्र वर्मा, कमलाकान्त वर्मा, रामकुमार वर्मा, बाबूराम सक्सेना ने केन्द्रीकरण का समर्थन किया। इसके विपरीत प्रभाकर माचवे, विद्यानिवास, उदय नारायण तिवारी, विश्वनाथ प्रसाद मिश्र ने विकेन्द्रीकरण का। सुमित्रानन्दन पन्त ने केन्द्रीकरण तथा विकेन्द्रीकरण के बीच का मार्ग निकाला। अन्ततः इस महत्त्वपूर्ण विचार गोष्ठी में यह निश्चित किया गया कि शिक्षा की व्यावहारिक आवश्यकता के लिए जनपदीय बोलियों का आधार लेना अनिवार्य है। यह उचित है कि उच्च स्तरीय शिक्षा के लिए जनपदीय बोलियों को आधार नहीं बनाया जा सकता, फिर भी साक्षरता के लिए इनका प्रयोग नितान्त अनिवार्य है।

भारतीय हिन्दी परिषद् की दृष्टि सबसे अधिक उच्च स्तरीय अध्ययन अध्यापन की ओर उसमें भी अनुसंधान की कहीं अधिक केन्द्रित रही है। परिषद् ने अपने मुख्य पत्र 'हिन्दी अनुशीलन' के प्रथम अंक के सम्पादकीय में अपने उद्देश्य को स्पष्ट करते हुए बताया है कि इसका मुख्य लक्ष्य "हिन्दी के समस्त अंगों–भाषा, साहित्य तथा संस्कृति के अध्ययन तथा खोज को प्रोत्साहित करना और उसकी प्रगति का विशेष रूप से निरीक्षण करना है।"[58]

भारतीय हिन्दी परिषद् ने अपने जन्म काल से ही साहित्य के उन्नयन, शोध एवं अन्वेषण में महत्त्वपूर्ण भूमिका निभाई। परिषद् ने सन् 1946-47 के एक विशेष प्रस्ताव द्वारा साहित्य के प्रामाणिक इतिहास के लेखन के प्रति सचेष्टा प्रकट की थी और इस तथ्य का अनुमोदन अनेक हिन्दी विद्वानों द्वारा किया गया कि साहित्य का प्रामाणिक इतिहास निर्माण कराने की योजना वह स्वयं स्वीकार करें।

परिषद् ने आजादी के पहले और बाद साहित्य के विकास में महत्त्वपूर्ण भूमिका निभाई। जो योजनाएं आजादी के पहले परिषद् ने बनाईं वह बाद में कार्यान्वित हुई। हिन्दी अनुशीलन भी अपने 56 वर्षों के इतिहास में अनेक साहित्यिक उपलब्धियों से हिन्दी जगत को परिचित कराने में समर्थ रहा। हिन्दी अनुशीलन ने भाषा विशेषांक 'धीरेन्द्र वर्मा विशेषांक', से साहित्य के इतिहास में महत्त्वपूर्ण जगह बनाई हैं और आज भी यह अपने वैभव के साथ प्रकाशित हो रहा है।

निःसन्देह परिषद् ने हिन्दी साहित्य की अमूल्य सेवा की है और इसी प्रकार अपनी योजनाओं में सक्रिय रहा हिन्दी साहित्य की और भी अमूल्य सेवा उसके द्वारा सम्पादित हो सकेगी। हिन्दी भाषा साहित्य तथा भारतीय संस्कृति के जिन महानतम सूत्रों को इसने योजनाबद्ध किया, इतिहास में उसकी विशिष्ट स्थिति बन गई और आशा है साहित्य के इतिहास में इसके कार्यों को विशेष स्थान प्राप्त होगा।

परिमल (1945) – इलाहाबाद में 1936 से एक गुट उभरा जिसने अपने आपको प्रगतिशील लेखक संघ के रूप में संगठित किया। संघ की मान्यताओं में रचनाकार का पक्ष पहले से दिया रहता था रचनाकार को उस पर चलना होता था।[59]

प्रगतिवाद का मतलब हो गया था मार्क्सवादी सिद्धांतों का अन्धानुकरण। कवि अथवा लेखन ऐतिहासिक विकास क्रम और भौतिक द्वन्द्ववाद से परिचालित होता था। किन्तु नवलेखन की ओर प्रवृत्त होने वाले रचनाकारों ने इस प्रकार की वैचारिक प्रतिबद्धता को नहीं स्वीकार किया। 12 दिसम्बर 1945 को परिमल की नींव डाली गई। विशन नारायण कपूर, गिरिधर गोपाल, सर्वेश्वर दयाल सक्सेना, विजय देव नारायण साही, केशव चन्द्र वर्मा, लक्ष्मीकान्त वर्मा आदि इसके संस्थापक सदस्य थे।[60]

परिमल के रचनाकार प्रगतिशील संघ की विचारधारा के विपरीत मानते थे कि रचनाकार अपना पक्ष स्वयं बनाए, वह इतना समर्थ है कि उसे बने बनाए पहले से दिए हुए पक्ष पर चलने की जरूरत नहीं है। वह चाहे तुलसीदास हों, चाहे निराला हों, चाहे पन्त हो, चाहे महादेवी हों, रचना में अपना पक्ष रखते हैं।[61]

इस संस्था के संचालन में सर्वेश्वरदयाल सक्सेना, और लक्ष्मीकान्त वर्मा की भूमिका सबसे अधिक महत्त्वपूर्ण थी इसकी गोष्ठियों में ऐसे महत्त्वपूर्ण निर्णय लिए गये जिससे सम्पूर्ण हिन्दी लेखन प्रभावित हुआ। कई गोष्ठियों में ऐतिहासिक महत्त्व की रचनाएं पढ़ी गयीं। इस संस्था के माध्यम से सर्वेश्वरदयाल सक्सेना, धर्मवीर भारती, रघुवंश, रामस्वरूप चतुर्वेदी, जगदीश गुप्त, गिरिधर गोपाल, लक्ष्मीकान्त वर्मा, विजय देव नारायण साही, केशव चन्द्र वर्मा, मलयज, विपिन अग्रवाल, उमाकान्त मालवीय, श्रीराम वर्मा आदि दो पीढ़ियों के रचनाकार उभर कर सामने आए।[62] परिमल के रचनाकार या तो कवि थे अथवा समीक्षक। केवल धर्मवीर भारती, और लक्ष्मीकान्त वर्मा कथाकार भी थे। वैसे इनका कविरूप ही प्रबल रहा।[63]

इस संस्था ने प्रयाग में ऐसे वातावरण का सृजन किया कि इसके सदस्यों द्वारा सम्पादित अथवा इसके प्रभाव क्षेत्र में 1950 से 1955 के बीच, नये पत्ते, नयी कविता, निकष और सन् 1963-64 में क ख ग जैसी नव लेखन को समर्पित पत्रिकाओं का प्रकाशन किया। प्रतीक और नई कहानी भी यहीं से प्रकाशित हुई। इसके द्वारा 'आस्था' नाम की एक बुलेटिन भी प्रकाशित होती थी। परिमल के प्रभाव से प्रयाग नवलेखन

का केन्द्र बन गया।[64]

किन्तु समय क्रम से साथ यह संस्था ज्यादा दिन तक न चल सकी और 1970 तक आते-आते स्थगित हो गई इसके अंतिम संयोजक लक्ष्मीकान्त वर्मा थे। संस्था ने लगभग 25 वर्ष साहित्य के विकास में जो भूमिका निभाई वह महत्त्वपूर्ण है।

साहित्यकार संसद (1946) – सन् 1946 में प्रयाग की पावन भूमि पर एक और साहित्यिक संस्था का उदय हुआ। महर्षि महादेवी वर्मा ने राष्ट्रकवि मैथिलीशरण गुप्त, सूर्यकान्त त्रिपाठी निराला के सहयोग से साहित्यकार संसद की नींव रखी। श्री माखन लाल चतुर्वेदी, हजारी प्रसाद द्विवेदी, इलाचन्द्र जोशी, सियाशरण गुप्त, राय कृष्ण दास, गुलाब राय एवं भदंत आनन्द कौसल्यायन आदि अन्य साहित्यकार इसके संस्थापक सदस्यों में से एक थे।[65]

साहित्यकार संसद का प्रमुख उद्देश्य था कि यहाँ साहित्यकार आएं और यहाँ रुककर साहित्य सर्जना करें तथा देश में हो रहीं साहित्यिक गतिविधियों पर नजर रखें। मार्च 1947 में साहित्यकार संसद का भवन इलाहाबाद से 4 किमी दूर रसूलाबाद में खरीदा गया। इस भवन में दूर-दूर से साहित्यकार आते और यहाँ रुककर साहित्य स्रजन करते। महाप्राण निराला स्वयं साहित्यकार संसद भवन में लम्बे समय तक रहे।[66]

साहित्यकार संसद से उस समय महाप्राण निराला 'ले, गंगा प्रसाद पाण्डेय' जैसी कृतियों को प्रकाशन हुआ। इसके द्वारा 'साहित्यकार' नामक पत्रिका का प्रकाशन किया जाता था जिसका सम्पादन महादेवी वर्मा तथा इलाचंद्र जोशी संयुक्त रूप से करते थे।[67]

संसद ने अपने जन्मकाल से 1955 तक उत्तरोत्तर प्रगति की। 1950 में दिनकर का साहित्यकार संसद ने सम्मान किया जिसमें भारत के तत्कालीन राष्ट्रपति डॉ. राजेन्द्र प्रसाद ने हिस्सा लिया। साहित्यकार संसद के विकास के भारत के तत्कालीन प्रधानमन्त्री पं. जवाहर लाल नेहरू स्वयं चिंतित थे वह चाहते थे कि प्रकाशन जो लेखकों का शोषण करते हैं वह बंद हो और साहित्यकार संसद जैसी संस्थाओं को प्रोत्साहित किया जाए। उन्होंने स्वयं साहित्यकार संसद के लिए 1000/- का चंदा दिया था तथा तत्कालीन शिक्षामंत्री अबुल कलाम आजाद को संस्था के विकास के लिए ध्यान देने के लिए ध्यान देने के लिए पत्र लिखा था।

1955 के पश्चात साहित्य संसद के कार्य में शिथिलता आ गई क्योंकि धीरे-धीरे इसके प्रतिनिध्यि दिवंगत होते गये। 1987 से संस्था पुर्नजीवित हुई है और इसका कार्य धीरे-धीरे बढ़ रहा है।

यह युग प्रयाग में साहित्य उन्नति का स्वर्ण युग था उक्त संस्थाओं के साथ अन्य छोटी संस्थाओं का भी उदय हुआ। आनंद मण्डल, रसिक मण्डल, साहित्य

गोष्ठी, प्रगतिशील लेखक संघ आदि इसी प्रकार की साहित्यिक संस्थाएँ थीं जो कि सम्मेलनों एवं मुशायरों का आयोजन करती थीं। प्रयाग की उक्त साहित्यिक संस्थाओं ने साहित्य के विकास में महत्वपूर्ण भूमिका निभाई है।

"दशतीर्थ सहस्त्राणि षष्टिकोट्य स्तथ परः
तेषां सान्निध्यम त्रैव प्रयागं परमन्ततः।"

प्रयाग को तीर्थ राज कहा गया है। तीर्थराज होने के कारण इसका प्राचीन काल से ही महत्त्व है। तीर्थराज के साथ-साथ यह महर्षि भारद्वाज की तपोभूमि रही है।

'भारद्वाज ऋषि वसहिं प्रयागा। जिन्हें राम पद अति अनुरागा'

भारद्वाज आश्रम शिक्षा एवं साहित्य का केन्द्र था जहाँ अनेक विद्यार्थी एक साथ विद्याध्ययन करते थे। ऋषि भारद्वाज द्वारा शिक्षा, साहित्य एवं संस्कृति की बहाई गई त्रिवेणी की धारा अनवरत प्रवाहित है।

आधुनिक साहित्य के निर्माण की प्रक्रिया 19 वीं शताब्दी के उत्तरार्द्ध में प्रारम्भ हुई। सन् 1857 की क्रांति में भारत के साहित्यकार आत्मग्लानि से पीड़ित हो साहित्य सृजन की ओर अग्रसर हुए। भारतेन्दु हरिश्चन्द्र, बदरी नारायण चौधरी 'प्रेमघन', अम्बिकादत्त व्यास, राधाकृष्णदास, जगन्मोहन सिंह, श्रीधर पाठक, बालमुकुन्द गुप्त, आदि साहित्यकार सामने आए। इन साहित्यकारों का साहित्य मनुष्य के सुख-दुःख से पहली बार जुड़ा।

20वीं शताब्दी के आते-आते देश के कोने-कोने से साहित्यिक पत्रिकाओं का प्रकाशन आरम्भ हो गया तथा अनेक साहित्यिक संस्थाओं का निर्माण हुआ जिसके परिणामस्वरूप दूसरी पीढ़ी के साहित्यकार सामने आए। प्रथम पीढ़ी के साहित्यकारों ने गद्य को सम्प्रेषण का माध्यम बनाया तो इन साहित्यकारों ने काव्य के माध्यम से अपनी अभिव्यक्ति दी। नाथूराम शर्मा शंकर, श्रीधर पाठक, महावीर प्रसाद द्विवेदी, अयोध्यासिह उपाध्याय हरिऔध, राय देवी प्रसाद 'पूर्ण', गया प्रसाद शुक्ल सनेही, मैथिलीशरण गुप्त, रामनरेश 'त्रिपाठी', अमीर अली मीर, कामता प्रसाद गुरु, गिरिधर शर्मा, मुकुटरधर पाण्डेय आदि कवि, आम जनता से जुड़ा हुआ साहित्य लेकर आए।

इस साहित्यिक आन्दोलन का नेतृत्व किया उत्तर प्रदेश ने और केन्द्र बना इलाहाबाद। देश के प्रत्येक भाग से साहित्यकार यहाँ साहित्य साधना के लिए आना प्रारम्भ हुए। इन साहित्यकारों में सर्वप्रथम नाम पं. सूर्यकान्त त्रिपाठी 'निराला' का लिया जा सकता है जो महिषादल की नौकरी छोड़कर इलाहाबाद आ गये।

निराला की साहित्य साधना निराली है उन्होंने काव्य, उपन्यास, कहानी, निबन्ध, अर्थात् साहित्य की प्रत्येक विधा में लेखनी चलाई। निराला की प्रथम कविता 1920 में जन्मभूमि शीर्षक से प्रभा मासिक कानपुर से प्रकाशित हुई। तत्पश्चात् साहित्य

साधना का अनवरत क्रम चला जो लगभग 40 वर्ष तक चला। अनामिका (1923), परिमल (1930), गीतिका (1936), अनामिका द्वितीय (1937), तुलसीदास (1938), कुकुरमुत्ता (1942), अणिमा (1943), बेला (1946), नये पत्ते (1946), अर्चना (1950), जैसी श्रेष्ठ काव्य कृतियाँ माँ भारती के चरणों में अर्पित की।

अप्सरा, अलका, प्रभावती, निरूपमा, कुल्लीभाट, विल्लेसुर बकरिहा जैसे कालजयी उपन्यास लिखे। लिली एवं चतुरी चमार जैसी कहानियों का सृजन किया। प्रबन्ध प्रतिमा, चावुक, चयन, संग्रह, निबन्ध संग्रह प्रकाशित हुए। प्रबन्ध पद्म रवीन्द्र कविता कानन और पुरा कथा महाभारत का सृजन किया।

निराला का स्वयं का जीवन कष्टों एवं अभावों में बीता जिसकी परिणति उनके साहित्य में दिखाई देती है, निराला का जीवन आम आदमी का जीवन था और उनका साहित्य तत्कालीन समाज की मार्मिक अभिव्यक्ति है।

निराला ने साहित्य के चरम शिखर को छुआ। उनका साहित्य भूतों ने भविष्यति की श्रेणी का है। उनकी कृतियों के अतिरिक्त तत्कालीन पत्र-पत्रिकाएँ उनकी रचनाओं को छापकर गौरव का अनुभव करती थीं यही कारण है कि उनकी रचनाएं सरस्वती, मतवाला, श्री शारदा, मर्यादा, चाँद, आदि पत्रिकाओं के प्रथम पृष्ठ पर रहती थीं।

निराला की तरह ही सुमित्रानन्दन पन्त कौसानी से यहाँ अध्ययन के लिए आए और यहाँ आकर साहित्य साधना मे तल्लीन हो गये। पन्त ने पल्लव (1926), वीणा (1929), गुंजन(1931), युगवाणी (1939), ग्राम्या (1940), स्वर्णकिरण(1947), स्वर्णधूलि (1947), मधुज्वाल (1947), उत्तरा (1949), युगमपथ (1949), काव्य संग्रह लिखे। परी (1925), ज्योत्स्ना (1934), जिन्दगी का चौराहा (1936), अश्पृश्यता (1937), स्रष्टा (1938), चौराहा (1948), शकुन्तला (1948), युगपुरुष (1948), छापा (1948), करमपुरी की रानी (1949), नाटक लिखे।

पन्त जी ने पानवाला, उस पार, दम्पति, बन्नो, अवगुण्ठन जैसी श्रेष्ठ कहानियों की रचना की तथा 'हार' शीर्षक उपन्यास लिखा। पन्त जी हार को ही अपनी साहित्य साधना का श्री गणेश मानते हैं। पन्त का जीवन और साहित्य एक इतिहास है। उनकी रचनाएं प्रकृति प्रेम एतं देशप्रेम में डूबी हुई हैं। 1921 में असहयोग आन्दोलन में सक्रिय भाग लिया। साहित्य के क्षेत्र में भी उन्हें अपार संघर्ष करना पड़ा। पल्लव के प्रकाशन से साहित्य जगत में उन्हें प्रतिष्ठा मिली तो कटु आलोचनाओं का सामना भी उन्हें करना पड़ा। प्रारम्भ में महावीर प्रसाद द्विवेदी ने पन्त काव्य व्यंग्य प्रहार किए किन्तु कुछ समय पश्चात उन्हें आशीर्वाद भी दिया। ''मैं सरस्वती से प्रार्थना करता हूँ कि वे कमलवन में विचरण करना छोड़कर पन्त जी की जिह्वा पर विराजें।''

आधुनिक युग की मीरा महीयसी महादेवी की कर्मभूमि के साथ-साथ जन्म

स्थली भी प्रयाग ही है। महादेवी जी ने उच्च विश्वविद्यालयी शिक्षा प्राप्त की। विश्वविद्यालयी शिक्षा प्राप्त करने के समय से ही महात्मा गाँधी के सम्पर्क में आई उनसे प्रभावित होकर हिन्दी के माध्यम से नारी शिक्षा प्रसार हेतु 'प्रयाग महिला विद्यापीठ' महाविद्यालय की स्थापना की तथा चाँद मासिक पत्रिका के सम्पादन का भार सम्भाला। चाँद के अतिरिक्त 'महिला' और साहित्यकार का सफल सम्पादन किया। साहित्यिक एवं रचनात्मक अन्तर्भावों से ओतप्रोत होकर 1944 में साहित्यकार संसद की स्थापना की और साहित्यकार संसद के तत्वधान में अखिल भारतीय लेखन सम्मेलन का आयोजन किया।

संख्या की दृष्टि से महादेवी जी की काव्य कृतियाँ ज्यादा नहीं हैं किन्तु साहित्यिक मूल्य की दृष्टि से उनका विशिष्ट महत्त्व है। महादेवी का काव्य रचनाकाल 1924 से 1942 तक फैला हुआ है। महादेवी जी प्रथम प्रकाशित कृति नीहार है जिसका प्रकाशन 1930 में हुआ। महादेवी जी के इस संग्रह में अध्यात्म की आकुल अभिव्यक्ति है और एक विदग्ध हृदय की करुणा है। नीहार के पश्चात् महादेवी वर्मा के काव्य संग्रह 'रश्मि' (1932), सांध्यगीत (1935), यामा (1940), दीपशिखा (1942) प्रकाशित हुए।

महादेवी जी जिस प्रकार श्रेष्ठ कवयित्री थीं उसी प्रकार श्रेष्ठ गद्य लेखक। महादेवी का गद्य किसी क्षेत्र विशेष तक सीमित नहीं है। संस्कृति, देश, भाषा, साहित्य, समाज-नारी, जीवन, राष्ट्रीयता, इतिहास, सब कुछ नापा है महादेवी जी की लेखनी ने। ऐसे कोई भी विषय नहीं जिस पर महादेवी की दृष्टि न पड़ी हो, उस पर उनकी कलम न चली हो।

अतीत के चलचित्र, शृंखला की कड़ियाँ, क्षणदा, शीर्षक गद्य कृतियों का सृजन किया। महादेवी जी ने अनेक साहित्यिक निबन्धों की रचना की। साहित्यिक लेखों में बंधुत्व, भारतीय संस्कृति, कला, साहित्य, साहित्यकार, सम्पादक, आधुनिक लेखों में आधुनिक लेखक, अभिनय कला, राष्ट्र भाषा, विज्ञान विषयक मीमांसाएँ पूर्ण रूपेण मुखरित हुई हैं।

महादेवी जी का गद्य एवं पद्य साहित्य समाज के वर्तमान रूप से जुड़ा हुआ हैं। उनकी साहित्य साधना अपने आप में एक महान इतिहास एवं यथार्थ है।

इस समय इलाहाबाद के साहित्यिक वातावरण का एक केन्द्र इलाहाबाद विश्वविद्यालय था जहाँ सेवारत अनेक विद्वान साहित्य साधना में रत थे। विश्वविद्यालय से जुड़े डा. वर्मा और बच्चन ने महत्त्वपूर्ण साहित्य का सृजन किया डा. रामकुमार वर्मा का काव्य संसार अत्यन्त विस्तृत हैं। सर्वप्रथम 1922 में 'वीर हम्मीर' लिखा तथा 1927 में चित्तौड़ की चिता नामक खण्ड काव्य लिखा। उनके साहित्य के विकास का चरण 1929 से आरम्भ हुआ। अंजलि (1929), अभिशाप (1930), रूपराशि

(1931), निशीथ (1932), चित्रलेखा (1935), चन्द्रकिरण (1937), आकाश गंगा (1949), संग्रह 1950 से पूर्व प्रकाशित हुए।

रामकुमार वर्मा ने जिस काव्य का सृजन किया उसे आधुनिक युग के श्रेष्ठ काव्य में माना जाता है फिर भी साहित्यकार समाज उन्हें आधुनिक एकांकी का जनक और श्रेष्ठ नाटककार मानता है। कालक्रम की दृष्टि से उनका प्रथम एकांकी 'बादल की मृत्यु' था जो सन् 1930 में लिखा गया। 'दस मिनट' (1931), नहीं का रहस्य (1933), 'एक्ट्रेस' (1934), अन्य प्रारम्भिक एकांकी हैं। 1935 में 'पृथ्वीराज की आँखें', 'चंपक', 'नहीं का रहस्य', 'बादल की मृत्यु', 'दस मिनट' एकांकी संकलित किए गये।

1941 में 'रेशमी टाई' एकांकी संकलन प्रकाशित हुआ जिसमें 'परीक्षा', 'रूप की बीमारी', '18 जुलाई की शाम', 'एक तोले अफीम की कीमत' और 'रेशमी टाई' एकांकी संकलित है। 1942 में उनका अन्य संकलन 'चारुमित्र' संकलन प्रकाशित हुआ जिसमें 'चारुमित्र', 'उत्सर्ग', 'रजनी की रात,' और 'अंधकार' शीर्षक एकांकी संकलित हैं।

1945 में वर्मा जी का कालजयी नाटक 'शिवाजी' प्रकाशित हुआ। शिवाजी जैसे महान नायक पर नाटक लिखने के पीछे रामकुमार वर्मा का उद्देश्य था कि विद्यार्थियों मे उनके समान आदर्श के भाव उत्पन्न हों। डॉ. रामकुमार वर्मा ने स्वयं लिखा है ''शिवाजी नाटक की रचना विद्यार्थियों के भाव क्षेत्र को अधिक विस्तृत और परिष्कृत करने के दृष्टिकोण से की गई है।''

भारतीय आजादी की वेला में उनका 'सप्त किरण' एकांकी संकलन प्रकाशित हुआ जिसमें सात अलग-अलग दृष्टिकोण से लिखे गये एकांकी, राजरानी सीता, औरंगजेब की आखिरी रात, पुरस्कार, कलाकार का सत्य, फेल्ट हैल्ट, छोटी सी बात और आँखों का आकाश संकलित हैं।

1949 में कौमुदी महोत्सव ऐतिहासिक नाटक प्रकाशित हुआ जो चन्द्रगुप्त मौर्य के उज्ज्वल पक्ष को उजागर करता है। 1950 में रम्यरास एकांकी संकलन प्रकाशित हुआ जिसमें साहित्यिक एवं सांस्कृतिक एकांकी संकलित है। इसी अवधि में दो एकांकी और प्रकाशित हुए—रूप रंग और ध्रुवतारिका।

रामकुमार वर्मा के सम्पादन में भी अनेक ग्रन्थों का प्रकाशन हुआ। लेखन एवं सम्पादन के साथ-साथ साहित्यिक गोष्ठियों, सम्मेलनों में निरन्तर सम्मिलित होते रहते थे। सरस्वती, चाँद, मर्यादा, आदि पत्रिकाओं में उनकी लेखनी निरन्तर चलती रही।

रामकुमार वर्मा के साथ विश्वविद्यालय में हरिवंश राय बच्चन दूसरे महत्त्वपूर्ण साहित्यकार थे। कवि बच्चन का प्रारम्भिक जीवन कष्टों, अभावों में बीता किन्तु वह निरन्तर साहित्य

साधना में तल्लीन रहे। उनकी प्रथम प्रकाशित कृति 'तेराहार' है जो 1932 में प्रकाशित हुई। 1935 में उनकी कालजयी कृति 'मधुशाला' का प्रकाशन हुआ जिससे बच्चन की श्रेष्ठ कवियों में गणना होने लगी। बच्चन का यह संग्रह अत्यन्त लोकप्रिय हुआ। उन्होंने इसकी भूमिका में स्वयं लिखा है "शुरू से लेकर आज तक 'मधुशाला' को बुरा कहने वालों और उसका उपहास करने वालों, उसका अनुकरण करने वालों और उसकी उपेक्षा करने वालों की कमी नहीं रही, पर उस पर झूमने वाले बहुत रहे हैं।"

1936 में 'मधुबाला' संग्रह प्रकाशित हुआ। मधुशाला में जो कमी रह गई थी वह इसमें पूरी हो गई। इसमें उस समय की कविताएँ हैं जब वह कठिनतम संघर्ष के दौर से गुजर रहे थे। यह नारी के भोग्या रूप के साथ-साथ उस उज्ज्वल रूप को प्रतिष्ठित करती हैं जो संसार के कटु यथार्थ से संतप्त हैं।

1937 में मधुकलश संग्रह प्रकाशित हुआ जिसमें उन्होंने जीवन के कटु यथार्थ को प्रस्तुत किया। 1938 में 'निशा निमंत्रण' प्रकाशित हुआ जो उनके महाशोक का विलगन है। पत्नी श्यामा की मृत्यु का शोक और उससे उत्पन्न निराशा की अभिव्यक्ति निशा निमंत्रण में दिखाई देती है।

1939 में एकान्त संगीत प्रकाशित हुआ। निशा निमंत्रण एवं एकान्त संगीत दोनों एक ही समय लिखे गये इसलिए एकान्त निशा निमंत्रण की अगली कड़ी ही प्रतीत होती है। 1943 में काव्य यात्रा का तीसरा मोड़ आया जब 'आकुल अन्तर' काव्य संग्रह प्रकाशित हुआ। इस संग्रह में वह प्रकाश की एक किरण खोजते हैं "मेरी कृतियों के रचना क्रम में 'आकुल अन्तर' एकान्त संगीत और सतंरगिनी के बीच आता है। निशा निमंत्रण में जिस अवसाद की छाया उतरी थी, उसके अन्तिम और सघनतम हैं वहीं प्रकाश की पहली किरण हैं।

1945 में उनका सप्तरंगी काव्य 'सप्त किरण' प्रकाशित हुआ। इसमें कवि अवसाद से उबर चुका है। 1964 में हलाहल प्रकाशित हुआ। इसी समय मुक्त छंद में लिखी लम्बी कविता 'बंगाल का काल' प्रकाशित हुई जिसमें बच्चन ने बंगाल में पड़े अकाल का कारुणिक दृश्य प्रस्तुत किया है। 1948 में महात्मा गाँधी की हत्या से कविमन अत्यधिक दुःखी हो गया। आघात मन से खादी के फूल संग्रह लिखा। इसके सह लेखक सुमित्रानन्दन पन्त हैं। संग्रह की कविताओं को राष्ट्रीयतावादी एवं गाँधीवादी दृष्टिकोण से देखा जाए जो यह कविताएँ उस युग का समग्र चित्र प्रस्तुत करती हैं। इसी समय गाँधी जी को ही समर्पित एक अन्य कृति 'सूत की माला' भी प्रकाशित हुई। 1950 में उन्होंने 'प्रणय रागिनी' से पूर्ण कृति 'मिलन यामिनी' प्रस्तुत की।

बच्चन का कृतित्व विराट था काव्य के साथ-साथ आलोचना, निबन्ध, कहानियाँ,

आत्मकथा (तीन खण्ड) लिखीं तथा अनेक महत्त्वपूर्ण कृतियों का अनुवाद किया।

इस अवधि में प्रयाग में जो साहित्य रचा गया उसे जन-जन तक पहुँचाया यहाँ से प्रकाशित होने वाली साहित्यिक पत्रिकाओं ने। पत्र-पत्रिकाओं के प्रकाशन का श्री गणेश किया पं. बालकृष्ण भट्ट ने। 1877 में उन्होंने हिन्दी प्रदीप निकाला।

1900 ई. में इंडियन प्रेस से 'सरस्वती' का प्रकाशन प्रारम्भ हुआ। प्रारम्भ में इस पत्रिका के सम्पादक नागरी प्रचारिणी सभा के सदस्य थे। प्रथम सम्पादक मण्डल में बाबू राधाकृष्ण दास, बाबू कार्तिक प्रसाद खत्री, बाबू जगन्नाथ दास रत्नाकर, पं. किशोरी लाल गोस्वामी और बाबू श्यामसुन्दर दास थे। 1903 में महावीर प्रसाद इसके सम्पादक हुए। महावीर प्रसाद द्विवेदी के संपादकत्व में पत्रिका ने साहित्य के विकास में महत्त्वपूर्ण भूमिका निभाई। पत्रिका का उद्देश्य बड़ा व्यापक था "इस पत्रिका में कौन से विषय रहेंगे यह केवल इसी बात से अनुमान करना चाहिए कि इसका नाम सरस्वती है। इसमें गद्य-पद्य, काव्य, नाटक, उपन्यास, चम्पू, इतिहास, शिल्प, कला, कौशल आदि साहित्य के विषयों का समावेश रहेगा और आगत ग्रन्थों की यथोचित समालोचना की जाएगी।"

सरस्वती ने हिन्दी भाषा और साहित्य के लिए एक आन्दोलन खड़ा कर दिया। निराला, पन्त, महादेवी, रामकुमार वर्मा, बच्चन आदि लब्धप्रतिष्ठित लेखकों एवं कवियों की रचनाएं सरस्वती में छपने लगीं। निराला, पन्त, महादेवी की रचनाओं के साथ अन्य रचनाकारों की रचनाओं को भी सरस्वती ने स्थान दिया। कवियों की कविताओं के साथ-साथ इलाचंद्र जोशी जैसे कहानीकारों की कहानियाँ नियमित प्रकाशित होतीं।

साहित्य के विकास के साथ-साथ भाषा के परिष्कार करने में भी सरस्वती ने महत्त्वपूर्ण भूमिका निभाई। आधुनिक खड़ी बोली की कविता को सरस्वती ने ही प्रतिष्ठित किया। हिन्दी को उसके उचित स्थान पर प्रतिष्ठित कराने और उसे भारत की सार्वदेशिक भाषा बनाने के लिए सरस्वती ने सदैव प्रयत्न किया। यही कारण है कि तत्कालीन समय में साहित्यिक जगत की सबसे महत्त्वपूर्ण पत्रिका बन गई थी।

1903 में प्रयाग से 'स्त्रीदर्पण' पत्रिका का प्रकाशन प्रारम्भ हुआ। इसकी सम्पादक श्रीमती रामेश्वरी नेहरू थी। इसमें विविध विषयों के साथ-साथ साहित्यिक रचनाएं भी होतीं। 'सामयिक साहित्य चर्चा' शीर्षक एक स्थायी स्तम्भ भी इस पत्रिका में हुआ करता था।

1910 में 'मर्यादा' का प्रकाशन अभ्युदय प्रेस से होना प्रारम्भ हुआ। मर्यादा पं. मदन मोहन मालवीय के सद्प्रयासों का प्रतिफल थी। प्रारम्भ में वह इसके स्वयं संपादक रहे, उनके बाद पुरुषोत्तमदास टंडन और कृष्णकान्त मालवीय ने इसके सम्पादन का भार सम्भाला।

पत्रिका में कहानी, कविता के साथ अन्य भाषाओं से अनूदित साहित्य प्रकाशित होता। इसके 'साहित्य समालोचना' स्तम्भ में साहित्यिक पत्रिकाओं के अंकों का मूल्यांकन किया जाता। इस स्तम्भ में न केवल हिन्दी बल्कि, अंग्रेजी, मराठी आदि अन्य भाषाओं की पत्रिकाओं की भी समीक्षा की जाती है।

मैथिलीशरण गुप्त, अयोध्यासिंह उपाध्याय की रचनाएं नियमित प्रकाशित होतीं। यह उच्चकोटि की साहित्यिक पत्रिका थी जो ज्यादा दिनों तक प्रकाशित नहीं हुई 1920 में ज्ञानमण्डल वाराणसी को सौंप दी गई जहाँ जाकर यह पत्रिका बन्द हो गई।

1913 में हिन्दी साहित्य सम्मेलन ने 'सम्मेलन' त्रैमासिक पत्रिका का प्रकाशन आरम्भ किया। यह विविध विषयों वाली पत्रिका है किन्तु इसका उद्देश्य साहित्यिक विकास ही था। इसमें सरस्वती की तरह कहानी या कविताएँ तो नहीं होती थीं किन्तु साहित्यिक विषयों पर महत्त्वपूर्ण लेख होते थे।

1922 में सरस्वती के समान उच्चकोटि की साहित्यिक पत्रिका 'चाँद' का प्रकाशन आरम्भ हुआ। इसके प्रथम संपादक एवं प्रकाशक रामरिख सहगल थे। यह महिलाओं की प्रमुख पत्रिका थी किन्तु शीघ्र ही यह साहित्यिक जगत की महत्त्वपूर्ण पत्रिका बन गई। श्रीमती सरला वाई नायक, परमानंद, कु. विद्यावती सेठ, विशम्भरनाथ शर्मा कौशिक, जी.ए. सुन्दरम, सुभद्रा कुमारी चौहान, महादेवी वर्मा, श्रीधर पाठक, मैथिलीशरण गुप्त, रामचरित उपाध्याय, रामकुमार वर्मा आदि लेखक इसके नियमित लेखक थे।

इसके प्रथम अंक में ही महादेवी वर्मा की 'चन्द्रोदय' रामचरित्र उपाध्याय की 'संसार का सिरमौर' सुभद्रा कुमारी चौहान की 'समर्पण' कविता प्रकाशित हुई। 1925 में अन्य पत्रिकाओं को पीछे छोड़ते हुए प्रेमचन्द का उपन्यास 'निर्मला' धारावाहिक रूप में प्रकाशित किया। इसके पश्चात तो निराला एवं महादेवी की रचनाएं नियमित 'चाँद' के अंकों में प्रकाशित हुईं।

1928 में 'चाँद' का फाँसी अंक निकला जिसे ब्रिटिश सरकार ने जब्त कर लिया। इससे पत्रिका को आघात तो अवश्य लगा किन्तु यह बन्द नहीं हुई और अंक उत्साह से निकलते रहे। 'चाँद' ने सदैव समाज की कुरीतियों को दूर करने का प्रयास किया।

1931 में हिन्दुस्तानी एकेडमी ने 'हिन्दुस्तानी' त्रैमासिक पत्रिका प्रकाशित करना प्रारम्भ किया। इसके सम्पादक मण्डल में प्रयाग की विद्वत् मण्डली सम्मिलित थी। रामचन्द्र टण्डन, डा. रामप्रकाश त्रिपाठी, डा. धीरेन्द्र वर्मा इसके सम्पादक मण्डल के सदस्य थे। हिन्दुस्तानी एकेडमी के उद्देश्यों को पूरा करने का यह माध्यम बन गई। साहित्य को एक नई दिशा प्रदान की और उच्च कोटि के शोध पत्रों को पत्रिका ने

प्रकाशित किया।

साहित्य के विकास में जितनी महत्त्वपूर्ण भूमिका निराला, पन्त, महादेवी जैसे साहित्यकारों ने निभाई उतनी ही महत्त्वपूर्ण भूमिका सरस्वती, चाँद, हिन्दुस्तानी जैसी पत्रिकाओं ने निभाई। साहित्य की प्रत्येक विधा को इन पत्रिकाओं ने प्रकाशित किया और उसे जन जन तक पहुँचाया।

इस युग में जो साहित्यकार हुए वह समाज के दुःख-सुख से पूर्णतः परिचित थे, उन्होंने यह महसूस किया कि जिस कार्य को एक व्यक्ति कर सकता है उस कार्य को कुछ व्यक्ति मिलकर करें तो कार्य उत्तम और शीघ्र किया जा सकता है। इलाहाबाद में इस समय देश के प्रमुख साहित्यकार उपस्थित हो चुके थे और इलाहाबाद साहित्यिक गतिविधियों का केन्द्र बन गया था। मदन मोहन मालवीय, श्यामसुन्दर दास, बाबू पुरुषोत्तम दास टण्डन, महावीर प्रसाद द्विवेदी इलाहाबाद को कर्मभूमि बना चुके थे। हिन्दी प्रदीप, सरस्वती आदि पत्रिकाओं ने एक वातावरण का सृजन किया जिससे यहाँ अनेक साहित्यिक संस्थाओं की स्थापना हुई।

1910 में पं. मदन मोहन मालवीय के प्रयासों से 'हिन्दी साहित्य सम्मेलन' की स्थापना हुई। अपने जन्म के आरम्भ से हिन्दी भाषा और साहित्य के विकास के लिए सम्मेलन ने प्रयत्न आरम्भ किए। अपने वार्षिक सम्मेलनों के माध्यम से समस्त देश के कवि एवं साहित्यकारों को एक मंच पर एकत्र किया। इसके तृतीय सम्मेलन के अध्यक्ष बदरी नारायण चौधरी 'प्रेमघन' को बनाया गया जिन्होंने हिन्दी भाषा एवं साहित्य के विकास पर अत्यधिक बल दिया। छठा हिन्दी साहित्य सम्मेलन प्रयाग में हुआ जिसके सभापति श्यामसुन्दर दास ने राष्ट्र निर्माण के लिए साहित्य निर्माण आवश्यक बताया।

सम्मेलन के उद्देश्यों को पूरा करने के लिए संस्था ने पृथक से साहित्य विभाग स्थापित किया। साहित्य विभाग ने भारतीय साहित्य के विकास में महत्त्वपूर्ण भूमिका निभाई और अनेक ग्रंथों का प्रकाशन किया। आधुनिक कविमाला के तहत अनेक उल्लेखनीय ग्रंथ प्रकाशित किए। महादेवी वर्मा, रामनरेश त्रिपाठी, भगवती चरण वर्मा, उपेन्द्रनाथ अश्क, आदि विद्वानों के महत्त्वपूर्ण ग्रंथ प्रकाशित किए हैं। सुमित्रानन्दन पन्त की कालजयी कृति हार (उपन्यास) को भी साहित्य विभाग ने प्रकाशित किया। हिन्दी साहित्य सम्मेलन ने साहित्य की महत्त्वपूर्ण सेवा करने वालों को पुरस्कृत एवं सम्मानित किया। इसके लिए सम्मेलन ने मंगला प्रसाद पारितोषिक तथा मानद उपाधि 'साहित्यवाचस्पति' देना आरम्भ किया। इसे प्राप्त करने वालों में मदन मोहन मालवीय, महात्मा गाँधी, अयोध्यासिंह उपाध्याय हरिऔध, ग्रिर्यसन, श्यामसुन्दर दास महावीर प्रसाद द्विवेदी, मैथिलीशरण गुप्त, माखन लाल चतुर्वेदी, राहुल सांकृत्यायन आदि प्रमुख हैं।

1927 में प्रयाग में दूसरी महत्त्वपूर्ण संस्था हिन्दुस्तानी एकेडमी की स्थापना हुई। इसके निर्माण में यज्ञ नारायण उपाध्याय, तत्कालीन प्रान्तीय शिक्षा मंत्री राय राजेश्वर वली ने महत्त्वपूर्ण भूमिका निभाई। इसका उद्देश्य हिन्दी एवं उर्दू दोनों साहित्य की उन्नति करना रहा है।

इसका प्रथम अध्यक्ष सर तेज बहादुर सप्रू, और प्रथम सचिव डा. ताराचन्द को बनाया गया। दोनों ही विद्वानों तथा अन्य परवर्ती विद्वानों ने साहित्य के विकास के लिए व्याख्यान मालाओं, प्रकाशन, आयोजन और सम्मेलनों का सहारा लिया। व्याख्यान मालाओं में देश के लब्धप्रतिष्ठ विद्वानों को आमंत्रित किया गया। मौलाना अब्दुल युसुफ अली, गौरी शंकर हीराचन्द ओझा, डॉ. जाकिर हुसैन, पद्मसिंह शर्मा, राहुल सांकृत्यायन, बाबूराम सक्सेना, वासुदेव शरण अग्रवाल, फादर कामिल बुल्के, प्रोफेसर देवेन्द्र नाथ शर्मा, डॉ. राजेन्द्र प्रसाद के व्याख्यान उल्लेखनीय हैं।

प्रकाशनों के माध्यम से एकेडमी ने साहित्य के विकास में महत्त्वपूर्ण भूमिका निभाई। काव्य, नाटक, साहित्यिक समालोचना, जीवनी, पत्र साहित्य, भाषा शास्त्र, एवं इतिहास सम्बन्धी विष्यों को प्रकाशित किया। 1931 से हिन्दुस्तान नामक शोध पत्रिका का प्रकाशन भी आरम्भ किया।

1930 में पदमकान्त मालवीय के प्रयासों से 'सुकवि समाज' की स्थापना हुई। इसमें इलाहाबाद विश्वविद्यालय और विश्वविद्यालय से बाहर दोनों जगहों के व्यक्तियों को सम्मिलित किया गया। महादेवी वर्मा, पदमकान्त मालवीय, और रामकुमार वर्मा को इसका सचिव बनाया गया। इसका कार्यालय भी डॉ. रामकुमार वर्मा का ही घर था। सुकवि समाज की पाक्षिक बैठकें होतीं जिनमें साहित्य समाज एवं संस्कृत पर नियमित चर्चाएं होतीं। इन गोष्ठियों के माध्यम से युवा कवियों को प्रोत्साहन मिला और वह वरिष्ठ कवियों के सम्पर्क में आए।

1935 में साहित्यिक आदर्शों से ओतप्रोत होकर सत्यजीवन वर्मा ने 'हिन्दी' लेखक 'संघ' की स्थापना की। सामयिक साहित्य की श्रीवृद्धि करना, लेखकों एवं कवियों के हितों की रक्षा करना, हिन्दी लेखक संघ ने अपना उद्देश्य बनाया। सत्य जीवन वर्मा ने अनेक लेखकों एवं साहित्यकारों को अपने पत्र के माध्यम से जोड़ा। लेखक संघ ने 'लेखक' नामक मासिक पत्रिका का प्रकाशन किया जिसमें संगठन के सदस्यों के साथ-साथ अन्य वरिष्ठ लेखकों की रचनाएँ हुआ करती थीं।

1942 में इलाहाबाद विश्वविद्यालय में हिन्दी विभाग के विभागाध्यक्ष डॉ. धीरेन्द्र वर्मा ने 'भारतीय हिन्दी परिषद्' की स्थापना की। 5 अप्रैल 1942 को इलाहाबाद विश्वविद्यालय में इसका प्रथम अधिवेशन हुआ। संस्था ने भाषा, साहित्य तथा संस्कृति के अध्ययन से ऊपर उठकर भाषा तथा साहित्य से सम्बद्ध मानवीय सम्पर्क सामाजिक चेतना तथा

राष्ट्रीय मनोवेग के निर्माण में महत्त्वपूर्ण भूमिका निभाई। भाषा, साहित्य तथा संस्कृति की कार्यशक्ति को समृद्ध करने वाले साधकों को एक मंच प्रदान किया।

साहित्यिक उन्नयन के लिए पारिभाषिक शब्दावली का निर्माण किया। विश्वविद्यालयों के पाठ्यक्रम में हिन्दी साहित्य को सम्मानित स्थान प्राप्त हो इसके लिए पत्रिका का प्रकाशन किया। जिसने हिन्दी भाषा, साहित्य एवं संस्कृति के उन्नयन में महत्त्वपूर्ण भूमिका निभाई।

1945 में तथाकथित प्रगतिशील लेखक संघ के विरोध में यहाँ 'परिमल' संस्था की स्थापना हुई। विशन नारायण कपूर, गिरिधर गोपाल, सर्वेश्वरदयाल सक्सेना, विजयदेव नारायण साही, केशवचन्द्र वर्मा, लक्ष्मीकान्त वर्मा इसके संस्थापक सदस्य थे।

इसकी गोष्ठियों में ऐसे महत्त्वपूर्ण निर्णय लिए गये जिससे सम्पूर्ण हिन्दी लेखन प्रभावित हुआ। कई गोष्ठियों में ऐतिहासिक महत्त्व की रचनाएं पढ़ी गईं। इस संस्था के माध्यम से सर्वेश्वरदयाल सक्सेना, धर्मवीर भारती, रघुवंश, रामस्वरूप चतुर्वेदी, जगदीश गुप्त, गिरिधर गोपाल, लक्ष्मीकान्त वर्मा, विजय देवनारायण शाही, केशवचन्द्र वर्मा, मलयज, विपिन अग्रवाल, उमाकान्त मालवीय, श्रीराम वर्मा आदि दो पीढ़ियों के रचनाकर सामने आये।

1946 में महादेवी वर्मा ने 'साहित्यकार संसद' का निर्माण किया। राष्ट्रकवि मैथिलीशरण गुप्त, सूर्यकान्त त्रिपाठी 'निराला', माखन लाल चतुर्वेदी, हजारी प्रसाद द्विवेदी, इलाचन्द्र जोशी, सियारामशरण गुप्त, रायकृष्णदास, गुलाबराय एवं भदन्त आनन्द कौशल्यायन आदि इसके संस्थापक सदस्य थे। साहित्यकार संसद का प्रमुख उद्देश्य था कि यहाँ साहित्यकार आएं और यहाँ रुककर साहित्य सृजन करें तथा देश में हो रही साहित्यिक गतिविधियों पर नजर रखें। महाप्राण निरला स्वयं साहित्यकार संसद में लम्बे समय तक रहे।

साहित्यकार संसद 'साहित्यकार' नामक मासिक पत्रिका का प्रकाशन भी करती थी जिसका सम्पादन इलाचन्द्र जोशी तथा महादेवी वर्मा संयुक्त रूप से करते थे। साहित्यकार संसद ने साहित्य के विकास में महत्त्वपूर्ण भूमिका निभाई तथा अनेक महत्त्वपूर्ण कृतियों का प्रकाशन किया।

सन्दर्भ और प्रयोजनशील के कारण साहित्य रचना में विकास होता है। 19वीं शताब्दी के उत्तरार्द्ध में जिस सन्दर्भ एवं प्रयोजनशीलता का प्रारम्भ हुआ उसके फलस्वरूप 20वीं शताब्दी के पूर्वार्द्ध में महत्त्वपूर्ण साहित्य रचा गया। इलाहाबाद में ऐसे साहित्यिक वातावरण का निर्माण हुआ जिसमें निराला, पन्त, महादेवी के साथ ही अन्य अनेक साहित्यकार हुए। रामनरेश त्रिपाठी, भगवती चरण वर्मा, धर्मवीर भारती, उपेन्द्रनाथ अश्क, इलाचन्द्र जोशी, जगदीश गुप्त, नरेश मेहता, सर्वेश्वरदयाल

सक्सेना, लक्ष्मीकान्त वर्मा, विजयदेव नारायण साही, केशवचन्द्र वर्मा आदि अन्य साहित्यकार हुए। इन्होंने प्रयाग की तपोभूमि में साहित्य साधना की।

साहित्यकारों ने साहित्य साधना की, साहित्यिक संस्थाओं ने उन्हें एक मंच प्रदान किया और पत्र-पत्रिकाओं ने उनके साहित्य को जन-मन तक पहुँचाया। अतः निर्विवाद रूप से 1911 में दिल्ली देश की राजनीतिक राजधानी वन गयी और इलाहाबाद इस अवधि में साहित्यिक राजधानी के रूप में प्रतिष्ठित हुआ।

सन्दर्भ

1. कार्य विवरण, प्रथम हिन्दी साहित्य सम्मेलन, काशी (ना. प्रचा. सभा.) 1910, पृष्ठ 1
2. पाण्डेय सुधाकर : हिन्दी साहित्य का बृहत् इतिहास (सं 2030) खण्ड 9, पृष्ठ 23
3. प्रसाद विश्वनाथ, प्रयाग का हिन्दी साहित्य, उत्तर प्रदेश, 1984, पृष्ठ 85
4. पी. के. मालवीय : संग्रह फाइल नं. XX/30, राष्ट्रीय अभिलेखागार
5. वही
6. वही
7. कार्य विवरणिका, प्रथम हिन्दी साहित्य सम्मेलन 'काशी' भाग 1, अक्टूबर 1910, पृष्ठ 3
8. वही, पृष्ठ 3
9. वही, पृष्ठ 4
10. वही, पृष्ठ 9
11. साप्ताहिक भारत, दिवस, 25, 1961, पी. के. मालवीय : संग्रह फाइल नं. XX/36, राष्ट्रीय अभिलेखागार
12. मालवीय और हिन्दी, पी. के. मालवीय : संग्रह फाइल नं. XX/67, राष्ट्रीय अभिलेखागार
13. सम्मेलन : एक परिचय (सं. 2056-सन् 2000) प्रका. हिन्दी साहित्य सम्मेलन प्रयाग, पृष्ठ 3
14. मेहता नरेश : हिन्दी साहित्य सम्मेलन का इतिहास, खण्ड 1, प्रका. हिन्दी साहित्य सम्मेलन, 1996 पृष्ठ 59-60
15. वही, पृष्ठ 293
16. वही, पृष्ठ 66
17. मिश्र विभूति : (संपा) सम्मेलन पुस्तिका, 1997, पृष्ठ 10-11
18. मेहता नरेश : हिन्दी साहित्य सम्मेलन का इतिहास, खण्ड 1, 1996 पृष्ठ 67
19. वही, पृष्ठ 67
20. मिश्र विभूति : (संपा) सम्मेलन पुस्तिका, 1997, पृष्ठ 10-17
21. मिश्र विभूति : सम्मेलन के प्रकाशन, (2000) पृष्ठ 4-17
22. मेहता नरेश : हिन्दी साहित्य सम्मेलन का इतिहास, खण्ड 1, 1996
23. सम्मेलन एक परिचय (2056-2000) प्रकाशन हिन्दी साहित्य सम्मेलन, 2000, पृष्ठ 8
24. मेहता नरेश : हिन्दी साहित्य सम्मेलन का इतिहास, खण्ड 1, 1996, पृष्ठ 298-99
25. वही, पृष्ठ 300
26. हिन्दुस्तानी (सम्पादकीय) भाग 1, 1931, पृष्ठ 124
27. वही, पृष्ठ 126
28. वही, पृष्ठ 126

29. हिन्दुस्तानी एकेडमी इलाहाबाद : परिचय वृत, प्रका. हिन्दुस्तानी एकेडेमी, 1992, पृष्ठ 3-4
30. वही, पृष्ठ 4
31. गजेटियर ऑफ यूनाइटेड प्रोविन्सेस डेटेड, जन, 22, 1927
32. श्रीवास्तव, सालिग राम : (संपा) प्रयाग प्रदीप, प्रका, हिन्दुस्तानी एकेडमी, 1937, पृष्ठ 168
33. हिन्दुस्तानी एकेडमी इलाहाबाद : परिचय वृत, प्रका, हिन्दुस्तानी एकेडेमी, 1992, पृष्ठ 5
34. वही, पृष्ठ 5
35. वही, पृष्ठ 7
36. वही, पृष्ठ 8-9
37. साक्षात्कार हरिमोहन मालवीय (अध्यक्ष हिन्दुस्तानी एकेडेमी) इलाहाबाद, दिनांक 20.4.2000
38. श्रीवास्तव सालिग राम : (संपा) प्रयाग प्रदीप, प्रका. हिन्दुस्तानी एकेडमी, 1937, पृष्ठ 168
39. सरस्वती, जनवरी, 1929, पृष्ठ 382
40. उत्तर प्रदेश, प्रयाग अंक, प्रका, सूचना एवं जनसंपर्क विभाग, उ. प्र. सरकार, 1984, पृष्ठ 85
41. वही, पृष्ठ 85
42. श्रीवास्तव सालिग राम : (संपा) प्रयाग प्रदीप, प्रका. हिन्दुस्तानी एकेडमी, 1937, पृष्ठ 85
43. वही, पृष्ठ 168
44. साक्षात्कार योगेन्द्र प्रताप सिंह (प्रोफेसर एवं पूर्व अध्यक्ष हिन्दी विभाग इ. वि. वि.) दिनांक 20.4. 2000
45. साक्षात्कार हरिमोहन मालवीय (अध्यक्ष हिन्दुस्तानी एकेडेमी) इलाहाबाद, दिनांक 20.4.2000
46. भारतीय हिन्दी परिषद् 'रजतजयन्ती समारोह अंक', दिसम्बर 1967, पृष्ठ 3
47. वही, पृष्ठ 3-4
48. वही, पृष्ठ 4
49. वही, पृष्ठ 6
50. भारतीय हिन्दी परिषद्, रजि, नं. 136/1944-45
51. भारतीय हिन्दी परिषद् 'रजतजयन्ती समारोह अंक', दिसम्बर 1967, पृष्ठ 36
52. वही, पृष्ठ 37
53. हिन्दी अनुशीलन पौष-फाल्गुन, संवत 2000, अंक 4, पृष्ठ 10-14
54. हिन्दी अनुशीलन चैत्र-ज्येष्ठ, संवत 2000, अंक 4, पृष्ठ 26-35
55. भारतीय हिन्दी परिषद् 'रजत जयन्ती समारोह अंक, दिसम्बर 1967, पृष्ठ 13
56. वही, पृष्ठ 14
57. साक्षात्कार प्रोफेसर योगेन्द्र प्रताप सिंह, दिनांक 20.4.2000
58. हिन्दी अनुशीलन अंक 1, वर्ष 1, संवत 2000, पृष्ठ 3-5
59. साक्षात्कार केशवचन्द्र वर्मा, दिनांक 22.4.2000
60. उत्तर प्रदेश, प्रयाग विशेषांक, प्रका, सूचना एवं जन सम्पर्क विभाग, उ.प्र., 1984, पृष्ठ 87
61. रामस्वरूप चतुर्वेदी का इलाहाबाद संग्रहालय में दिया गया व्याख्यान, 1937
62. उत्तर प्रदेश, प्रयाग विशेषांक, प्रका. सूचना एवं जन सम्पर्क विभाग, उ.प्र. लखनऊ, 1984, पृष्ठ 87
63. वही, पृष्ठ 87
64. वही, पृष्ठ 87
65. साक्षात्कार प्रद्युम्न नाथ तिवारी 'करुणेश' (प्रधान मंत्री साहित्यकार संसद) दिनांक 1.5.2000
66. सक्सेना सर्वेश्वर दयाल : साहित्यकार संसद की वह सांझ, संगम अंक 22, पृष्ठ 33
67. साक्षत्कार प्रद्युम्न नाथ तिवारी 'करुणेश' (प्रधान मंत्री साहित्कार संसद) दिनांक 1.5.2000

सन्दर्भ ग्रन्थ सूची

साक्षात्कार

1. प्रोफेसर अजब सिंह
2. श्री ओंकारनाथ त्रिपाठी
3. श्री प्रभात शास्त्री
4. श्री प्रद्युम्न तिवारी 'करुणेश'
5. डॉ. रामकमल राय
6. श्री राधिका प्रसाद श्रीवास्तव
7. डॉ. रामस्वरूप चतुर्वेदी
8. डॉ. रघुवंश
9. श्री रमेश जैमिनि
10. प्रोफेसर योगेन्द्र प्रताप सिंह
11. डॉ. जगदीश गुप्त
12. श्री महेन्द्र राजा जैन
13. डॉ. सुरेश चन्द्र द्विवेदी
14. श्री मत्स्येन्द्र नाथ शुक्ल
15. श्री हरिमोहन मालवीय
16. श्री श्याम कृष्ण पाण्डेय
17. श्री नीलाभ अश्क
18. श्री केशव चन्द्र वर्मा
19. श्री लक्ष्मीकान्त वर्मा
20. श्रीमती कंचन लता साही

सन्दर्भ ग्रन्थ

1. अरोड़ा ललित; बच्चन; एक अध्ययन, 1992
2. अवस्थी ललित मोहन; आज के कवि, 1954

3. अश्क उपेन्द्रनाथ; सितारों के खेल, 1974 (पाँचवाँ संस्करण)
4. अश्क उपेन्द्रनाथ; गिरती दीवारें, 1946
5 अश्क उपेन्द्रनाथ; औरत की फितरत, 1933
6. अश्क उपेन्द्रनाथ; बरगद की बेटी 1936
7. अश्क उपेन्द्रनाथ; प्रात प्रदीप 1945
8. अश्क उपेन्द्रनाथ; अंकुर 1945
9. आन्नद रवेल चन्द्र; हिन्दी के श्रेष्ठ उपन्यासकार खण्ड I, 1978
10. कीर्तिलता; भारतीय स्वतन्त्रता आन्दोलन और हिन्दी साहित्य, 1967
11. कुमार अजित; बच्चन रचनावली भाग 1, 2 एवं 3, 1983
12. गुप्त जगदीश; परिमल स्मारिका, 1971
13. गुप्त जगदीश; नयी कविता, 1954
14. गुप्त जगदीश; कवितान्तर त्रयी-1 एवं त्रयी-2, 1973
15. गहलोत भुवनेश्वर सिंह; इलाहाबाद; वे दिन वे लोग, 2000
16. गुप्त कुलदीप चन्द्र; उपन्यासकार उपेन्द्रनाथ अश्क, 1986
17. गुप्त कमला; अश्क व्यक्तित्व और कृतित्व, 1984
18. चतुर्वेदी रामस्वरूप; हिन्दी गद्य; विन्या और विकास, 1998
19. जैन राजेन्द्र; पं. इलाचन्द्र जोशी के औपन्यासिक नायक का अन्तर्द्वन्द्व, 1988
20. जोशी शान्ति; सुमित्रानन्दन पन्त; जीवन और साहित्य, खण्ड I, 1976
21. जोशी शान्ति; पन्त ग्रंथावली, भाग 1, 2, 3, एवं 5, 1993
22. जोशी इलाचन्द्र; निर्वासित, 1946
23. जोशी इलाचन्द्र; आहुति, 1948
24. जोशी इलाचन्द्र; घृणामयी, 1929
25. जोशी इलाचन्द्र; जिप्सी, 1952
26. झारी कृष्णा देव; उपन्यासकार इलाचन्द्र जोशी, 1959
27. तिवारी बलभद्र; इलाचन्द्र जोशी के उपन्यास, 1958
28. दीक्षित सूर्यकान्त; निराला की आत्मकथा, 1970
29. नगेन्द्र; हिन्दी साहित्य का इतिहास, 1973
30. नगेन्द्र; भारतीय काव्य शास्त्र की भूमिका, 1955
31. नगेन्द्र; भारतीय काव्य शास्त्र की परम्परा, 1956
32. नगेन्द्र; भारतीय वांगमय सं 2015 (वि.)
33. नगेन्द्र; भारतीय साहित्य, 1987

34. नगेन्द्र; भारतीय साहित्य कोश, 1981
35. नगेन्द्र; भारतीय साहित्य संस्कृति एवं कला, 1972
36. नगेन्द्र; मानविकी पारिभाषिक कोश (साहित्य खण्ड) 1965
37. नवल, नन्द किशोर, निराला रचनावली, भाग 1, 2, 3, 4, 5 एवं 6, 1983
38. निराला सूर्यकान्त त्रिपाठी; परिमल, सं 1986 वि., 1929
39. निराला सूर्यकान्त त्रिपाठी; अनामिका (द्वितीय), 1937
40. निराला सूर्यकान्त त्रिपाठी; अनामिका (प्रथम), 1923
41. निराला सूर्यकान्त त्रिपाठी; गीतिका, 1936
42. निराला सूर्यकान्त त्रिपाठी; तुलसीदास, 1938
43. निराला सूर्यकान्त त्रिपाठी; कुकुरमुत्ता, 1942
44. निराला सूर्यकान्त त्रिपाठी; अणिमा, 1943
45. निराला सूर्यकान्त त्रिपाठी; बेला, 1943
46. निराला सूर्यकान्त त्रिपाठी; नये पत्ते, 1946
47. निराला सूर्यकान्त त्रिपाठी; अर्चना, 1950
48. निराला सूर्यकान्त त्रिपाठी; अप्सरा, 1931
49. निराला सूर्यकान्त त्रिपाठी; अलका, 193
50. निराला सूर्यकान्त त्रिपाठी; प्रभावती, 1936
51. निराला सूर्यकान्त त्रिपाठी; निरूपमा, 1936
52. निराला सूर्यकान्त त्रिपाठी; कुल्ली भाट, 1939
53. निराला सूर्यकान्त त्रिपाठी; बिल्लेसुर बकरिहा, 1942
54. निराला सूर्यकान्त त्रिपाठी; चोटी की पकड़ 1946
55. निराला सूर्यकान्त त्रिपाठी; काले कारनामे, 1950
56. निराला सूर्यकान्त त्रिपाठी; लिली, 1933
57. निराला सूर्यकान्त त्रिपाठी; सखी, 1935
58. निराला सूर्यकान्त त्रिपाठी; सुकुल की बीबी, 1941
59. पन्त सुमित्रानन्दन; पल्लव, 1926
60. पन्त सुमित्रानन्दन; वीणा, 1927
61. पन्त सुमित्रानन्दन; ग्रन्थि, 1921
62. पन्त सुमित्रानन्दन; गुंजन, 1931
63. पन्त सुमित्रानन्दन; युगवाणी, 1939
64. पन्त सुमित्रानन्दन; ग्राम्या, 1940
65. पन्त सुमित्रानन्दन; स्वर्ण किरण, 1947

66. पन्त सुमित्रानन्दन; स्वर्ण धूलि, 1947
67. पन्त सुमित्रानन्दन; मधुज्वाल, 1947
68. पन्त सुमित्रानन्दन; युगपथ, 1949
69. पन्त सुमित्रानन्दन; हार, 1960
70. पन्त सुमित्रानन्दन; पाँच कहानियाँ, 1936
71. पन्त सुमित्रानन्दन; ज्योत्स्ना, 1934
72. पन्त सुमित्रानन्दन; छाया, 1948
73. पन्त सुमित्रानन्दन; चौराहा, 1948
74. पन्त सुमित्रानन्दन; करम पुरी की रानी, 1949
75. पन्त सुमित्रानन्दन; शिल्प और दर्शन, 1961
76. पन्त सुमित्रानन्दन; साठ वर्ष एक रेखांकन
77. पन्त सुमित्रानन्दन; महादेवी अभिनन्दन ग्रंथ, सं. 2021 (वि)
78. पाण्डेय सुधाकर; हिन्दी साहित्य का बृहत् इतिहास, खण्ड-6, 9, 10, 11, 12, 13, 14, 15 एवं 16 सं. 2030 (वि)
79. पाण्डेय विशम्भरनाथ; इलाहाबाद रेट्रोस्पेक्ट एण्ड प्रोस्पेक्ट, 1955
80. पाण्डेय रामजीवन; सुमित्रानन्दन पन्त; व्यक्तित्व एवं कृतित्व, 1982
81. पाण्डेय गंगा प्रसाद; महीयसी महादेवी, 1969
82. पाण्डेय गंगा प्रसाद; महाप्राण निराला, सं. 2006 (वि)
83. प्रसाद विश्वनाथ; प्रयाग का हिन्दी साहित्य, 1984
84. बच्चन हरिवंश राय; क्या भूलूँ क्या याद करूँ, 1970
85. बच्चन हरिवंश राय; नीड़ का निर्माण फिर, 1980 (चौथा संस्करण)
86. बच्चन हरिवंश राय; बसेरे से दूर, 1977
87. बच्चन हरिवंश राय; तेराहार, 1932
88. बच्चन हरिवंश राय; मधुशाला, 1935
89. बच्चन हरिवंश राय; मधुबाला, 1936
90. बच्चन हरिवंश राय; मधुकलश, 1937
91. बच्चन हरिवंश राय; निशा निमंत्रण, 1939
92. बच्चन हरिवंश राय; एकान्त संगीत, 1939
93. बच्चन हरिवंश राय; आकुल अन्तर 1943
94. बच्चन हरिवंश राय; सत रंगिनी, 1945
95. बच्चन हरिवंश राय; हलाहल, 1946
96. बच्चन हरिवंश राय; बंगाल का काल, 1946

97. बच्चन हरिवंश राय; खादी के फूल, 1948
98. बच्चन हरिवंश राय; सूत की माला, 1948
99. बच्चन हरिवंश राय; मिलन यामिनी, 1950
100. बच्चन हरिवंश राय; कवियों में सौम्य संत : सुमित्रानन्दन पन्त, 1960
101. बांदिवडेकर चन्द्रकान्त; धर्मवीर भारती ग्रंथावली, खण्ड-1, 2, 3, 4 एवं 6, 1998
102. भटनागर राम रतन; राइज एण्ड ग्रोथ ऑफ हिन्दी जर्नलिज्म, 1947
103. मंजु वहाल; हिन्दी गद्य साहित्य में राजनैतिक तत्व (1850-1950) शोध प्रबन्ध (इ.वि.वि.), 1971
104. मदान इन्द्रनाथ; उपन्यासकार अश्क, 1960
105. मिश्र हरिश्चन्द्र; साहित्य इतिहास दर्शन की दृष्टि से ऐतिहासिक विकास प्रक्रिया का अध्ययन शोध प्रबन्ध (इ.वि.वि.), 1971
106. मिश्र हरिश्चन्द्र; सम्मेलन पुस्तिका (संपा), 1997
107. मिश्र मिथिलेश कुमारी; नाटककार रामकुमार वर्मा, 1985
108. मिश्र कृष्ण बिहारी; हिन्दी पत्रकारिता, 1994
109. मेहता नरेश; हिन्दी साहित्य सम्मेलन का इतिहास, खण्ड 1, 1996
110. मेहता नरेश; डूबते मस्तूल, 1954
111. मेहता नरेश; वन पाखी सुनो, 1957
112. मेहता नरेश; खण्डित यात्राएँ, 1962
113. मेहता नरेश; बोलने दो चीड़ को, 1962
114. राजपाल हुकुम चन्द्र; धर्मवीर भारती : साहित्य के विविध रंग, 1980
115. राज दशरथ; कविवर डॉ. रामकुमार वर्मा और उनका काव्य, 1966
116. वर्मा महादेवी; नीहार, 1930,
117. वर्मा महादेवी; नीरजा, 1935
118. वर्मा महादेवी; सांध्यगीत, 1936
119. वर्मा महादेवी; यामा, 1940
120. वर्मा महादेवी; दीपशिखा, 1942
121. वर्मा महादेवी; अतीत के चलचित्र, सं. 2068 (वि.)
122. वर्मा महादेवी; क्षणदा, सं. 2013 (वि.)
123. वर्मा महादेवी; रश्मि, 1951
124. वर्मा महादेवी; पथ के साथी, सं. 2013 (वि.)
125. वर्मा महादेवी; शृंखला की कड़ियाँ, 1942

126. वर्मा महादेवी; स्मृति की रेखाएं, सं. 2000 (वि.)
127. वर्मा रामकुमार; अंजलि, 1929
128. वर्मा रामकुमार; अभिशाप, 1930
129. वर्मा रामकुमार; रूपराशि, 1931
130. वर्मा रामकुमार; निशीथ, 1932
131. वर्मा रामकुमार; चित्ररेखा, 1935
132. वर्मा रामकुमार; चन्द्रकिरण, 1937
133. वर्मा रामकुमार; संकेत, 1939
134. वर्मा रामकुमार; आकाश गंगा, 1949
135. वर्मा रामकुमार; रेशमी टाई, 1941
136. वर्मा रामकुमार; पृथ्वीराज की आंखें, 1935
137. वर्मा रामकुमार; चारुमित्र, 1942
138. वर्मा रामकुमार; शिवाजी, 1945
139. वर्मा रामकुमार; कौमुदी महोत्सव, 1949
140. वर्मा रामकुमार; रम्यरास, 1950
141. वर्मा रामकुमार; हिन्दी साहित्य का आलोचनात्मक इतिहास, 1958 (चतुर्थ सं.)
142. वाजपेयी अम्बिका प्रसाद; समाचार पत्रों का इतिहास, सं. 2010 (वि.)
143. वास्कर पुष्पा; धर्मवीर भारती व्यक्तित्व और साहित्यकार, 1987
144. विष्ट शेरसिंह; सुमित्रानन्दन पन्त के साहित्य का ध्वनिवादी अध्ययन, 1990
145. विद्यालंकार चन्द्रगुप्त; आज के लोकप्रिय हिन्दी कवि, हरिवंश राय बच्चन, 1960
146. वैदिक वेद प्रताप; हिन्दी पत्रकारिता विविध आयाम, भाग 1, 1997
147. सिन्हा सावित्री; हिन्दी साहित्य का बृहत् इतिहास भाग 6 (संपा), सं. 2029 (वि.)
148. सुल्ताना किश्वर; पन्त काव्य में कला शिल्प और सौन्दर्य, 1985
149. सीतारमैया पी. वी., द हिस्ट्री ऑफ द इण्डियन नेशनल कांग्रेस, वोल 1 (1885-1935), 1946
150. शरद ओंकार; महादेवी साहित्य, खण्ड 1, 1969
151. शर्मा राम विलास; निराला की साहित्य साधना, खण्ड 1, 1969
152. शर्मा वेदव्रत; निराला के काव्य का शैली वैज्ञानिक अध्ययन, 1977
153. शर्मा चन्द्रिका प्रसाद; रामकुमार वर्मा एकांकी रचनावली, भाग 1, 1962
154. शर्मा जगदीश; निराला काव्य सर्जना और व्यक्तित्व

155. शर्मा प्रभाकर; नरेश मेहता का काव्य विमर्श और मूल्यांकन, 1979
156. शुक्ल रामचन्द्र; हिन्दी साहित्य का इतिहास, 2049 (वि.) (24वां संस्करण)
157. श्रीवास्तव राधेकृष्ण; आज के लोकप्रिय हिन्दी कवि, रामकुमार वर्मा, 1975
158. श्रीवास्तव सालिग राम; प्रयाग प्रदीप, 1937
159. त्रिपाठी रामनरेश; स्वप्न, 1929
160. त्रिपाठी रामनरेश; तीस दिन मालवीय जी के साथ, 1942
161. त्रिपाठी रामनरेश; आधुनिक हिन्दी कवि, शक सं. 1884
162. त्रिपाठी रामनरेश; मिलन, 1917
163. त्रिपाठी रामनरेश; पथिक, 1928

अभिलेखीय सामग्री

1. पं. मदन मोहन मालवीय का महावीर प्रसाद द्विवेदी को पत्र. दिनांक 26. 02.1916 पी. के. मालवीय संग्रह राष्ट्रीय अभिलेखागार, नयी दिल्ली
2. गोविन्द वल्लभ पन्त का देवी दत्त शुक्ल को पत्र, दिनांक 16.10.1937, प्र. राज्य अभिलेखागार, लखनऊ
3. जवाहर लाल नेहरू का ए. के. आजाद को पत्र, दिनांक 28.05.1952, नेहरू मेमोरियल पुस्तकालय, तीनमूर्ति, नयी दिल्ली
4. पी. के. मालवीय का हरगोविन्द सिहं को पत्र, इलाहाबाद, दिनांक 10.09.1953, राष्ट्रीय अभिलेखागार
5. फाइल संख्या xx/30 : पी. के. मालवीय संग्रह, राष्ट्रीय अभिलेखागार
6. फाइल संख्या xx/36 : पी. के. मालवीय संग्रह, राष्ट्रीय अभिलेखागार
7. फाइल संख्या xx/60 : पी. के. मालवीय संग्रह, राष्ट्रीय अभिलेखागार
8. फाइल संख्या xx/89 : पी. के. मालवीय संग्रह राष्ट्रीय अभिलेखागार
9. फाइल संख्या xx/102 : पी. के. मालवीय संग्रह, राष्ट्रीय अभिलेखागार
10. फाइल संख्या xx/367 : पी. के. मालवीय संग्रह, राष्ट्रीय अभिलेखागार
11. गजेटियर आफ यूनाइटेड प्रोविन्सेस, सन् 22, 1927
12. गजट आफ यूनाइटेड प्रोविन्सेस, जोइन्ट आफ यू. पी. न. 3774, 8-100, डेटेड 15.10.1928
13. एब्सट्रेक्ट आफ द प्रोसीडिंग्स आफ द लेजिस्लेटिव कौंसिल फार द यूनाइटेड प्रोविन्सस आफ आगरा एण्ड अवध, मार्च 30, 1907
14. एब्सट्रेक्ट आफ द प्रोसिडिंग्स आफ द लेजिस्लेटिव कौंसिल फार द यूनाइटेड प्रोविन्सेस आफ आगरा एण्ड अवध, अप्रैल-7, 1908

15. प्रोसीडिंग्स आफ इम्पीरियल लेजिस्लेटिव कौंसिल वोल. LV फर. 22, 1917
16. प्रोसीडिंग्स आफ इम्पीरियल लेजिस्लेटिव कौंसिल बोल. LV मार्च 16, 1911
17. प्रोसीडिंग्स आफ इम्पीरियल लेजिस्लेटिव कौंसिल Vol, LV मार्च 1912
18. प्रोसीडिंग्स आफ इम्पीरियल लेजिस्लेटिव कौंसिल बोल. LV फर. 28, 1917
19. इम्पीरियल गजेटियर आफ यू.पी इलाहाबाद Vol, XXIII, 1911

पत्र-पत्रिकाएँ एवं शोध पत्रिकाएँ

1. द हिन्दुस्तान रिव्यू, 1905-1907
2. द इंडियन रिव्यू 1916-1919
3. एडवान्स, 1930-1931
4. अमृत बाजार पत्रिका, 1918, 1938, 1958,
5. द हिन्दुस्तान टाइम्स, 1930-1937
6. द लीडर, 1914-1916, 1922, 1948-1950, 1960
7. न्यू इण्डिया, 1916-1929
8. नादर्न इण्डिया पत्रिका, 1961
9. आज, 1920-1946
10. अभ्युदय, 1907-1927
11. भारत जीवन, 1884-1907
12. दैनिक भारत मित्र, 1912-1921
13. हिन्दी नवजीवन, 1929-1931
14. साप्ताहिक भारत, 1961
15. सरस्वती, 1900-1950
16. अवला हितकारक, 1912
17. हिन्दी प्रदीप, 1880-1910
18. उत्तर प्रदेश, 1984
19. स्त्रीदर्पण, 1903-1915
20. मर्यादा, 1910-1920
21. सम्मेलन पत्रिका, 1913-1960
22. चाँद, 1922-1928, 1930-1933
23. आदर्श, 1922
24. प्रभा, 1920
25. माधुरी, 1923,1938

26. सुधा, 1930, 19345
27. मतवाला, 1923
28. रूपाभ, 1939
29. इन्दु, 1910-1916
30. कमला 1907-1916
31. गृहलक्ष्मी, 1911-1914
32. नवनीत, 1913-1915
33. नागरी प्रचारिणी पत्रिका, 1910-1919
34. प्रभा, 1913-1915
35. प्रताप, 1914-1915
36. मनोरमा, 1912-1918
37.. हिन्दी अनुशीलन, 1967-1998
38. हिन्दुस्तानी, 1931-1948

अनुक्रमणिका

❑❑